Interpretar los
COLORES

Libera tu potencial físico, espiritual y emocional

Dorothye Parker

Contenidos

- ⑥ Introducción
- ⑧ Principios científicos de la luz y el color
- ⑩ Energía cromática
- ⑫ Psicología cromática
- ⑭ Colorología
- ⑯ Tus tres colores esenciales

Todos los derechos reservados. Ninguna parte de este libro puede ser reproducida, almacenada en un sistema informático o transmitida de cualquier forma o por cualquier medio electrónico, mecánico, fotocopia, grabación, u otros métodos, sin la previa autorización escrita del propietario del copyright.

(58) **El color amarillo**

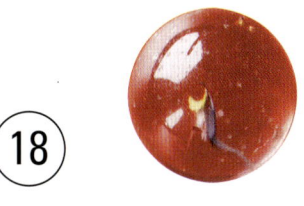
(18) **El color rojo**

(68) **El color lima**

(108) **El color índigo**

(28) **El color escarlata**

(78) **El color verde**

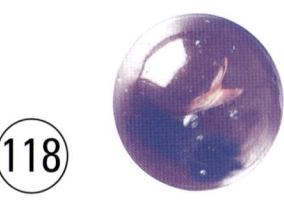
(118) **El color violeta**

(38) **El color naranja**

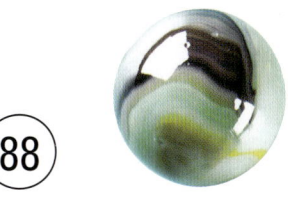
(88) **El color turquesa**

(128) **El color magenta**

(48) **El color oro**

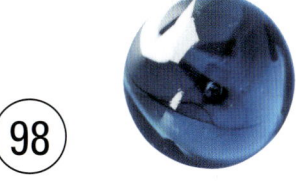
(98) **El color azul**

(138) Introducir color en tu vida

(142) Índice y créditos

Interpretar los colores

ISBN: 84-95677-45-8
EAN: 9788495677457

Título original: *Color Decoder*
Copyright © Quarto Inc.
Traducción: Antonio López Nicolás

1.ª Edición en español: septiembre 2003

TODOS LOS DERECHOS RESERVADOS
©2003 Lisma Ediciones, S.L.®

Coordinación editorial:
Raquel Rodríguez Orta
Text eXpert Treatment, S.L.

Introducción

El color va con la vida. Aunque a veces nos rodea, frecuentemente fallamos a la hora de percibirlo. A menudo somos conscientes de él sólo si está relativamente ausente —en un día nublado y lúgubre, por ejemplo—, o cuando un color nos es presentado solo y destacado en un coche limpio o una ropa llamativa. El mundo natural está lleno de todo tipo de colores y tonos; flores, animales, puestas de sol, el color de los ojos, el pelo, la piel o los labios juegan un papel vital y animador a la hora de que, siendo conscientes o no, vemos e interpretamos el mundo y a la vez somos percibidos. A través de las lentes sepia de una cámara antigua, el mundo parecería aburrido, vacío de la calidez y deleite del color.

Y así como el color tiene un gran significado para nosotros como individuos, así también a lo largo del tiempo, diversas culturas le han dado grandes significados. Los antiguos egipcios creían que la verdadera esencia de las cosas se revela en parte por su color. La mayoría de tradiciones religiosas tienen códigos cromáticos que también reflejan subliminalmente su medio natural y cultural. Para los cristianos, la virgen se asocia frecuentemente al azul, color del alma y la curación. En India y Sri Lanka, muchos sanadores ayurvédicos asocian un color con los chakras principales (centros espirituales de poder en el cuerpo). El rojo es el color del básico, el chakra que alimenta nuestro instinto de preservación, mientras que el verde se adscribe al del corazón, chakra central que media entre el mundo del espíritu y el de la materia. Aunque no hay ninguna coincidencia cultural en el sentido del color, sus similitudes y diferencias apuntan una y otra vez hacia el hecho universal de la adscripción de sentido al color.

CHAKRAS
Los chakras son centros de energía que actúan canalizando la energía vital desde la tierra y la energía cósmica de los cielos hasta el interior de los seres vivos.

Los psicólogos modernos del color mantienen que el color influye en nuestro talante y bienestar. No es casual que los artistas los dividan en estrictas categorías de calidez (rojo, naranja y amarillo), y frialdad (verde, azul y violeta), dependiendo del efecto que se les percibe sobre nuestros estados psicológicos. El filósofo austriaco Rudolf Steiner (1861-1925), uno de los pioneros de la terapia cromática, desarrolló teorías acerca del uso de distintos colores a la hora de pintar las aulas de clase. El psiquiatra suizo Carl Jung (1875-1961), creía que los métodos freudianos de "libre asociación" en el sueño, en los que se compele al paciente a dejarse llevar a donde lo lleven las libres asociaciones que dejan las imágenes oníricas, podrían aplicarse a estados de sonambulismo. Si miramos una forma irregular durante un tiempo, podemos formar asociaciones con hechos pasados que nuestro inconsciente reprimió. Los sanadores y terapeutas del color piensan que esas libres asociaciones pasan también con el color —por la percepción visual, su tacto sobre la piel, o su visualización en nuestra mente. Este *revival* del color como método de sanación física y espiritual supone también un retorno a las antiguas prácticas medicinales. Se apela particularmente al antiguo sistema hindú de los chakras, que proporciona un sistema delicado e intrincado de correspondencias entre colores particulares, emociones, estados espirituales y sistemas corporales, glándulas y órganos. Este libro te va a enseñar cómo aumentar tu conciencia del color a un nivel más elevado por el uso del método colorológico de los tres pasos, que determinan los tres colores esenciales que determinan tu esencia. Poner la atención sobre los colores dominantes o que faltan en tu vida, te permitirá tomar los pasos necesarios a todos los niveles, físicos, emocionales y espirituales, con tal de desbloquear influencias negativas y lograr tu pleno potencial.

RUEDA CROMÁTICA
Many color wheels have been devised through the ages. This color wheel shows artists' basic warm and cool colors.

VIRGEN AZUL
Para los cristianos, el azul denota desapego de los asuntos mundanos, y a menudo se vincula a la Virgen María.

Principios científicos
DE LA LUZ Y EL COLOR

EINSTEIN
El gran físico teórico, Albert Einstein, probó que la luz podía ser entendida como movimiento ondulatorio y también como chorro de partículas.

El espectro electromagnético
Para entender el fenómeno del color es importante conocer la luz y dónde se sitúa en el espectro electromagnético (EEM). La energía electromagnética se origina a partir del sol y contiene diferentes longitudes de onda, de las de radio, las más largas, hasta los rayos gamma, las más cortas. La luz ocupa sólo una pequeña porción del EEM total y es parcialmente visible para el hombre.

La naturaleza de la luz
Ha habido numerosas teorías acerca de la forma que toma la luz. El físico y matemático británico Sir Isaac Newton (1642-1727), teorizó que un rayo de luz consiste en un chorro de partículas pequeñas. El astrónomo, matemático y físico holandés Christiaan Huyghens (1629-1695), dijo que la luz estaba hecha de ondas, y desarrolló una teoría ondulatoria que explicaba los fenómenos de la reflexión y refracción con gran éxito. En el siglo XIX, el físico teórico británico James Maxwell (1831-1879), demostró que las ondas de luz estaban en realidad formadas con oscilaciones eléctricas y magnéticas a través del espacio que, de hecho, eran ondas electromagnéticas. La teoría ondulatoria de la luz se erigió en verdad científica y así sigue hasta hoy.

Pero la historia no acabó aquí. A principios del siglo XX, Albert Einstein (1879- 1955), postuló que la luz estaba hecha de pequeñas porciones (quanta), de energía, llamadas ahora fotones, para explicar la manera en que la luz y los electrones interactúan (el efecto fotoeléctrico). Sostuvo que la luz era al tiempo una onda y un chorro de partículas según resultaran sus experimentos. Esta naturaleza doble, como un nuevo Dr. Jekyll, se conoce como la dualidad onda-corpúsculo y está aceptada plenamente hoy.

LONGITUDES DE ONDA

Luz roja	627—780nm
Luz naranja	589—627nm
Luz amarilla	556—589nm
Luz verde	495—556nm
Luz azul	436—495nm
Luz violeta	380—436nm

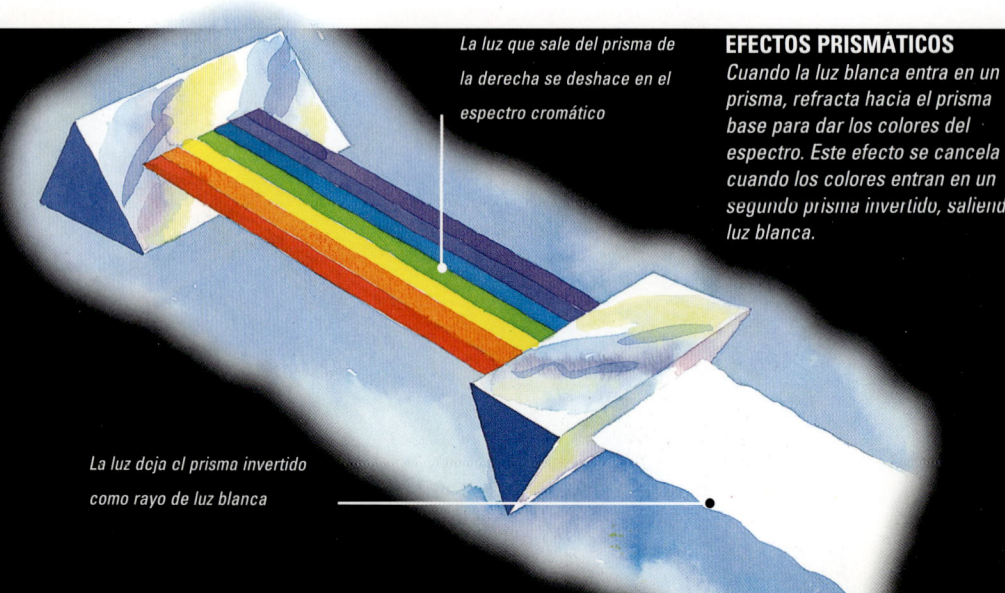

La luz que sale del prisma de la derecha se deshace en el espectro cromático

La luz deja el prisma invertido como rayo de luz blanca

EFECTOS PRISMÁTICOS
Cuando la luz blanca entra en un prisma, refracta hacia el prisma base para dar los colores del espectro. Este efecto se cancela cuando los colores entran en un segundo prisma invertido, saliendo luz blanca.

El experimento newtoniano de refractar la luz mostró en particular que cuando la luz se dirigía a un prisma se descomponía en todos los colores del espectro y que cuando estos colores entraban en otro prisma, reemergían como luz blanca. Las ondas de luz (o longitudes de onda), se miden con manómetros (nm) —(una billonésima de metro)— y son percibidas por el ojo gracias a terminaciones nerviosas llamadas varillas y conos, que son sensibles a ciertas longitudes de onda o frecuencias de luz. Como se deduce de las medidas de espectro que se ven enfrente, cada color individual tiene su propia gama de longitudes de onda. Así, el color es sólo luz con diversas longitudes de onda, percibidas por el ojo y el cerebro.

Colores primarios, secundarios y terciarios

Los pigmentos, antes sacados mayormente de fuentes naturales y ahora sintéticos, son sustancias vitales usadas para colorear otros materiales como tintes y pinturas. El color de un pigmento se corresponde a la longitud de onda de la luz que refleja porque absorbe las demás longitudes de onda. Así, un pigmento de color rojo absorbe todas las longitudes de onda que refleja en el ojo. Múltiples sombras y matices de pigmento son producidos al mezclar diferentes pigmentos cromáticos.

Emergen diferentes resultados cuando luces coloreadas, opuestas a los pigmentos, se mezclan. Los colores primarios de la luz son rojo, verde y azul, y también se pueden combinar para producir cualquier color que perciba el ojo.

Los colores primarios del pigmento son rojo, amarillo y azul. Los colores secundarios surgen al mezclar dos de los primarios. Así el rojo y el amarillo se combinan para dar naranja; amarillo y azul dan verde; y el azul y el rojo, violeta. La rueda de colores de las p. 14-15 se basa en los colores primarios del pigmento y en sus combinaciones. Opuestos diagonalmente a los colores primarios en la rueda están sus complementarios. Así, el color complementario al amarillo es el violeta, y el del rojo es el verde.

Un color terciario surge al mezclar uno primario con uno secundario. Por ejemplo, si mezclas el rojo, que es primario, con el secundario naranja, se puede crear el terciario escarlata. Hay seis colores terciarios en total: escarlata, oro, lima, turquesa, índigo y magenta.

Si se añade el blanco a cualquiera de estos colores, surgirá un tono o matiz más ligero, y con el negro un matiz más oscuro.

RUEDA DE LUZ
Los colores primarios de la luz se pueden combinar para producir casi cualquier color perceptible por el ojo humano. En ninguna parte se utiliza esto mejor que en los televisores.

RUEDA DE PIGMENTOS
He aquí un ejemplo de la rueda de color de un artista. Los segmentos más grandes indican los colores primarios; los medianos, colores secundarios; y los pequeños, los terciarios. En las páginas 14-15 aparece otra rueda de color.

DISEÑAR CON COLOR
Los artistas mezclan diferentes matices cromáticos (izda.), para producir una amplia gama. El sistema pantónico (arriba), da al diseñador una multitud de opciones y efectos, incluyendo colores metálicos y fluorescentes.

Energía CROMÁTICA

El modelo emergente de la medicina vibratoria, que ve el cuerpo como un sistema de energía humana multidimensional, empieza a entender las viejas prácticas sanadoras, en las que el color y otras formas de energía se usan para curar.

El aura

Este concepto del aura sostiene que no somos sólo un cuerpo físico, sino diversos cuerpos sutiles, que se vinculan con nuestro yo espiritual, mental y emocional. Estos cuerpos vibran a una velocidad que los hace invisibles a nuestros ojos y emiten vibraciones cromáticas para formar lo que se conoce como aura.

Se cree que más allá de nuestros cuerpos físicos, existe un campo áurico que contiene diversas capas de energía electromagnética, o cuerpos de luz. Cada uno de esos cuatro cuerpos vibra a una frecuencia de color que cambia constantemente, de acuerdo con nuestros pensamientos y emociones.

Chakras

Relacionado con el aura están los centros de energía o chakras. Hay mapas tradicionales de los chakras primarios y secundarios, pero este libro se refiere mayormente a los siete mayores, localizados, hablando metafísicamente, en la columna. El sistema de chakras implica que para vivir una vida plena y equilibrada, debemos atender no sólo a nuestras necesidades físicas, sino a las emocionales, mentales y espirituales también.

Los chakras, del sánscrito *chakrum*, o "rueda", han sido descritos como una especie de remolinos de energía. Están directamente afectados por la energía sutil o espiritual "prana" (en sánscrito, "fuerza motora" o "aliento"), que obtenemos por los rayos de luz sobre nuestro cuerpo. Este flujo de energía pránica se distribuye en los chakras hacia las células, órganos y demás, y está muy influenciada por la personalidad, emociones y estado espiritual.

Además, cada chakra se asocia con un órgano particular o sistema en el cuerpo físico. También se perciben relaciones de los chakras con el sistema endocrino, que controla las hormonas.

Color y chakras

Cada chakra vibra con un color dominante. Cuando hay un desequilibrio en la frecuencia cromática de un chakra, se crea una inarmonía corporal, que puede restaurarse introduciendo el color adecuado (p. 138 a 141). Los siete chakras mayores con sus correspondencias están en la página opuesta.

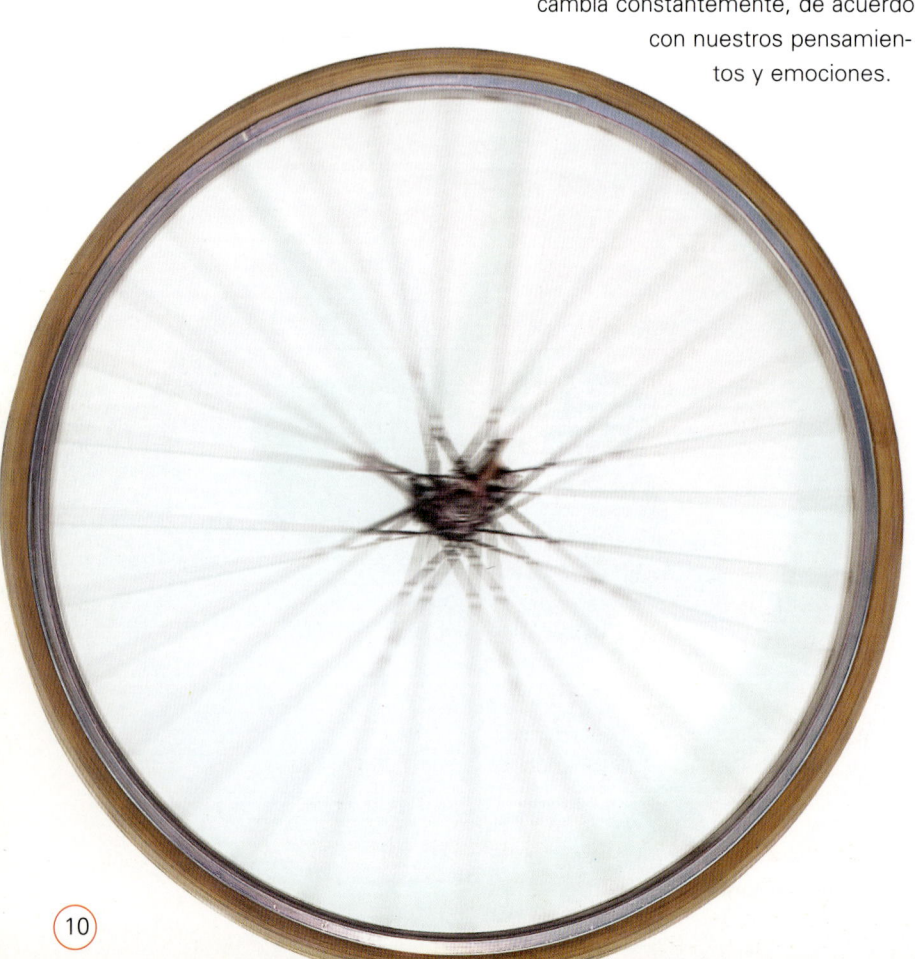

RUEDA
"Chakra" proviene del sánscrito para "disco" o "rueda". La medicina antigua los percibe como puntos donde se unen canales que transportan la energía vital.

NOMBRE DEL CHAKRA	COLOR DOMINANTE	LOCALIZACIÓN		ASOCIACIÓN FÍSICA	ASOCIACIÓN EMOCIONAL
Corona	Violeta	En la mitad del cráneo		Migrañas Glándula pineal Fotosensible— Dolor de cabeza Regula la melatonina	Vínculo con energías más elevadas Da sentido a la vida
Ceja	Índigo	En medio de la frente, sobre ojos		Glándula pituitaria, Regula la función hormonal, habilidad mental Ojos y oídos	Percepción de temas emocionales
Garganta	Azul	Junto a la glándula tiroides		Voz, garganta, Regula el metabolismo	Expresión de los sentimientos
Corazón	Verde	Mitad del esternón		Sistema inmunológico	Amor propio
Plexo solar	Amarillo	Bajo la caja, torácica, en medio del diafragma		Páncreas, adrenalina, estómago, digestión	Poder personal, autoestima
Sacro	Naranja	En la baja región pélvica		Sistema reproductor ovarios (mujer) y testículos (hombre)	Relaciones personales
Raíz o Base	Rojo	Parte baja de la columna		Patologías sanguíneas Tuétanos	Seguridad, habilidades de supervivencia

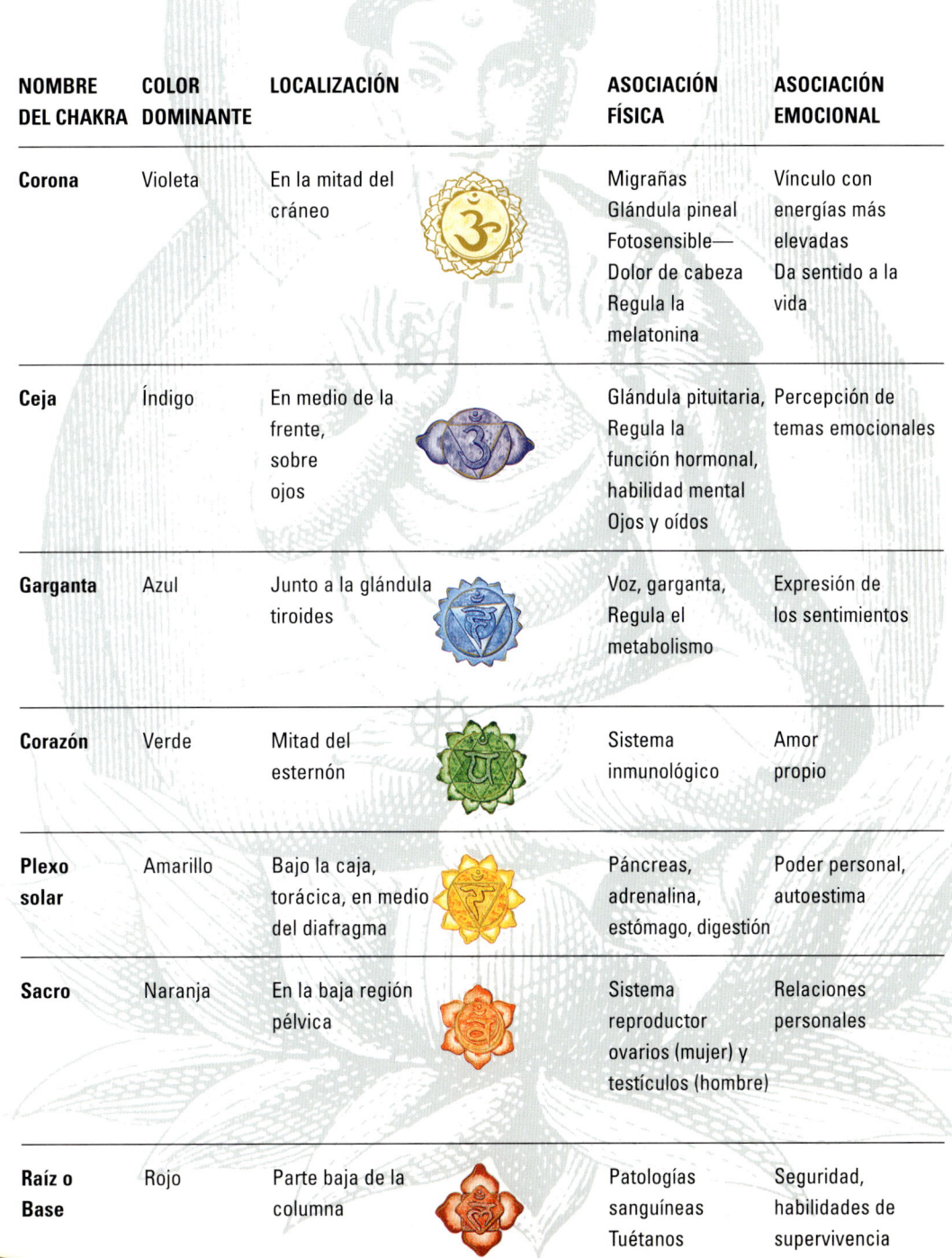

PSICOLOGÍA
cromática

Todos sabemos que ver colores nos afecta, que encontramos algunos colores calmantes y otros molestos. El color es, por tanto, un útil psicológico altamente efectivo que puede usarse para entrenar a quienes intenten acceder a estados emocionales más profundos y sacar a la superficie problemas ocultos.

El color en el lenguaje y la naturaleza

El uso de metáforas cromáticas en el lenguaje cotidiano está profundamente presente en las culturas del mundo. En Estados Unidos e Inglaterra, el color se usa para describir una amplia gama de emociones —el término "sangre roja" implica fuerza o virilidad; si alguien es verde, implica que son ingenuos, faltos de experiencia o envidiosos. En Francia, el verde se usa también para denotar envidia, pero una persona azul está falta de experiencia. En Alemania, si alguien es azul, implica que está borracho, y amarillo, y no verde, es el color de la envidia.

El mundo natural también usa el lenguaje cromático, a menudo con advertencias para atraer o repeler. Las mariquitas, por ejemplo, son rojas y negras, las avispas amarillas y negras. Estas combinaciones de color se usan para desanimar a otras criaturas que se puedan aproximar.

Significado del color

Cada color tiene una cualidad específica y un sentido, y la comprensión de los atributos negativos y positivos del color puede hacernos más conscientes de las influencias que rigen nuestras vidas. Si un color domina tu pronóstico (p. 16 y 17), eso aporta mucha información acerca de tu carácter y potencial.

PAREJA
La psicología del color juega un papel vital en nuestra percepción de los demás, incluyendo seres queridos.

ABEJA EN LA MIEL
Los insectos tienen un sentido del color muy sutil que les sirve para hallar alimento.

NIÑO EN LA ARENA
Se cree que el color tiene un efecto marcado en nuestro humor. Los colores del cielo, mar y arena, pueden hacernos sentir felices y serenos.

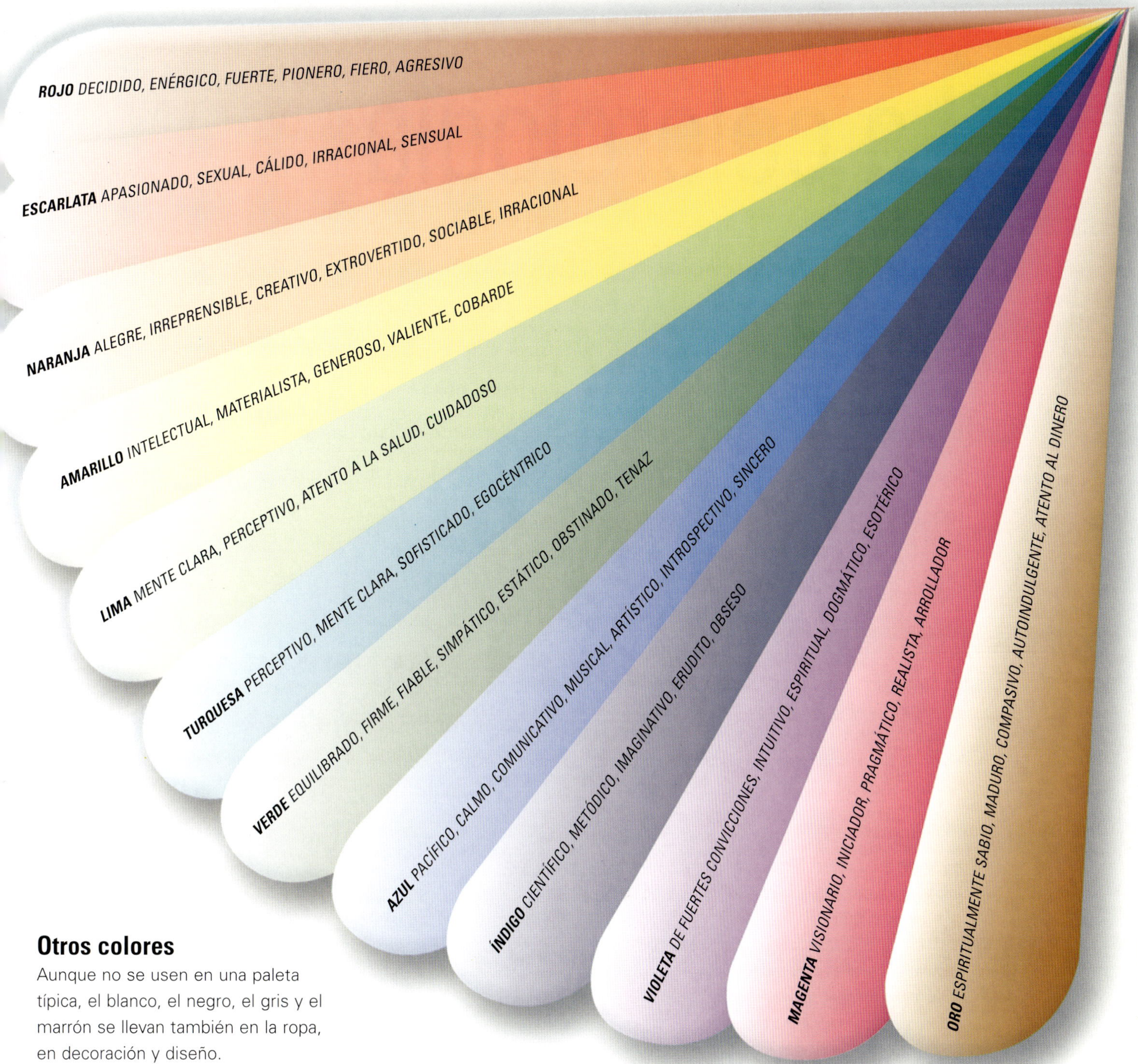

ROJO DECIDIDO, ENÉRGICO, FUERTE, PIONERO, FIERO, AGRESIVO

ESCARLATA APASIONADO, SEXUAL, CÁLIDO, IRRACIONAL, SENSUAL

NARANJA ALEGRE, IRREPRENSIBLE, CREATIVO, EXTROVERTIDO, SOCIABLE, IRRACIONAL

AMARILLO INTELECTUAL, MATERIALISTA, GENEROSO, VALIENTE, COBARDE

LIMA MENTE CLARA, PERCEPTIVO, ATENTO A LA SALUD, CUIDADOSO

TURQUESA PERCEPTIVO, MENTE CLARA, SOFISTICADO, EGOCÉNTRICO

VERDE EQUILIBRADO, FIRME, FIABLE, SIMPÁTICO, ESTÁTICO, OBSTINADO, TENAZ

AZUL PACÍFICO, CALMO, COMUNICATIVO, MUSICAL, ARTÍSTICO, INTROSPECTIVO, SINCERO

ÍNDIGO CIENTÍFICO, METÓDICO, IMAGINATIVO, ERUDITO, OBSESO

VIOLETA DE FUERTES CONVICCIONES, INTUITIVO, ESPIRITUAL, DOGMÁTICO, ESOTÉRICO

MAGENTA VISIONARIO, INICIADOR, PRAGMÁTICO, REALISTA, ARROLLADOR

ORO ESPIRITUALMENTE SABIO, MADURO, COMPASIVO, AUTOINDULGENTE, ATENTO AL DINERO

Otros colores

Aunque no se usen en una paleta típica, el blanco, el negro, el gris y el marrón se llevan también en la ropa, en decoración y diseño.

En muchas culturas, el blanco es el color de la pureza, simplicidad e inocencia. Se asocia con la espiritualidad, pureza y bondad. El negro a menudo representa la muerte o el temor a lo ignoto, lo arcano, y por tanto es el color del misterio. El blanco y el negro generan el gris, el color de la confusión y el miedo, la falta de dirección y la duda. El marrón, color de la tierra, se corresponde con la estabilidad, cimientos sólidos y seguridad.

SIGNIFICADO DEL COLOR
La carta anterior aclara los sentidos psicológicos generales y los efectos de los principales colores.

EL PAVO REAL
Esta ave es justamente famosa por su hermosa cola de plumas multicolores, que despliega en el cortejo.

La colorología

Usa los principios de la energía del color que está inherente en la naturaleza para ayudarnos a comprendernos nosotros mismos y a los demás. Descubrir los colores que impregnan a un individuo requiere un análisis del signo zodiacal, del nombre y de la fecha de nacimiento. Esto determina una combinación tripartita de colores de la que se pueden obtener conclusiones personales. Por otra parte, resaltando qué colores dominan o faltan y, por tanto, dónde hay un probable desequilibrio de mente, cuerpo, o espíritu, las conclusiones ayudarán al sujeto a iniciar la automejora o la autocuración reequilibrando esos colores en su vida.

La colorología trabaja con 12 colores zodiacales y 9 para el nombre y la fecha de nacimiento. Éstos determinan respectivamente cada color vital, color de destino, y color de expresión personal. La paleta de origen de estos colores se deriva de los colores primarios rojo, amarillo y azul. Combinaciones distintas de estos producen los secundarios naranja, verde y violeta. Si éstos se mezclan a su vez con los que están más cercanos a ellos, producen los seis colores terciarios de la paleta (*ver páginas 8-9*).

1 Color zodiacal

El color zodiacal es el desarrollo del alma o el color vital, que revela qué has de explorar o hacer en esta vida. Es donde reside tu alma, y refleja el desarrollo de tu alma hasta hoy. Es la fuerza que subyace en todo lo que haces, aun cuando tú eres inconsciente. El opuesto en la rueda te dará tu color zodiacal esencial, lo que revela también una serie de colores que se están manifestando en tu vida. Si, por ejemplo, tu signo zodiacal es Escorpio, tu color zodiacal esencial es el turquesa, pero descubrirás que también el azul, verde, y amarillo tienen relevancia en algunos aspectos de tu vida. Estar atento a las influencias cromáticas que no provengan del color zodiacal puede ayudarte a clarificar tu pronóstico.

Piscis
Magenta
Rojo y violeta

Acuario
Violeta
Rojo y azul

Capricornio
Índigo
Azul y violeta

Sagitario
Azul

Escorpio
Turquesa
Verde y azul

Libra
Verde
Azul y amarillo

2 Color de destino

Tabla colorológica

Número	Color	Letras
1	Rojo	A J S
2	Naranja	B K T
3	Amarillo	C L U
4	Verde	D M V
5	Azul	E N W
6	Índigo	F O X
7	Violeta	G P Y
8	Magenta	H Q Z
9	Oro	I R

El color que se deriva de tu fecha de nacimiento es el propósito de tu vida o color de destino, y determina lo que el futuro puede tenerte reservado, y qué decisiones tomar.

Para conocer tu color de nacimiento, necesitas reducir tu fecha de nacimiento a un número entre 1 y 9. Luego, usando la tabla colorológica (izquierda), relaciona tu número de nacimiento con uno de los nueve colores. Para calcular tu número de nacimiento, separa los dígitos del mes, día y año en que naciste, y súmalos.

Por ejemplo, si tu fecha de nacimiento es el 21 de Noviembre de 1964, tu número de nacimiento se calcula así:

$$2 + 1 + 1 + 1 + 1 + 9 + 6 + 4 = 25$$

Reduce 25 a una cifra de un dígito sumando otra vez:

$$2 + 5 = 7$$

Con el 7 como número de nacimiento, vemos que tu color de destino es el violeta

3 Color de expresión personal

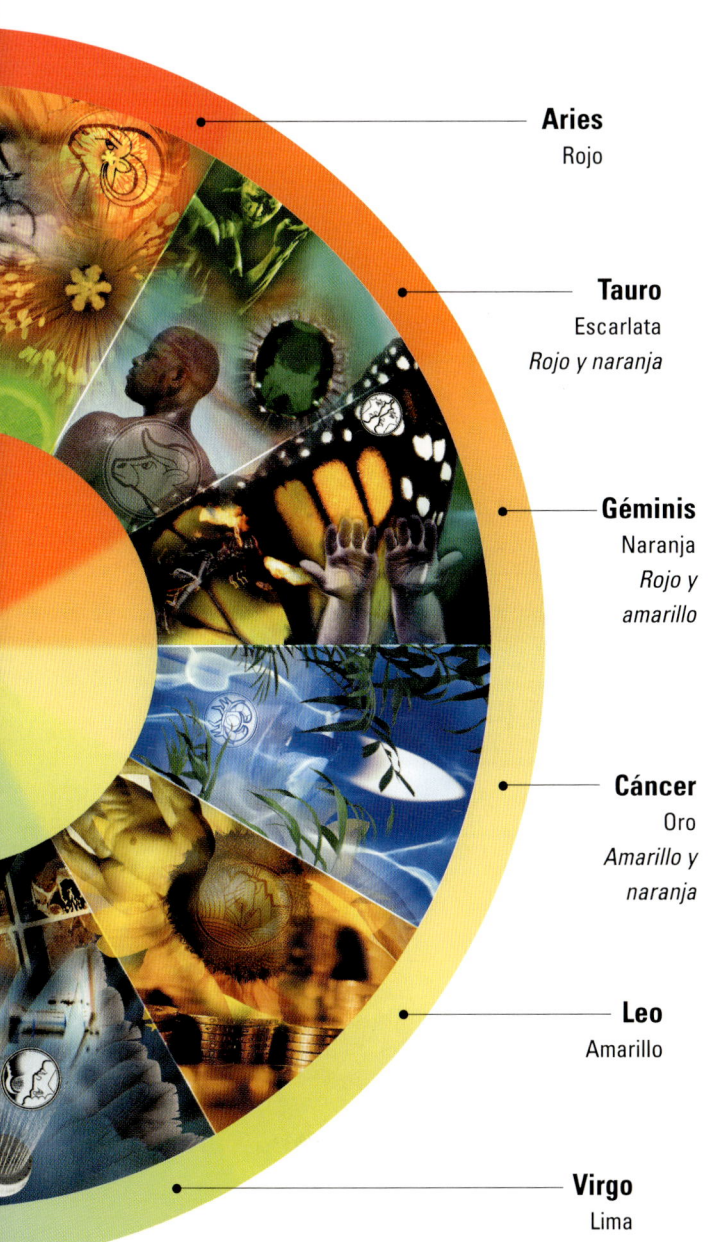

Aries
Rojo

Tauro
Escarlata
Rojo y naranja

Géminis
Naranja
Rojo y amarillo

Cáncer
Oro
Amarillo y naranja

Leo
Amarillo

Virgo
Lima
Amarillo y Verde

El color de tu nombre es el de tu expresión personal, y representa los medios o claves que has estado dando para liberar tu potencial. Se halla relacionando cada letra de tu nombre con un número y su color asociado. Usando la tabla de arriba, extrae el valor numérico de cada letra de tu nombre. Por ejemplo, si tu nombre es John Smith, las letras tendrían los siguientes valores numéricos:

J O H N   S M I T H
1 6 8 5   1 4 9 2 8

Suma los números:

$$1 + 6 + 8 + 5 + 1 + 4 + 9 + 2 + 8 = 44$$

Reduce el 44 a una cifra de un dígito sumando otra vez:

$$4 + 4 = 8$$

Con el 8 como número de nombre, tu color de expresión personal es el magenta.

Así, para John Smith, nacido el 21 de Noviembre de 1964, la única combinación cromática es Turquesa, Violeta y Magenta. Una interpretación de todo esto y tu propia y única combinación de colores se encuentra en las siguientes páginas.

Afinando tu pronóstico

Una vez hayas descubierto tu color vital, de destino y de expresión personal, podrás crear un esquema cromático personalizado. En las siguientes páginas, hallarás junto a las más avanzadas técnicas de análisis cromático, la clave para una mayor comprensión de ti mismo y de los demás, mostrando todo el espectro de colores que influyen o faltan en tu vida.

Tus TRES colores esenciales

Cómo usar este libro

1. En las 120 páginas siguientes, encontrarás más de 900 combinaciones cromáticas triples que influyen en la personalidad. Para hallar la tuya, averigua tu color zodiacal, el de destino, y el de expresión personal con las instrucciones de las páginas 14-15.

2. El directorio de combinaciones triples se divide según las secciones de 12 colores de la rueda cromática de las páginas 1-15. Una vez halles tu combinación propia, mira en la sección titulada "El color Rojo". Ahí tienes el significado completo del color, y su influencia, física, emocional y espiritual, en tu vida. Estas influencias también aplican si el rojo es tu color de destino o tu color de expresión personal. Usa la sección de las "Relaciones", que está en la misma página, para descubrir si al fin y al cabo, eres compatible con otro color zodiacal cualquiera.

3. Para determinar tu propia personalidad, pasa a la página con tu color zodiacal y tu color de destino, y luego mira en la tabla de tu color de expresión personal para hacer tu propio pronóstico. También puedes saber la combinación de tres dígitos de tus personalidades más compatibles en el amor y los negocios. Cada una de tus combinaciones cromáticas se da en el orden de color zodiacal, de destino y de expresión personal.

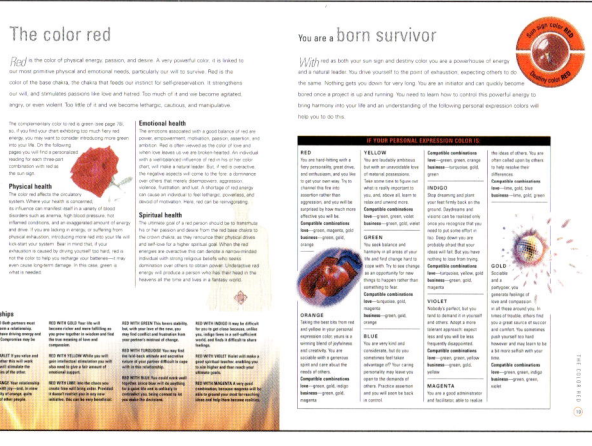
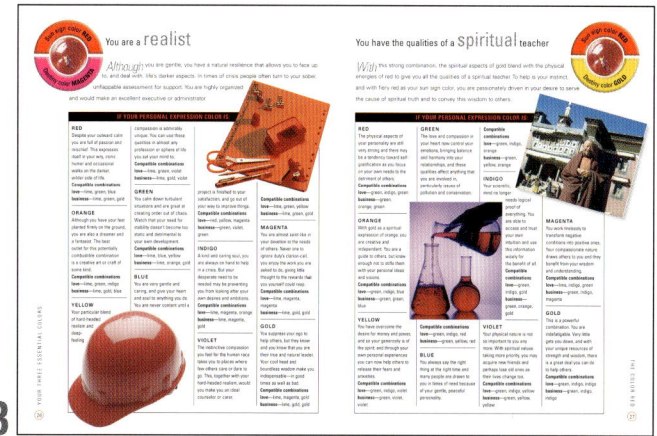

El color rojo

El rojo es el color de la energía física, la pasión y el deseo. Es muy poderoso y está vinculado a nuestras más primitivas necesidades emocionales y físicas, particularmente el instinto de supervivencia. El color rojo es el del chakra básico, el que alimenta nuestro instinto de preservación. Fortalece la voluntad y estimula pasiones como el amor y el odio. En exceso nos vuelve agitados, enfadados, incluso violentos. Demasiado poco nos aletarga, nos hace cautos y manipulables.

El complementario del rojo es el verde (p. 78), así que si en vuestro esquema hay demasiado arrebato rojo, quizás tendríamos que considerar introducir más verde en nuestras vida. En las páginas siguientes encontrareis lecturas personalizadas para cada combinación triple del rojo como color zodiacal.

Salud física
El color rojo afecta al sistema circulatorio. En lo que a la salud se refiere, su influencia se puede manifestar en una gama de patologías de la sangre, tales como la anemia, hipertensión, las inflamaciones o bien en una energía y vigor exagerados. Si te encuentras falto de esa energía, o estás exhausto, poner más rojo en tu vida pondrá en solfa tu sistema. Ten en cuenta por otro lado, que si tu cansancio se debe a un exceso de actividad, el rojo no es lo conveniente para recargar las baterías —puede hasta causar daños perdurables. En este caso, el verde es la solución más recomendable.

Salud emocional
Las emociones asociadas con el equilibrio adecuado del rojo son el poder, el dominio, la motivación, la pasión, la afirmación, y la ambición. El rojo es visto a menudo como el color del amor, y cuando el amor nos deja se nos rompe el corazón. Alguien que tenga el rojo equilibrado en su esquema será un líder natural. Pero si el rojo predomina, los aspectos negativos emergerán: un deseo de dominio de los demás que acaba desautorizando, la agrasión, violencia, frustración y lujuria. Un déficit de energía roja tiene como consecuencia un aletargamiento, falta de fuerza y ausencia de motivación. En este caso, el rojo devuelve el vigor

Salud espiritual
La meta última de una persona roja debería ser transmutar su pasión y deseo del chakra rojo básico al chakra corona, renunciando a sus fuerzas físicas y amor propio en aras de una meta espiritual superior. Cuando las energías rojas están hiperactivas, esto puede denotar una mentalidad estrecha con fuertes creencias religiosas que persigue el dominio sobre los demás. Si son deficitarias, tenemos a una persona que se pasa su vida en un mundo de fantasías

Relaciones

ROJO CON ROJO Ambos tenéis que trabajar por la relación, ya que poseeis energía y reclamais el control los dos. El compromiso puede ser difícil.

ROJO CON ESCARLATA Si os valoráis y respetáis mutuamente, funcionará, ya que os estimulareis las habilidades creativas el uno al otro.

ROJO CON NARANJA Vuestra relación se llenará de alegría —y en vista de la sociabilidad del naranja, igual pasará a los demás.

ROJO CON ORO Vuestra vida será más rica y plena al crecer juntos en sabiduría y encontrar el significado real del amor y la compasión.

ROJO CON AMARILLO Mientras ganáis estímulos intelectuales, también necesitaréis dar un gran apoyo emocional.

ROJO CON LIMA En el caos que creas, lima traerá orden. Con que no te restrinja tus iniciativas, puede ser muy beneficioso.

ROJO CON VERDE Esto favorece la estabilidad, pero, con tu gusto por lo nuevo, podría resultar que la desconfianza ante los cambios de tu compañero desembocara en conflictos y frustración.

ROJO CON TURQUESA Podrías encontrar difícil de llevar la actitud retraída y la naturaleza secretosa de tu pareja.

ROJO CON AZUL Podría funcionar, ya que azul hará lo que sea por una vida tranquila, difícilmente te contradirá y permitirá que tomes las decisiones.

ROJO CON ÍNDIGO Os será difícil uniros, ya que, al revés que tú, el índigo vive en un mundo suficiente en sí mismo y encuentra difícil compartir lo que siente.

ROJO CON VIOLETA Violeta será un buen instructor espiritual que te hará mejorar y luego te alcanzará al llegar a las metas últimas.

ROJO CON MAGENTA Muy buena combinación, ya que el magenta contribuirá a hacer realidad tus ideas más innovadoras.

Eres un superviviente nato

Con el rojo como color zodiacal y de destino, eres una central de energía y un líder natural. Te esfuerzas hasta la extenuación, esperando lo mismo de los demás. Nada te desanima por mucho tiempo. Sueles iniciar la idea y puedes aburrirte rápidamente una vez el proyecto está en marcha. Necesitas aprender a controlar esta poderosa energía para traer armonía a tu vida. La comprensión de los siguientes colores de expresión personal te ayudará a hacerlo.

Color zodiacal ROJO
Color de destino ROJO

SI TU COLOR DE EXPRESIÓN PERSONAL ES:

ROJO
Eres contundente, tienes una personalidad llena de fiereza, mucho vigor y entusiasmo, y además te gusta salirte con la tuya. Intenta canalizar este fuego hacia la aserción más que hacia la agresión, y te sorprenderá ver que resulta mucho más efectivo.
Combinaciones compatibles
amor—verde, magenta, oro
negocios—verde, oro, naranja

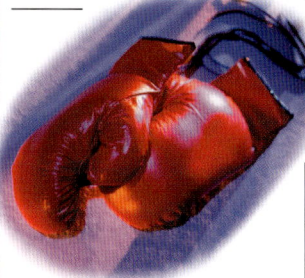

NARANJA
Tomando lo mejor del rojo y del amarillo como colores de expresión personal, la tuya es una mezcla afortunada de alegría y creatividad. Socializas con espíritu generoso y te preocupas por las necesidades de los demás.
Combinaciones compatibles
amor—verde, oro, Índigo
negocios—verde, oro, magenta

AMARILLO
Eres laudablemente ambicioso, aunque tienes un inevitable amor por lo material. Tómate un poco de tiempo para aclarar qué te importa realmente, y sobre todo, aprende a relajarte más.
Combinaciones compatibles
amor—verde, verde, violeta
negocios—verde, oro, violeta

VERDE
Buscas el equilibrio y la armonía en todas las áreas de tu vida y te desagradan los cambios. Intenta verlo como una oportunidad para lo nuevo y no como algo a lo que se deba temer.
Combinaciones compatibles
amor—turquesa, oro, magenta
negocios—verde, oro, naranja

AZUL
Eres amable y considerado, pero ¿sientes a veces que se aprovechan de ti? Tu personalidad cariñosa puede abrirte a las demandas de los demás. Practica la aserción y pronto volverás a tener el control.

Combinaciones compatibles
amor—verde, verde, naranja
negocios—turquesa, oro, verde

ÍNDIGO
Deja de soñar y pon los pies firmemente en el suelo. Los ensueños y visiones sólo se pueden cumplir cuando reconocemos que también hace falta esforzarse. Internamente, es posible que temas el fracaso de tus ideas, aunque no tienes nada que perder por intentarlo.
Combinaciones compatibles
amor—turquesa, amarillo, oro
negocios—verde, oro, magenta

VIOLETA
Nadie es perfecto, pero tú tiendes a demandártelo a ti y a los demás. Sé más tolerante: espera menos y te defraudarán menos.
Combinaciones compatibles
amor—verde, verde, amarillo
negocios—verde, oro, amarillo

MAGENTA
Eres un buen administrador y gestor, capaz de realizar ideas ajenas. A menudo te llaman los demás para que resuelvas sus diferencias.
Combinaciones compatibles
amor—lima, oro, azul
negocios—lima, oro, verde

ORO
Sociable y entretenido, generas sentimientos de amor y compasión en los que te rodean. En momentos difíciles, los demás hallan en ti una gran fuente de socorro y confort. De todas formas, a veces te excedes, y quizás debas aprender a ser un poco más egoísta con tu tiempo.
Combinaciones compatibles
amor—verde, verde, Índigo
negocios—verde, verde, violeta

EL COLOR ROJO

Color zodiacal ROJO
Color de destino NARANJA

Tienes grandes habilidades creativas

Aun en el aspecto físico de tu personalidad, el rojo como tu color zodiacal y el naranja como el de destino muestran que tienes una gran creatividad, con el vigor y entusiasmo para hacer esas cosas. Tu amor por la vida te hace muy sociable, capaz de estar toda la noche de fiesta. Eres muy participativo, particularmente entusiasta de las actividades deportivas y las artes.

SI TU COLOR DE EXPRESIÓN PERSONAL ES:

ROJO
Si no paras un poco bien pudieras quemarte al final. Intenta relajarte, haz meditación o ve a pasear por el campo o junto al mar, con tal de que calmes esas energías.
Combinaciones compatibles
amor—verde, azul, verde
negocios—verde, Índigo, oro

NARANJA
Tienes grandes reservas de potencial creativo, así que aprovecha; debes canalizarlo correctamente. Te frustras fácilmente si las cosas no salen bien de inmediato —aprende a ver un proyecto en perspectiva y cosecharás las recompensas.
Combinaciones compatibles
amor—verde, azul, azul
negocios—verde, oro, magenta

AMARILLO
Irradias luz y felicidad, pero la generosidad de tu naturaleza puede facilitar que se aprovechen de ti. Sé más selectivo a la hora de elegir a los amigos y sufrirás menos decepciones.
Combinaciones compatibles
amor—verde, azul, violeta
negocios—verde, oro, Índigo

VERDE
Realmente, eres una criatura natural. Te creces haciendo de educador e instructor, y trayendo equilibrio y harmonía a las vidas de los demás en momentos difíciles. Tu amor por el medio y el mundo que te rodea a menudo se expresa en la pintura u otra actividad artística.
Combinaciones compatibles
amor—verde, azul, rojo
negocios—lima, oro, magenta

AZUL
Enfocando tu inspiración a la comunicación ganarás la confianza para darte cuenta de que tus necesidades son tan importantes como las de los demás, si no más. Para variar, cuídate.

Combinaciones compatibles
amor—verde, azul, naranja
negocios—verde, azul, oro

ÍNDIGO
Aprende a vivir un poco, y no te avergüences de dejarte llevar. La vida parecerá mucho más divertida si no la tomas tan en serio. Jugar es tan importante como trabajar, y sin ello nunca te habrás centrado en ti mismo.
Combinaciones compatibles
amor—verde, azul, oro
negocios—verde, violeta, oro

VIOLETA
Tienes la suerte de relacionarte tanto con el mundo visionario como con el material. Mientras tienes la cabeza en los cielos, los pies se quedan en la tierra. Ésta es una combinación maravillosa; el mundo necesita gente como tú para hacer realidad los ideales.
Combinaciones compatibles
amor—verde, Índigo, amarillo
negocios—verde, azul, oro

MAGENTA
Siempre has visto la vida de color de rosa. ¿Es un mecanismo de defensa? Todos somos humanos, y es tiempo de despertar a las cualidades, positivas y negativas, que nos hacen lo que somos en realidad.
Combinaciones compatibles
amor—lima, azul, oro
negocios—verde, oro, azul

ORO
Tienes gran sabiduría y perspectiva, y generas la armonía a tu alrededor gracias a tu actitud gentil y falta de prejuicios, que brillando como una joya dispersan los pensamientos negativos.
Combinaciones compatibles
amor—verde, azul, Índigo
negocios—verde, verde, azul

Destacas en materia financiera

Color zodiacal ROJO
Color de destino AMARILLO

Generas la luz del sol y la alegría a tu alrededor con el amarillo afectando a tu aspecto físico. Aun así, tu amor por lo material y tu ansia de tener éxito en todo lo que emprendes, a menudo puede ocultarte lo que realmente importa. Debes vigilarte esta tendencia ya que se puede convertir en una obsesión y volver miserable tu generosa naturaleza.

SI TU COLOR DE EXPRESIÓN PERSONAL ES:

ROJO
El vigor de tu fuerza y energía impulsan tu creatividad interna. Guárdate de dar precedencia a tus necesidades físicas sobre las emocionales y las espirituales, o tus energías seguirán desequilibradas.
Combinaciones compatibles
amor—verde, violeta, verde
negocios—verde, violeta, oro

NARANJA
¿Te encuentras todo el día pasando de una cosa a otra sin centrarte? Lo que necesitas es estructurar tu vida. La rutina no es algo que se pueda desdeñar ya que permite hacer realidad todos esos proyectos inacabados.
Combinaciones compatibles
amor—verde, verde, azul
negocios—lima, oro, Índigo

AMARILLO
¿Cúando vas a aprender que no se puede satisfacer a todo el mundo sin cesar? Comprar la amistad mediante una generosidad ilimitada no te servirá siempre. Debes ganar la admiración de los demás.
Combinaciones compatibles
amor—verde, violeta, magenta
negocios—turquesa, oro, azul

VERDE
Como amigo leal que eres, jamás decepcionas a nadie. Tienes un sentido de la resposabilidad altamente desarrollado que honra todos los compromisos. Intenta que esto no te deje en desventaja emocional.
Combinaciones compatibles
amor—verde, violeta, rojo
negocios—verde, violeta, oro

AZUL
Con esta perfecta combinación de los tres colores primarios, atesoras las capacidades y fuerzas de cada color del arco iris. Y lo que es más importante, has sido bendecido con una gran sabiduría. Los demás no tardarán en verlo y aprender de ello.
Combinaciones compatibles
amor—verde, violeta, naranja
negocios—verde, violeta, oro

ÍNDIGO
Debes dejar de rechazar a los demás. Si continúas negando sus avances, acabarás solo y sin amigos. El hombre es un animal social, y la tuya no es la única forma conocida de ver la vida.
Combinaciones compatibles
amor—verde, violeta, oro
negocios—verde, oro, naranja

VIOLETA
Te haces el soñador pero tu forma de vivir es admirablemente instintiva. Eres capaz y resistente a las crisis, y tu calma y actitud pacífica te hacen un líder indispensable con el que hay que contar.
Combinaciones compatibles
amor—verde, violeta, amarillo
negocios—verde, Índigo, oro

MAGENTA
Captas intuitivamente el sentido de la vida, y cualquier cosa que haces no está aislada, sino que tiene el propósito de beneficiar a todos. Con tu mente, tu cuerpo y tu espíritu tan sumamente sintonizados, siempre aportas cosas buenas a los demás, aunque sea en detrimento tuyo.
Combinaciones compatibles
amor—lima, violeta, azul
negocios—verde, violeta, verde

ORO
Tu firmemente arraigada creencia de que todo sigue un plan divino puede hacerte parecer poco cariñoso y frío, pero una vez se rasca la superficie aparece rápido la profunda compasión que te adorna.
Combinaciones compatibles
amor—verde, violeta, Índigo
negocios—verde, violeta, azul

Color zodiacal ROJO
Color de destino VERDE

Luchas por los derechos de los demás

Tu color de destino en verde pone bajo tu control un enorme poder, energía y entusiasmo, permitiéndote usar todo en el beneficio general. Tienes un fuerte sentido de la justicia y persigues animar más que desincentivar a los demás. Sin embargo, también eres dado a la rigidez en las actitudes y podrías descubrir que tus principios crean problemas.

SI TU COLOR DE EXPRESIÓN PERSONAL ES:

ROJO
Luchas por tus creencias y tus tremendos vigor y determinación te aseguran poder conseguirlo. Ve con cuidado —el rojo es la energía de los dictadores, y no olvides que nunca se gana sólo por la fuerza.
Combinaciones compatibles
amor—verde, magenta, azul
negocios—turquesa, oro, azul

milagros a la hora de hacer positivas situaciones y actitudes negativas.
Combinaciones compatibles
amor—verde, rojo, azul
negocios—verde, oro, azul

AMARILLO
Tus habilidades para generar dinero hacen poderosas tus finanzas, pero sólo mides la prosperidad materialmente. La compasión y la generosidad de espíritu te harán aún más rico.
Combinaciones compatibles
amor—verde, rojo, violeta
negocios—verde, oro, violeta

VERDE
Se puede confiar en que darás la cara por los demás, especialmente niños y jóvenes de poca fortuna. Tú destacas, así que pon en juego la mayoría de tus talentos e influirás a los demás trabajando en pro de un mundo mejor.
Combinaciones compatibles
amor—turquesa, magenta, azul
negocios—turquesa, oro, violeta

NARANJA
Cuando es cuestión de juego limpio y justicia, tu naturaleza alegre y creatividad pueden obrar

AZUL
Que no te desanime que los demás no compartan tu apasionada fe en los principios de la fe y la justicia. Simplemente un valeroso posicionamiento en contra de la injusticia puede lograr más que muchas personas poco convencidas.
Combinaciones compatibles
amor—turquesa, magenta, naranja
negocios—lima, magenta, oro

ÍNDIGO
Eres un agitador, forjando tu camino a través de la vida con osadía y constancia. Una vez empiezas a luchar por una causa, es difícil pararte. Intenta mantener algún rastro de desapego y quizás consigas que tus considerables talentos se empleen más y con mayor eficacia.
Combinaciones compatibles
amor—verde, rojo, oro
negocios—violeta, magenta, oro

VIOLETA
Con gusto haces de mártir, sacrificándote por tus creencias en los valores de la justicia y la equidad. Intenta reducir esa intensidad, y además atraer

menos la atención hacia ti. Más gente se apuntará a tu causa a resultas de esto.
Combinaciones compatibles
amor—verde, rojo, amarillo
negocios—turquesa, magenta, oro

MAGENTA
Eres una prueba viviente del principio de que el amor hace rodar el mundo y tú usas tus cualidades de un amor incondicional y sin prejuicios para traer paz y armonía en situaciones inestables.
Combinaciones compatibles
amor—turquesa, oro, magenta
negocios—lima, oro, azul

ORO
Tú posees todas las cualidades de un buen mediador. Con tu sabiduría e imparcialidad, aliados con tu deseo de que prevalezca el bien, tus habilidades y fuerzas son a menudo demandadas.
Combinaciones compatibles
amor—verde, rojo, Índigo
negocios—verde, rojo, azul

Eres un pacificador

Eres muy cariñoso y con tu amor innato por la belleza, buscas impartir serenidad a todos aquellos con los que entras en contacto. La clave para tí es "paz", y la persigues a toda costa, incluso en tu propio detrimento. A veces, según la situación, necesitas retirarte y decir "no".

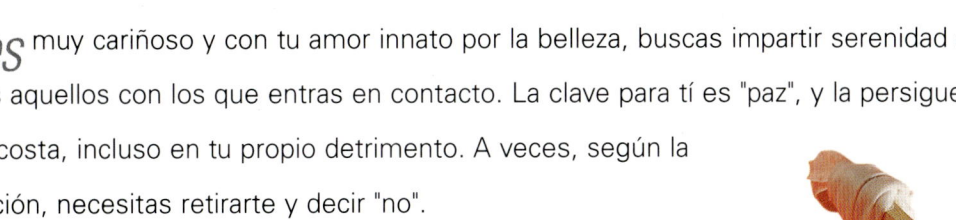

SI TU COLOR DE EXPRESIÓN PERSONAL ES:

ROJO
Eres gallardo e innovador, pero te es difícil contener tus siempre poderosas emociones. Aprende a descansar y relajarte más poniendo algo de oro y de verde en tu vida.
Combinaciones compatibles
amor—verde, naranja, oro
negocios—turquesa, oro, verde

NARANJA
Eres un diplomático natural y funcionas muy bien en una atmósfera de armonía. Esto te convierte en un fino mediador y tu habilidad es a menudo demandadas para resolver los temás más espinosos.
Combinaciones compatibles
amor—verde, naranja, azul
negocios—turquesa, oro, verde

AMARILLO
Tienes un lado que siempre busca la paz y ve siempre lo bueno en los demás, pero has de asegurarte de que no se aprovechen de tu natural generoso. Intenta ver a la gente tal y como son, en lugar de como tu quisieras que fueran.
Combinaciones compatibles
amor—verde, naranja, violeta
negocios—verde, violeta, oro

VERDE
Los temas ecológicos y de polución medioambiental te son muy próximos, y tus habilidades comunicativas se combinan con tu energía física para hacerte un paladín ideal de estas causas.
Combinaciones compatibles
amor—lima, oro, magenta
negocios—verde, oro, Índigo

AZUL
Te desvives por complacer a los demás. Cuidando de tus propias necesidades verás que emocionalmente puedes aprender a ser más calmo y capaz de llevar tu vida.
Combinaciones compatibles
amor—verde, naranja, naranja
negocios—verde, oro, naranja

ÍNDIGO
Tienes increíbles poderes de aguante, pero a menudo puedes ser rígido y en exceso racionalista. Intenta ver el mundo de forma distinta ya que a resultas podrías descubrir muchas oportunidades nuevas.
Combinaciones compatibles
amor—verde, naranja, oro
negocios—turquesa, naranja, oro

VIOLETA
Tus creencias espirituales te importan mucho. Aun así, tienes miedo de compartirlas por temor a ser ridiculizado. Hay mucha gente que es como tú y que daría la bienvenida a tu amistad y a tus ideas.
Combinaciones compatibles
amor—verde, naranja, amarillo
negocios—turquesa, magenta, oro

MAGENTA
Sueñas las cosas más grandes pero te aterra el fracaso. Si pudieras aprender a dejar atrás el dolor y el miedo pasados, podrías cumplir tus ambiciones.
Combinaciones compatibles
amor—lima, naranja, azul
negocios—lima, oro, violeta

ORO
Ésta es una combinación poderosa de fuego y tranquilidad. Comunicador fascinante, tienes carisma y fuerza de voluntad para implicar a todo el mundo en todo.
Combinaciones compatibles
amor—verde, naranja, Índigo
negocios—verde, naranja, naranja

Color zodiacal ROJO
Color de destino ÍNDIGO

No aceptas nada por su valor nominal

No te detienes hasta que has reducido el problema o confusión a sus rasgos básicos. Con tu mente aguda e inquisidora y pragmatismo natural, eres definitivamente todo un mojón para los demás. Sin embargo, aunque eres pragmático y lógico, también eres sorpresivamente artista.

SI TU COLOR DE EXPRESIÓN PERSONAL ES:

ROJO
La ciencia y la espiritualidad no son ni de cerca tan incompatibles como pretendes. Intenta aplicar este conocimiento a tu propia vida y te sorprenderá lo que averiguas.
Combinaciones compatibles
amor—lima, oro, verde
negocios—verde, oro, verde

NARANJA
Cuando ves una obra de arte por primera vez, reaccionas sensorialmente o intentas descubrir los hechos que subyacen y las circunstancias de la vida y hechos del artista. Ambos enfoques son válidos y, desde luego, lo son también en el difícil arte de la vida.
Combinaciones compatibles
amor—verde, oro, azul
negocios—verde, oro, amarillo

AMARILLO
Con la fiereza del rojo como color zodiacal, tienes el vigor y la energía para hacerlo todo. Sin embargo, tu metodismo es a veces un obstáculo. Aprende a confiar en el poder de tu propia intuición.
Combinaciones compatibles
amor—verde, oro, violeta
negocios—verde, oro, oro

VERDE
En tu lucha por encontrar respuestas, tus emociones se descontrolan. Cálmate un poco y abre tu mente a lo imposible; solamente así conseguirás descubrir qué es lo que debes hacer.
Combinaciones compatibles
amor—verde, oro, rojo
negocios—verde, oro, magenta

AZUL
Te centras mucho en ti mismo, cerrando tu mente a las maravillas del mundo artístico. Con tu sentido innato de la belleza y la ilusión, tienes en ti la posibilidad de apreciar y disfrutar las artes más elevadas.
Combinaciones compatibles
amor—turquesa, oro, naranja
negocios—verde, oro, amarillo

ÍNDIGO
Encuentras difícil expresar tu individualidad y prefieres la seguridad de las reglas y las rutinas a la libertad anárquica propia de un entorno creativo. Esta actitud podría dejarte aislado si no desarrollas el coraje para expresar tus deseos y necesidades más profundos.

Combinaciones compatibles
amor—verde, oro, oro
negocios—verde, oro, amarillo

VIOLETA
Eres ingenioso, acalorado e independiente, pero a menudo va en detrimento de tus necesidades espirituales. Saca tiempo de tus incontables compromisos para ver la vida más holísticamente.
Combinaciones compatibles
amor—turquesa, oro, amarillo
negocios—naranja, oro, amarillo

MAGENTA
Aunque llamativo y tozudo no tienes ni la mitad de la seguridad que pretendes aparentar por fuera. Secretamente, temes al fracaso y a veces necesitas confianza para mantenerte. Pon algo de la paz del verde y el oro en tu mundo para intentar dotarte de algún sosiego interno.
Combinaciones compatibles
amor—lima, oro, verde
negocios—lima, oro, magenta

ORO
Eres un enigma: curiosa combinación de pragmatismo y espiritualidad. Esto no hace tu vida fácil, pero sí que hace de ti una compañía fascinante. Los demás tienen aún mucho que aprender de ti.
Combinaciones compatibles
amor—verde, oro, Índigo
negocios—verde, oro, azul

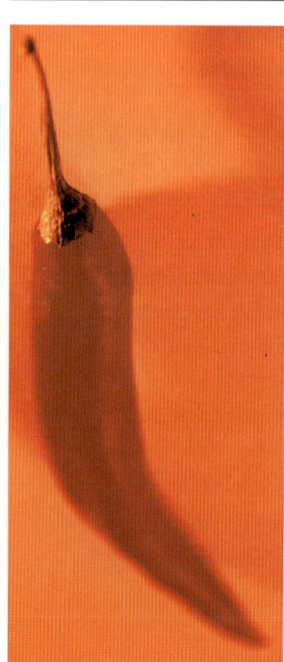

TUS TRES COLORES ESENCIALES

Eres un perfeccionista

Tu habilidad para ver los errores más pequeños implica que poca gente está ni de lejos en posición de ocultarte nada. Tienes una mente ordenada y limpia que necesita que todo esté en el orden adecuado. Tu insistencia, con todo, en los estándares más altos también se manifiesta en un miedo intenso a lo incierto. Eso podría hacer de ti un maniático del control.

Color zodiacal ROJO
Color de destino VIOLETA

SI TU COLOR DE EXPRESIÓN PERSONAL ES:

ROJO
Aunque sabes que puedes sobrevivir a las dificultades de la vida por haber vencido traumas en el pasado, aún te dominan la duda y la angustia. Aprendiendo que no existe la seguridad absoluta, puedes comenzar a vivir la vida plenamente.
Combinaciones compatibles
amor—verde, amarillo, verde
negocios—verde, amarillo, oro

NARANJA
Eres una persona muy práctica y no puedes aguantar la confusión mental. Intenta utilizar las artes creativas, en especial teatro y danza, para escapar de la rigidez de tu rutina cotidiana.
Combinaciones compatibles
amor—verde, magenta, naranja
negocios—verde, amarillo, naranja

AMARILLO
Aunque deseas la seguridad, tu gregarismo natural y optimismo a menudo te salvan el día. De hecho, puedes recurrir a tu sentido del humor para ayudarte a vencer las dificultades de la vida.
Combinaciones compatibles
amor—verde, magenta, amarillo
negocios—lima, magenta, oro

VERDE
Mantienes tus emociones bajo estricto control, pero a veces te dejan exhausto por ninguna razón aparente. Aprendiendo a confiar en las intenciones ajenas, puedes abrirte más a la gente y hacerles saber qué te molesta.
Combinaciones compatibles
amor—verde, magenta, verde
negocios—turquesa, amarillo, oro

AZUL
Tu sentido crítico y eterno fastidio se corresponden con tu habilidad para verlo todo en perspectiva si hace falta. Esto te permite conseguir mantener bajo control tu intenso deseo de seguridad.
Combinaciones compatibles
amor—verde, magenta, azul
negocios—lima, oro, magenta

ÍNDIGO
Es muy importante para ti que todo esté en su sitio. Esto puede hacerte parecer quisquilloso y dogmático. A menos que relajes tu actitud vital y practiques la generosidad de admitir tus errores, podrías arriesgarte a perder muchos amigos.
Combinaciones compatibles
amor—verde, magenta, Índigo
negocios—verde, oro, naranja

VIOLETA
Te desvives por hallar de golpe las soluciones a todos tus problemas. Ser perfeccionista no implica no poder relajarte y permitirte alguna indulgencia aunque sólo sea de vez en cuando.
Combinaciones compatibles
amor—verde, magenta, violeta
negocios—verde, oro, amarillo

MAGENTA
Has de elegir entre un deseo de controlar cada detalle práctico del pasado, y una necesidad igual de dejarte ir y explorar tus necesidades espirituales plenamente. Podrías necesitar un descanso y averiguar qué deseas de verdad en la vida.
Combinaciones compatibles
amor—lima, oro, magenta
negocios—verde, oro, verde

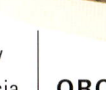

ORO
Un combinado estupendo. A pesar de tus tendencias ligeramente puritanas, tienes un alma cálida y generosa. Tus pocos miedos pueden ayudar a que los demás superen los suyos.
Combinaciones compatibles
amor—verde, amarillo, Índigo
negocios—verde, oro, amarillo

EL COLOR ROJO

Color zodiacal ROJO
Color de destino MAGENTA

Eres un realista

Aunque eres gentil, tienes una resistencia natural que te permite afrontar con éxito los aspectos más oscuros de tu vida. En momentos críticos, los demás buscan tu soberbia e imperturbable valoración para guiarse. Te organizas muy bien y serías un ejecutivo o administrador excelente.

SI TU COLOR DE EXPRESIÓN PERSONAL ES:

ROJO
A pesar de tu calma externa, estás lleno de pasión y travesuras. Esto se expresa a través de la ironía de tu humor y en tus visitas ocasionales al lado oscuro y salvaje de la vida.
Combinaciones compatibles
amor—lima, verde, azul
negocios—lima, verde, oro

NARANJA
Aunque tienes los pies firmes en el suelo, eres también un soñador y un fantasioso. La mejor salida para esta combinación potencialmente inflamable es un arte creativo o destreza de algún tipo.
Combinaciones compatibles
amor—lima, verde, Índigo
negocios—lima, oro, azul

AMARILLO
Tu mezcla particular de cabezonería realista y profunda compasión es admirablemente única. Puedes usar esas cualidades en casi cualquier profesión o esfera de la vida en que te intereses.
Combinaciones compatibles
amor—lima, verde, violeta
negocios—lima, oro, violeta

VERDE
Calmas situaciones turbulentas y eres muy bueno ordenando el caos. Vigila que tu necesidad de estabilidad no se vuelva demasiado estática y repercuta negativamente en tu desarrollo.
Combinaciones compatibles
amor—lima, azul, amarillo
negocios—lima, naranja, oro

AZUL
Eres muy gentil y cariñoso, y pones tu corazón y tu alma en todo lo que haces. Nunca estás satisfecho hasta que se acaba un proyecto según tus deseos, y te sales de lo manido para mejorar las cosas.
Combinaciones compatibles
amor—rojo, amarillo, magenta
negocios—verde, violeta, verde

ÍNDIGO
Alma cariñosa y amable, siempre estás a mano en las crisis, pero tus ansias por ser necesitado podrían impedirte atender y cuidar como es debido tus propios deseos y ambiciones.
Combinaciones compatibles
amor—lima, magenta, naranja
negocios—lima, magenta, oro

VIOLETA
Tu compasión instintiva por la raza humana te lleva a lugares a los que pocos osan o se preocupan por llegar. Esto, junto a tu acendrado realismo, harían de tí un consejero o cuidador ideal.
Combinaciones compatibles
amor—lima, verde, amarillo
negocios—lima, verde, oro

MAGENTA
Vives casi en olor de santidad por tu devoción a las necesidades ajenas. Nunca ignorarías la llamada del deber y disfrutas haciendo lo que se te pide, pensando, además, bien poco en las recompensas.
Combinaciones compatibles
amor—lima, magenta, magenta
negocios—lima, oro, oro

ORO
Suprimes tu ego y ayudas a los demás, pero ellos saben y tú sabes que eres su líder natural y verdadero. Tu cabeza fría y saber sin límites te hacen indispensable —en malos y buenos momentos.
Combinaciones compatibles
amor—lima, magenta, oro
negocios—lima, oro, oro

TUS TRES COLORES ESENCIALES

Tienes las cualidades de un maestro espiritual

Con esta fuerte combinación, la espiritualidad del oro se mezcla con las energías físicas del rojo para darte las cualidades del maestro espiritual. Te ayuda tu instinto, y con la fiereza del rojo como color zodiacal, te dejas llevar con pasión por el deseo de servir la causa de la verdad espiritual y trasladar ese saber a los demás.

SI TU COLOR DE EXPRESIÓN PERSONAL ES:

ROJO
Los aspectos físicos de tu personalidad son aún muy fuertes y puede haber una tendencia a la autogratificación ya que te centras en tus propias necesidades, y no en las ajenas.
Combinaciones compatibles
amor—verde, Índigo, verde
negocios—verde, naranja, verde

NARANJA
Siendo el oro la expresión espiritual del naranja, eres creativo e independiente. Eres una guía para los demás, y al tiempo lo suficientemente sabio para no sofocar a los demás con tus ideas y visiones.
Combinaciones compatibles
amor—verde, Índigo, azul
negocios—verde, verde, azul

AMARILLO
Has vencido el deseo de tener dinero y poder, por lo que tu generosidad es del espíritu. A través de tus experiencias personales, puedes ayudar a los demás a superar sus miedos y ansiedades.
Combinaciones compatibles
amor—verde, Índigo, violeta
negocios—verde, violeta, violeta

VERDE
El amor y compasión de tu corazón controlan ahora tus emociones, aportando equilibrio y armonía a tus relaciones. Estas cualidades afectan a todo en lo que te implicas, particularmente en

temas ecológicos y de polución.
Combinaciones compatibles
amor—verde, Índigo, rojo
negocios—verde, amarillo, rojo

AZUL
Siempre dices lo adecuado en el momento justo y mucha gente acude a tí en sus crisis a causa de tu gentil y pacífica personalidad.
Combinaciones compatibles
amor—verde, Índigo, naranja
negocios—verde, amarillo, naranja

ÍNDIGO
Tu mente científica ya no necesita pruebas lógicas de nada. Tienes acceso a tu intuición y confías en ella, usándola en beneficio de todos.
Combinaciones compatibles
amor—verde, Índigo, oro
negocios—verde, naranja, oro

VIOLETA
Tu naturaleza física no te importa tanto ya. Priorizando los valores espirituales, adquirirías nuevos amigos y quizás perderías otros al cambiar sus vidas.
Combinaciones compatibles
amor—verde, Índigo, amarillo
negocios—verde, amarillo, amarillo

MAGENTA
Trabajas sin descanso para hacer positivas las condiciones negativas. Tu naturaleza compasiva atrae a los demás, que se benefician de tu sabiduría y comprensión.
Combinaciones compatibles
amor—lima, Índigo, verde
negocios—verde, Índigo, magenta

ORO
Una combinación poderosa. Eres infatigable. Hay muy pocas cosas que te depriman, y con tus recursos únicos de fuerza y sabiduría, hay muchas cosas que puedes hacer para ayudar a los demás.
Combinaciones compatibles
amor—verde, Índigo, Índigo
negocios—verde, Índigo, Índigo

El color escarlata

El escarlata es el color de la sexualidad, sensualidad y el deseo. Resulta de combinar dos colores poderosos, rojo y naranja, así que si escarlata es tu color zodiacal, ambos colores deben estar en tu esquema. En muchas culturas, se identifica con aspectos como la calidez, intensidad y pasión. Demasiado escarlata en tu carta de colores puede hacerte temerario y desinhibido, demasiado poco y podrías aparecer frío y severo.

El color complementario del escarlata es el turquesa (p. 88), así que si encuentras en tu carta demasiada desinhibición escarlata, quizás quieras considerar introducir más turquesa en tu vida. En las siguientes páginas, encontrarás un pronóstico personalizado para cada triple combinación cromática con el escarlata de color zodiacal.

Salud física

Partes específicas del cuerpo físico vibran con las energías del color dominante en su chakra asociado. Ya que el escarlata combina el rojo y el naranja, y este combina a su vez rojo y amarillo, todos estos colores influyen en tu salud. Con demasiado escarlata en nuestro esquema, patologías nutritivas como la anorexia o la bulimia pueden manifestarse, aunque puede haber causas psicológicas más profundas para estos desórdenes. También ese exceso puede llevar al agotamiento físico. Si sufres esto, los colores turquesa y verde te ayudarán a sosegarte y recargar las baterías.

Salud emocional

Un buen equilibrio de escarlata en la carta cromática significa un uso sabio de su poder en todas las áreas de la vida. Estas personas lideran con el ejemplo y no con métodos de manipulación y control. Sin embargo, si el escarlata es hiperactivo, las emociones pueden descontrolarse y volverse dominantes y controladores al tomar control de sus personalidades el miedo, los celos y la desconfianza. Entonces el turquesa se requiere urgentemente para reequilibrar la armonía. Una ausencia de escarlata, por otro lado, puede hacer difícil las relaciones con los demás, pudiendo aparecer como poco amables o reservados. El escarlata o el naranja vuelven a poner a tono.

Salud espiritual

La meta espiritual de una persona escarlata debería ser integrar sus energías sacras creativas en las de la garganta, donde hay una verdadera expresión espiritual. Esto se puede hacer mediante la participación en los medios y artes. Para las mujeres, el momento puede suceder cuando ya no necesitan procrear y, como resultado, se interesan más en sus necesidades espirituales.

Relaciones

ESCARLATA CON ROJO Ambos necesitaréis controlar sentimientos abrumadores de poder si queréis ser felices.

ESCARLATA CON ESCARLATA Es una relación potencialmente explosiva, que será estimulante y excitante si no os hacéis demasiadas demandas.

ESCARLATA CON NARANJA Seréis capaces de reconoceros y estimularos aptitudes creativas, lo que generará gran alegría y felicidad.

ESCARLATA CON ORO La sabiduría, amor y compasión de tu pareja te ayudarán a domar los poderosos deseos que te dominan.

ESCARLATA CON AMARILLO Podrías encontrarte decepcionado por la importancia que tu pareja da a las posesiones y cosas materiales, especialmente si deseas ser el centro de sus atenciones.

ESCARLATA CON LIMA Si trabajáis juntos y reconocéis vuestras debilidades y fortalezas, promete ser una relación fuerte y perdurable.

ESCARLATA CON VERDE Tu natural apasionado podría tenerlo difícil de cara a la solidez y tendencias controladoras de tu pareja.

ESCARLATA CON TURQUESA Ésta es una relación hecha en el cielo, lo que podría durar para siempre ya que os complementáis en todos los respectos.

ESCARLATA CON AZUL Promete ser una relación pacífica contando con que seas capaz de adaptar las energías calmantes de tu pareja a tu natural impulsivo.

ESCARLATA CON ÍNDIGO Intenta comprender que las restricciones que te impone tu pareja son por tu bien, y que te ayudarán a pensar antes de actuar.

ESCARLATA CON VIOLETA Podéis aprender mucho acerca de cada uno y alcanzar vuestro mayor potencial.

ESCARLATA CON MAGENTA Tus grandes ideas y la capacidad de tu pareja para pasar de la teoría y la acción resultarán en una relación de lealtad y cariño.

Eres una persona apasionada

Con el escarlata como color zodiacal, debes aprender a asumir responsabilidades personales por tus acciones. Eres un espíritu libre, y si algo te ata demasiado tiempo, te aburres. Sin embargo, el rojo como color de destino te da la oportunidad de explorar tu autoconciencia y de descubrir lo que realmente te hace moverte.

Color zodiacal ESCARLATA
Color de destino ROJO

SI TU COLOR DE EXPRESIÓN PERSONAL ES:

ROJO
Te gusta ser el centro de las cosas y disfrutas del sentimiento de poder que te da. No te propases contigo y aprende a descansar y a relajarte más.
Combinaciones compatibles
amor—turquesa, verde, violeta
negocios—turquesa, verde, oro

NARANJA
Esta combinación es una doble entrega de energía escarlata y necesitas canalizar este poder en áreas donde tus capacidades pueden usarse creativamente para ayudar.
Combinaciones compatibles
amor—turquesa, verde, azul
negocios—turquesa, verde, oro

AMARILLO
Las posesiones y cosas materiales significan mucho para ti y te confieren confianza en tus capacidades. Aprende a ver que lo que eres es más importante que lo que tienes —y descubre tus verdaderas fuerzas internas.
Combinaciones compatibles
amor—turquoise, green, violeta
negocios—turquoise, green, oro

VERDE
Odias los cambios. Mientras la rutina te da más estabilidad, ¿nunca has pensado que podrías estar perdiéndote un montón de experiencias maravillosas?
Combinaciones compatibles
amor—turquesa, verde, magenta
negocios—turquesa, verde, magenta, oro

AZUL
Con un mayor control de tus sentimientos, serás capaz de superar el ansia de dominar y serás capaz de delegar más responsabilidades a los demás, dándote más tiempo para el descanso y la relajación.
Combinaciones compatibles
amor—turquesa, verde, oro
negocios—turquesa, verde, magenta

ÍNDIGO
Eres un alma solitaria. Y tus fuertes sentimientos acerca de la obediencia y las reglas podrían frustrar a los demás.
Combinaciones compatibles
amor—turquesa, verde, amarillo
negocios—turquesa, verde, oro

VIOLETA
Una forma de mudar tu naturaleza terrenal hacia un plano espiritual más elevado es vivir contemplativamente. Debes saber, como sea, que tu espíritu libre hallará difícil conformarse con esto.
Combinaciones compatibles
amor—turquesa, magenta, amarillo
negocios—turquesa, violeta, oro

MAGENTA
Tus energías sexuales básicas han sido transmutadas. Has renunciado al ansia de control, y ahora animas a otros, lo que redunda sobre ti.
Combinaciones compatibles
amor—turquesa, azul, magenta
negocios—lima, magenta, oro

ORO
Los valores espirituales son más importantes para ti que las posesiones materiales, lo que explica tu genuino y leal círculo de amigos.
Combinaciones compatibles
amor—turquesa, verde, índigo
negocios—turquesa, oro, magenta

EL COLOR ESCARLATA

Color zodiacal ESCARLATA
Color de destino NARANJA

Eres un optimista nato

Eres alegre y gregario, y con el naranja como color de destino, sabes que la creatividad no sólo debe enfocarse al arte sino a todas las áreas de la vida. Eres una compañía alegre, cortés e ingeniosa, y tu carácter te ayuda a afrontar todas las dificultades de la vida con una sonrisa, difundiendo la felicidad y alegría a los demás.

SI TU COLOR DE EXPRESIÓN PERSONAL ES:

ROJO
YTienes muchas cosas que deseas hacer y te tiras de cabeza a nuevos proyectos y planes esperando que salga bien. Aprende a pensar antes de actuar y a, en vez de actuar por capricho, planear el curso de la acción.
Combinaciones compatibles
amor—turquesa, azul, verde
negocios—turquesa, azul, oro

NARANJA
Escondes tu verdadero ser tras tu personalidad sociable y generosa. Aprende a decir no a veces; esto no hará que gustes menos a la gente, o que desee menos estar contigo.
Combinaciones compatibles
amor—turquesa, azul, azul
negocios—turquesa, oro, verde

AMARILLO
Aunque te importe ganarte la vida, más importante es la alegría y la felicidad que das a los demás con tus habilidades creativas, que no son adquiribles con dinero.
Combinaciones compatibles
amor—turquesa, azul, violeta
negocios—turquesa, oro, oro

VERDE
Esta combinación trae estabilidad a tu vida. Eres capaz de aprovechar tu creatividad y sacar lo mejor de la gente animándolos y enseñándoles todas las cosas que tú ya has aprendido.
Combinaciones compatibles
amor—turquesa, azul, magenta
negocios—turquesa, azul, oro

AZUL
Porque no intentas constantemente impresionar, tu vida es muy sosegada y aprendiendo a relajarte también has encontrado una paz interna dentro de ti.
Combinaciones compatibles
amor—turquesa, azul, naranja
negocios—turquesa, azul, oro

ÍNDIGO
A veces es necesario vivir bajo reglas y regulaciones, pero pueden restringir tu espíritu creativo, imaginativo y de amplias miras, lo que podría llevarte a la depresión.
Combinaciones compatibles
amor—turquesa, azul, naranja
negocios—turquesa, azul, oro

VIOLETA
Necesitas sentir que gustas, pero tu deseo de reconocimiento personal no es algo inaplazable. Tus dotes creativas pueden usarse de muchas formas, no sólo por motivos económicos, sino por los demás.
Combinaciones compatibles
amor—lima, azul, magenta
negocios—lima, oro, magenta

MAGENTA
Como visionario, crees poder hacerte con el mundo. A menudo, sobrestimas los esfuerzos que requieren tus elevadas metas. Bájate a nivel del suelo y aprende a ser más realista.
Combinaciones compatibles
amor—lima, azul, verde
negocios—lima, oro, azul

ORO
Esta combinación te hace consciente de cómo aprovechar las poderosas energías que a veces amenazan con abrumarte y de reconocer que eres personalmente responsable por todas tus acciones.
Combinaciones compatibles
amor—turquesa, azul, oro
negocios—turquesa, azul, amarillo

TUS TRES COLORES ESENCIALES

Eres un pequeño rayo de sol

Estás lleno de las alegrías de la vida y los demás no se cansan de tu maravilloso sentido del humor. El amarillo como color de destino te da amplias oportunidades de vencer tu ansia de posesiones materiales. Tu afilada mente te asegura no quedar nunca desamparado.

SI TU COLOR DE EXPRESIÓN PERSONAL ES:

ROJO
Eres muy generoso y popular. Si quieres aprender quiénes son tus verdaderos amigos, deja de comprar la popularidad y amistad con dinero y posesiones.
Combinaciones compatibles
amor—turquesa, violeta, verde
negocios—turquesa, violeta, oro

NARANJA
Sientes que estás andando en círculos sin destino. Aprende a aceptar la responsabilidad por tus acciones y tu vida será mucho más manejable.
Combinaciones compatibles
amor—turquesa, violeta, azul
negocios—turquesa, violeta, oro

AMARILLO
Tu alegre disposición atrae a la gente como un imán. Si esto no es más que para enmascarar tu temor a perder todo lo que lograste, enfréntate a ese miedo para que puedas seguir con tu vida.
Combinaciones compatibles
amor—turquesa, violeta, violeta
negocios—turquesa, oro, oro

VERDE
Tu capacidad de generar prosperidad puede ser usada ahora para hacer de este mundo un lugar más habitable —para la gente que es mucho menos afortunada que tú, especialmente niños y jóvenes.
Combinaciones compatibles
amor—turquesa, violeta, magenta
negocios—turquesa, violeta, oro

AZUL
Aunque la verdad y la justicia te importan mucho, luchar por causas justas y decir lo que piensas sin pararte ante las consecuencias de tus acciones puede ponerte en la picota. Sé más diplomático.
Combinaciones compatibles
amor—turquesa, violeta, naranja
negocios—turquesa, violeta, oro

ÍNDIGO
Tu espíritu libre te hace difícil cumplir las expectativas de los demás. Si puedes aprender a tomar el control de tu vida dejando aparte los miedos y ansiedades que a veces amenazan con abrumarte, ya no será un problema.
Combinaciones compatibles
amor—turquesa, violeta, naranja
negocios—turquesa, violeta, oro

VIOLETA
Esta combinación te enseña que la prosperidad llega de diversas formas, y la generosidad importa tanto como el dinero. Necesitas hacerte más perspicaz ante las demandas excesivas que se te hacen.
Combinaciones compatibles
amor—turquesa, violeta, magenta
negocios—turquesa, magenta, oro

MAGENTA
Tu instinto para los negocios y hacer dinero pueden ser canalizados a la promoción de proyectos caritativos, lo que te dará grandes satisfacciones y felicidad.
Combinaciones compatibles
amor—lima, turquesa, azul
negocios—lima, turquesa, oro

ORO
Tienes sabiduría en abundancia y eres capaz de contemplar tus emociones con desapego si hace falta. Esto puede malinterpretarse como signo de soberbia, cuando en realidad eres muy cariñoso.
Combinaciones compatibles
amor—lima, magenta, índigo
negocios—turquesa, oro, oro

Color zodiacal ESCARLATA
Color de destino VERDE

El corazón te dirige

Con el verde como color de destino, tiendes a instaurar la armonía en cualquier situación que hallas. Atraes a los jóvenes por ello, y aunque tú puedes instruirlos y sustentarlos, deberías guardarte de implicarte emocionalmente con los demás debido a que el escarlata como color zodiacal también determina que seas muy cálido y sentimental.

SI TU COLOR DE EXPRESIÓN PERSONAL ES:

ROJO
Tu naturaleza generosa trae calidez y confort a los demás. Aprende a ser más selectivo a la hora de elegir amigos, y a desligarte emocionalmente más de todas las situaciones personales potencialmente difíciles, con lo que no te harán sufrir.
Combinaciones compatibles
amor—turquesa, magenta, verde
negocios—turquesa, oro, verde

NARANJA
Con tus habilidades creativas puedes ayudar a la gente joven a ver qué son capaces de conseguir. Más que dirigir, educa y serás un magnífico maestro.
Combinaciones compatibles
amor—turquesa, rojo, azul
negocios—turquesa, rojo, oro

AMARILLO
Tu valoración de la respetabilidad te ha mantenido a salvo a veces, ya sea en el trabajo o el amor. Es hora de soltarte el pelo y divertirte
Combinaciones compatibles
amor—turquesa, magenta, violeta
negocios—turquesa, oro, violeta

VERDE
Prueba tu suerte y juega para variar en vez de quedarte cruzado de brazos todo el tiempo. Esto te ayudará a liberarte de viejos patrones que te impiden vivir una vida plena y feliz.
Combinaciones compatibles
amor—turquesa, magenta, magenta
negocios—turquesa, magenta, oro

AZUL
Ésta es una combinación muy armoniosa. Tus emociones están bajo control, traes paz y armonía en situaciones estresantes, y generas belleza en las vidas de los demás.
Combinaciones compatibles
amor—turquesa, rojo, naranja
negocios—turquesa, naranja, oro

ÍNDIGO
Tu mente científica e inquisidora encabeza tu profundo deseo de descubrir los secretos del universo, y estás usualmente con la nariz en los libros. ¿Nunca has oído la vieja máxima "Hombre, conócete a ti mismo y conocerás el universo"?
Combinaciones compatibles
amor—turquesa, rojo, oro
negocios—turquesa, naranja, oro

VIOLETA
Anhelas la seguridad en los momentos en que encuentras difícil conseguir lo que deseas en la vida. Aprende a dejarlo estar y confía en que siempre tendrás lo que necesitas y tus miedos desaparecerán.
Combinaciones compatibles
amor—turquesa, rojo, amarillo
negocios—turquesa, rojo, oro

MAGENTA
Reconoces el poder que posees como sanador espiritual y te responsabilizas de nuevas ideas que inicias. Asegúrate de que este poder no infle tu ego y pases de ser un líder amable a ser uno dictatorial.
Combinaciones compatibles
amor—turquesa, rojo, verde
negocios—turquesa, magenta, oro

ORO
Tu experiencia te ha enseñado a reconocer el efecto que tus acciones tienen sobre los demás. Aprende a aceptar responsabilidades personales en cualquier cosa que hagas.
Combinaciones compatibles
amor—turquesa, magenta, oro
negocios—turquoise, oro, oro

TUS TRES COLORES ESENCIALES

Eres muy tolerante

Eres muy empático y tienes una rara habilidad para entender y sintonizar con los deseos más profundos de los demás. Esto te ha bendecido con una gran tolerancia. Tu habilidad para ver ambos lados del problema puede enfurecer a los demás porque hace difícil que te decidas y asumas lo decidido.

SI TU COLOR DE EXPRESIÓN PERSONAL ES:

OJO
Tu naturaleza sexual puede a veces ser arrolladora. Esto puede hacer difícil para ti la práctica de la gentileza y tolerancia en la que tan firmemente crees.
Combinaciones compatibles
amor—turquesa, naranja, verde
negocios—azul, azul, oro

NARANJA
Eres maravilloso resolviendo situaciones difíciles e intrincadas. En vez de negar tus habilidades, aprende a aceptar que el aplauso y la admiración que te dan son genuinas.
Combinaciones compatibles
amor—turquesa, naranja, azul
negocios—tturquesa, oro, azul

AMARILLO
Destacas en la lucha por la verdad y justicia para los demás. Es admirable pero puede estar impidiendo que resuelvas tus propios problemas emocionales.
Combinaciones compatibles
amor—lima, magenta, violeta
negocios—verde, violeta, oro

VERDE
Buscas con determinación el triunfo en la adversidad. Esto te ayuda a mantener tu autoestima establemente alta y a vencer las emociones negativas.
Combinaciones compatibles
amor—turquesa, naranja, rojo
negocios—lima, oro, magenta

AZUL
Eres muy bueno a la hora de asumir preocupaciones o deberes ajenos. Esto no sólo reduce tus propios recursos, sino que impide a los demás asumir plenamente sus responsabilidades, lo que condiciona su desarrollo personal.
Combinaciones compatibles
amor—verde, naranja, naranja
negocios—turquesa, naranja, oro

ÍNDIGO
Sufrir te afecta profundamente. Aun así, hay un límite para lo que puedes hacer para mitigar el sufrimiento ajeno. No controlar tus sentimientos puede obsesionarte.

Combinaciones compatibles
amor—turquesa, naranja, oro
negocios—turquesa, rojo, oro

VIOLETA
Al transmutar lentamente las energías de la base inferior en conciencia espiritual, el cambio en tus valores espirituales aporta una mayor paz interior en tu vida.
Combinaciones compatibles
amor—turquesa, naranja, oro
negocios—turquesa, oro, oro

MAGENTA
Ver lo bueno de los demás es una cualidad admirable. No dejes que tu falta de prejuicios te impida ver los defectos. Después de todo, nuestras imperfecciones son lo que nos hace seres humanos únicos.
Combinaciones compatibles
amor—lima, turquesa, magenta
negocios—lima, magenta, oro

ORO
Tu natural compasivo te hace muy tolerante a las debilidades ajenas. Aprende a distinguir entre poner la otra mejilla y defender tus propias creencias y valores.
Combinaciones compatibles
amor—lima, magenta, índigo
negocios—turquesa, oro, índigo

Color zodiacal ESCARLATA
Color de destino ÍNDIGO

Eres complejo

Aunque aparentemente irreverente y descuidado, buscas sin cesar las respuestas a los misterios más grandes de la vida y raramente te contentas con las más sofisticadas explicaciones y teorías. Tu interés por lo incógnito y lo desconocido entra en conflicto con tu lado práctico y lógico, lo que no deja de hacerte más interesante.

SI TU COLOR DE EXPRESIÓN PERSONAL ES:

ROJO
Aunque te encantaría actuar por intuición, tu naturaleza física te mantiene fijado al suelo de la lógica. La vida será mucho más fácil cuando aprendas a confiar y aceptar tu yo intuitivo.
Combinaciones compatibles
amor—turquesa, oro, verde
negocios—turquesa, oro, azul

NARANJA
Deja que tu imaginación e inspiración triunfen. Tus creaciones estarán más allá de este mundo y alcanzarás nuevas alturas de comprensión, siendo incluso más popular de lo que eres ya.
Combinaciones compatibles
amor—turquesa, oro, azul
negocios—turquesa, naranja, oro

AMARILLO
Eres un manitas de la vida, siempre al lado para arreglar un agujero o ayudar con la declaración de la renta. Si aprendes a controlar tu naturaleza impulsiva, te encontrarás mucho más sereno y bajo control.
Combinaciones compatibles
amor—turquesa, oro, violeta
negocios—turquesa, oro, violeta

VERDE
Tu sexto sentido para saber cuándo las cosas no van bien os salva a ti y a otros de meteros en situaciones difíciles. Aún es difícil para tu mente lógica aceptar esto.
Combinaciones compatibles
amor—turquesa, oro, rojo
negocios—lima, oro, magenta

AZUL
Eres una persona gentil y sensible y los demás te hieren fácilmente. No te es fácil discutir con cualquiera, incluso si no estás de acuerdo con lo que dicen.
Combinaciones compatibles
amor—turquesa, oro, naranja
negocios—verde, oro, amarillo

ÍNDIGO
"Si no puede probarse, es falso" podría ser tu lema. Tu cabeza está llena de ideas científicas y principios y no estás dispuesto a aceptar ningún concepto nuevo a menos que haya pruebas irrefutables para apoyarlo.
Combinaciones compatibles
amor—turquesa, oro, oro
negocios—turquesa, oro, naranja

VIOLETA
La ciencia y la espiritualidad pueden obrar juntas. Déjate de tradiciones ya pasadas y aprende a usar tu intuición y el conocimiento científico en beneficio de todos.
Combinaciones compatibles
amor—turquesa, oro, amarillo
negocios—turquesa, oro, oro

MAGENTA
Precisamente por haber superado problemas de baja autoestima y amor propio, vives una vida más plena. Tu naturaleza sexual está bajo control y tú estás ahora trabajando para aliviar el dolor y sufrimiento de otros.
Combinaciones compatibles
amor—lima, oro, verde
negocios—lima, oro, magenta

ORO
Eres sincero y devoto. Tus valores espirituales son muy importantes para ti y la socialización, el dinero y las posesiones materiales no son prioridad.
Combinaciones compatibles
amor—lima, turquesa, magenta
negocios—turquesa, oro, índigo

TUS TRES COLORES ESENCIALES

Necesitas equilibrarte

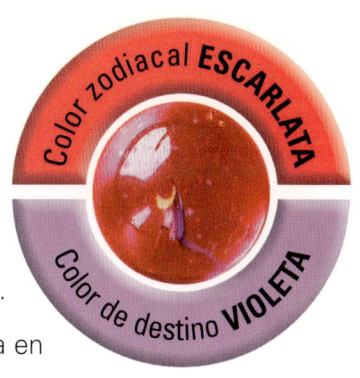

Color zodiacal ESCARLATA
Color de destino VIOLETA

Con el escarlata y el violeta en tu esquema, combinas los extremos del espectro cromático. Te encuentras lleno de alegría un día y en profunda desesperación el siguiente. Esto no es fácil y necesitas encontrar la fuerza interior para transmutar tu naturaleza física en un servicio desinteresado a los demás, y para vencer tu miedo a la pérdida o abandono.

SI TU COLOR DE EXPRESIÓN PERSONAL ES:

ROJO
JJusto al comenzar a pensar que la vida es maravillosa, cambia todo y resurge el temor por tu seguridad. Tu meta espiritual es aprender a confiar en los procesos vitales. Aprende a controlar tus deseos físicos, esos que te mantienen con los pies en el mundo material.
Combinaciones compatibles
amor—turquesa, amarillo, verde
negocios—turquesa, amarillo, oro

NARANJA
Eres profundamente espiritual y a menudo vives sueños. Úsalo para crear obras maestras de arte, pensamiento o logros personales, inspirando a los demás a hacer igual.
Combinaciones compatibles
amor—turquesa, amarillo, azul
busines—turquesa, amarillo, naranja

AMARILLO
Ésta es una buena combinación que forman amarillo y violeta. Tus habilidades intelectuales te llevan a estudiar materias que te ayudarán a comprender los procesos profundos de la vida, dándote una mayor autoconciencia.
Combinaciones compatibles
amor—turquesa, amarillo, violeta
negocios—turquesa, oro, violeta

VERDE
En la superficie apareces muy estable y confiable, pero por dentro luchas por controlar tus emociones. Aprende a ampliar tu perspectiva y reconocer el valor de los cambios cuando nuevas oportunidades surjan y se desarrollen.
Combinaciones compatibles
amor—turquesa, amarillo, magenta
negocios—turquesa, oro, magenta

AZUL
Tu meta espiritual es transmutar tus deseos sexuales al centro creativo de la garganta. Con tu progreso espiritual tu vida se calma y sosiega, y tus hermosas creaciones inspiran a los demás.
Combinaciones compatibles
amor—turquesa, amarillo, naranja
negocios— turquesa, oro, naranja

ÍNDIGO
Compartes tu tiempo y posesiones con otros, sirviéndolos como sabes y puedes. Si llevas esta cualidad a extremos, puedes volverte autoritario y dogmático, ya que buscas el reconocimiento en vez de animar a los que servías.
Combinaciones compatibles
amor—turquesa, amarillo, oro
negocios—turquesa, oro, oro

VIOLETA
Te las ves sin cesar con inseguridades emocionales. Con una mayor conciencia espiritual, puedes aprender a acoger el cambio como una oportunidad para nuevas experiencias en vez de como amenaza, y a comprender mejor el sentido real de la vida.
Combinaciones compatibles
amor—turquesa, amarillo, amarillo
negocios—turquesa, oro, amarillo

MAGENTA
Tienes pocas ilusiones y eres realista acerca de lo que no puedes conseguir. Este conocimiento te permite lograr el equilibrio y armonía entre tus necesidades físicas, espirituales y emocionales.
Combinaciones compatibles
amor—lima, oro, magenta
negocios—verde, oro, verde

ORO
Con tu naturaleza física controlada, irradias amor y calidez a todo ser viviente que te rodea. Como maestro espiritual, eres respetado y admirado, y compartes tu amor con los demás, inspirándolos a adquirir cualidades más allá de sus expectativas.
Combinaciones compatibles
amor—turquesa, amarillo, índigo
negocios—turquesa, oro, índigo

Color zodiacal **ESCARLATA**
Color de destino **MAGENTA**

Eres un estratega

Esta combinación permite desarrollar tus naturalezas espirituales y físicas para revisar y superar patrones y creencias negativos. Eres consciente de las fuerzas y contradicciones internas de ti y los demás, pero aun así eres tolerante con ello. Esto te hace un estratega natural ya que raramente dejas de pensarte muy bien los movimientos que haces.

SI TU COLOR DE EXPRESIÓN PERSONAL ES:

ROJO
Tu intensa necesidad de amor y seguridad domina tu vida. Aprende a ser más paciente y tolerante con los demás, y deja que te ayuden.
Combinaciones compatibles
amor—lima, verde, azul
negocios—lima, verde, oro

NARANJA
Tu naturaleza vibrante y exuberante genera un montón de alegría y felicidad en las vidas ajenas. Aprende a ser un poco selectivo con las compañías que eliges, o podrías acabar hiriendo a los demás.
Combinaciones compatibles
amor—lima, verde, azul
negocios—lima, oro, azul

AMARILLO
Lleno de alegría y risas, animas mucho cualquier situación social. Asegúrate, no obstante, de que tu personalidad externa no esconde temores y ansiedades, porque de hacerlo podría repercutir en tu salud.
Combinaciones compatibles
amor—lima, azul, violeta
negocios—lima, oro, violeta

VERDE
Muchos cambios están teniendo lugar en tu interior al aceptar tus defectos y los ajenos. Aunque estás ansioso por compartir tu nueva libertad, no impongas esto a los demás o tu consejo será percibido más como una interferencia.
Combinaciones compatibles
amor—lima, azul, rojo
negocios—lima, oro, azul

AZUL
Tu confianza y fe en el amor y seguridad personales se pone a prueba a veces. En vez de ver ciertos episodios como traumáticos, reconoce la fuerza espiritual que crece en ti y ayuda a los demás a superar sus dificultades.
Combinaciones compatibles
amor—lima, verde, naranja
negocios—lima, verde, oro

ÍNDIGO
Esta combinación cromática ayuda a mejorar tu conocimiento y comprensión de la vida. No lo tomes en serio: tómate tiempo y diviértete y disfruta lo que puedas.
Combinaciones compatibles
amor—lima, verde, oro
negocios—lima, oro, oro

VIOLETA
Sacrificas tus deseos físicos por tus valores espirituales y creencias. Esto es idealista y en general no muy bueno para ti. Cada parte de tu naturaleza necesita equilibrio y armonía para una salud óptima.

Combinaciones compatibles
amor—lima, azul, amarillo
negocios—lima, azul, oro

MAGENTA
Tu vida ha tomado un nuevo significado espiritual. Te mueves con energía, entusiasmo, y vitalidad, animando a los demás a hacer lo mismo.
Combinaciones compatibles
amor—lima, verde, azul
negocios—lima, oro, verde

ORO
Habiendo vencido tu naturaleza emocional, tu sabiduría y compasión natas reconoce las cualidades del amor incondicional, ése que buscas para incorporarlo a toda tu vida.
Combinaciones compatibles
amor—lima, verde, índigo
negocios—lima, oro, oro

Eres exuberante

Con los polos opuestos de estos colores en tu esquema tu meta espiritual es transformar fuertes energías emocionales en espirituales. El oro es amor, saber, y compasión, y con este color de destino, tendrás muchas oportunidades de ayudar a los demás, ya sea de forma profesional o no.

SI TU COLOR DE EXPRESIÓN PERSONAL ES:

ROJO
Tu chispeante personalidad y naturaleza generosa atraen amigos y admiradores. Traes esperanza y confort en situaciones difíciles, lo que a veces toman los demás erróneamente como un medio de satisfacer tus propios deseos.
Combinaciones compatibles
amor—turquesa, índigo, rojo
negocios—turquesa, oro, verde

NARANJA
Estás rodeado de muchos amigos y admiradores. Aprende a diferenciar entre los que son fieles y los que son falsos, lo que te evitará sorpresas desagradables.
Combinaciones compatibles
amor—turquesa, índigo, azul
negocios—turquesa, índigo, oro

AMARILLO
¡Qué chiripa tienes en la vida, sin ninguna preocupación! Cuida que tu calidez no genere sentimientos de celos en los demás, creándote enemigos en lugar de crearte amigos.
Combinaciones compatibles
amor—turquesa, índigo, violeta
negocios—turquesa, índigo, oro

VERDE
Sientes un profundo amor y comprensión de la naturaleza y todo lo que vive. Trabajas sin cesar para alertar a los demás acerca de la conservación del medio.
Combinaciones compatibles
amor—turquesa, índigo, rojo
negocios—turquesa, índigo, oro

AZUL
Con tu amor por la música y las artes, constantemente inspiras y haces feliz a los demás, elevando sus conciencias a nuevas alturas. Eres muy adaptable y te creces en nuevas y desconocidas situaciones.
Combinaciones compatibles
amor—turquesa, índigo, naranja
negocios—turquesa, índigo, oro

ÍNDIGO
Al no conformarte ya con viejos patrones y creencias, te has liberado para explorar nuevos y excitantes conceptos espirituales. Compartir tu saber contribuye a que los demás aprendan de su experiencia.
Combinaciones compatibles
amor—turquesa, índigo, oro
negocios—turquesa, oro, oro

VIOLETA
Has hecho muchos sacrificios y dado mucho para alcanzar tu meta espiritual. La paz y la serenidad que ahora sientes ha hecho que valga la pena.
Combinaciones compatibles
amor—turquesa, índigo, amarillo
negocios—turquesa, índigo, oro

MAGENTA
Has transmutado tu naturaleza física en amor y compasión. Tus emociones están bajo control y no requieres nada de nadie, contento con simplemente quedarte entre bastidores.
Combinaciones compatibles
amor—lima, índigo, verde
negocios—lima, índigo, oro

ORO
Éstos son como los colores del alquimista espiritual que trabaja por cambiar el metal en oro. Una vez hecho eso, serás consciente de la energía divina en cada uno de nosotros.
Combinaciones compatibles
amor—turquesa, índigo, violeta
negocios—turquesa, oro, oro

El color naranja

El naranja contiene tanto el rojo como el amarillo, por lo que hay que considerar los atributos de ambos en el pronóstico. Está asociado con el chakra sacro, el que influye aspectos de la vitalidad y el sexo. El poder del naranja reside en la alegría y creatividad que puede generar en todas las áreas de nuestra vida. Demasiado y nos centramos en nosotros mismos, deseando experimentar todos los placeres al momento sin pensar en las necesidades ajenas. Muy poco y perdemos la motivación, buscando solazarnos en nuestro pequeño mundo de pensamientos y sentimientos.

El complementario del naranja es el azul (p. 98), así que si encuentras que tu carta tiene demasiado desenfreno naranja, quizás deberías considerar introducir más azul en tu vida. En las siguientes páginas hallarás un pronóstico personalizado de cada combinación cromática tripartita con naranja como color zodiacal.

Salud física

Partes específicas del cuerpo físico están sujetas a las energías del color dominante del chakra más próximo. El chakra asociado al naranja es el sacro. Su influencia se manifiesta en los síntomas físicos de patologías de la vejiga y los riñones, problemas circulatorios y el colon e intestino delgado. En la mujer, influencia el sistema reproductor y sus órganos asociados. En el hombre, la glándula de la próstata (ver también las influencias físicas del rojo y el amarillo en p. 18 y 58). Un buen equilibrio de naranja otorga una salud óptima y un vigor sexual sano. Demasiado naranja y fácilmente quedamos exhaustos al drenarse la energía.

Salud emocional

Las emociones asociadas con un buen equilibrio del naranja son la felicidad, la motivación, optimismo y un bienestar general. Alguien con una influencia del naranja equilibrada en su carta cromática será toda una caja de sorpresas, capaz de superar rápido la decepción y el sufrimiento. Si el naranja está hiperactivo, cualidades negativas de egoísmo, orgullo y arrogancia emergerán. Un déficit de energía naranja puede hacer que se pierda autoestima y se de una pobre autoimagen. En ese caso, el naranja devuelve el vigor.

Salud espiritual

La persona naranja vive su vida desde el presente. Esto es probablemente debido a que ha asumido su propia mortalidad y ve la muerte como parte del ciclo natural de las cosas. Su meta espiritual debería ser canalizar su sensualidad natural y su vitalidad hacia fines artísticos que a cambio enriquecerán mucho su vida espiritual.

Relaciones

NARANJA CON ROJO Podría ser una relación difícil de sustentar ya que tus habilidades creativas serán desafiadas por las ansias de control de tu pareja.

NARANJA CON ESCARLATA Podrías frustrarte por los logros de tu pareja, mientras que tus creaciones quedan sin reconocer.

NARANJA CON NARANJA Hay mucha alegría y creatividad latente en esta relación. Si aprendéis a motivaros mutuamente, lograreis crear entre los dos una melodía maravillosa.

NARANJA CON ORO Ésta es una relación potencialmente maravillosa. Tenéis mucho que aprender el uno del otro, y ambos estaréis abiertos al cambio y al crecimiento.

NARANJA CON AMARILLO Esta relación funcionará bien si aliáis tu creatividad y su intelecto y perspicacia financiera.

NARANJA CON LIMA Podrías encontrar irritante el desagrado de tu pareja por la confusión y el desarreglo.

NARANJA CON VERDE Podría ser una relación estable, pero también podría ser difícil llevarla si tu pareja pone obstáculos a tu creatividad nata.

NARANJA CON TURQUESA La calma de tu pareja puede ayudarte a regular las arrolladoras energías creativas que atesoras.

NARANJA CON AZUL Os complementáis muy bien, así que podemos estar ante una asociación larga y fructífera.

NARANJA CON ÍNDIGO Con tu creatividad y la intuición natural de tu pareja, puedes llegar a nuevas alturas de pasión y disfrute todo el tiempo.

NARANJA CON VIOLETA Disfrutarás de muchos cambios y nuevas experiencias en esta relación, lo que alimentará tu natural excitable e impetuoso.

NARANJA CON MAGENTA Esta unión podría funcionar maravillosamente ya que el magenta puede hacer realidad tu inspirada creatividad.

Habilitas a los demás

El naranja como color zodiacal y el rojo como color de destino te capacitan a ver la belleza de la creación en todas las cosas, y buscas activamente experiencias que te ayuden a entenderlo. Podrías encontrarte trabajando en condiciones en las que hay dosis de tristeza u ondas negativas, siendo tu papel el de alegrar a los demás.

Color zodiacal NARANJA
Color de destino ROJO

SI TU COLOR DE EXPRESIÓN PERSONAL ES:

ROJO
Tienes grandes vigores y entusiasmo, y simplemente no puedes soportar el poco esfuerzo o la falta de energía. Intenta canalizar tus energías en actividades físicas como el deporte o la danza para lograr un estilo de vida más equilibrado.
Combinaciones compatibles
amor—azul, verde, verde
negocios—azul, verde, oro

NARANJA
En un equipo eres usualmente el que tiene las ideas y la visión, pero no puedes triunfar con sólo mera audacia. Intenta hallar maneras de implicar a otros para que te sigan o tendrás más de una frustración.
Combinaciones compatibles
amor—azul, verde, azul
negocios—azul, oro, azul

AMARILLO
Tu mente es un remolino constante en tu lucha por expresar las visiones creativas que pueblan tu mente y al tiempo mantener la solvencia financiera. Encuentra la forma de llevar a cabo tus ideas y tu vida se hará mucho más simple.
Combinaciones compatibles
amor—azul, verde, violeta
negocios—azul, verde, oro

VERDE
Tu amor por la belleza natural te proporciona mucha alegría y te ayuda a vencer la frustración cuando tus habilidades no se reconocen y otros se llevan las alabanzas que tú mereces.
Combinaciones compatibles
amor—azul, verde, magenta
negocios—azul, magenta, oro

AZUL
Te elevas sobre las condiciones de desespero y depresión y ayudas a los demás a vencer miedos y ondas negativas con tu alegría.
Combinaciones compatibles
amor—azul, verde, naranja
negocios—turquesa, naranja, oro

ÍNDIGO
Animando a los demás a ver sus posibilidades futuras es tu sino vital. Tienes talento y percepción suficiente para aprender de tus propias experiencias a reconocer y extraer en otros la chispa del genio creativo.
Combinaciones compatibles
amor—azul, verde, oro
negocios—turquesa, oro, oro

VIOLETA
Ha habido muchos cambios en tu vida hasta ahora que te han supuesto a su vez muchos sacrificios. Reconocer que la alegría puede venir de la adversidad ayuda a otros a vencer sus propios miedos e inhibiciones.
Combinaciones compatibles
amor—azul, verde, amarillo
negocios—azul, verde, oro

MAGENTA
Ésta es una combinación armoniosa de colores. Usas las ideas y visiones de tu mente para crear el éxito en todas tus áreas vitales.
Combinaciones compatibles
amor—lima, azul, verde
negocios—lima, azul, oro

ORO
Las experiencias y dificultades que has pasado te han hecho más cariñoso y compasivo hacia los demás. Enséñales cómo dar salida a su fuerza interna pero no les exijas demasiado.
Combinaciones compatibles
amor—azul, verde, Índigo
negocios—azul, verde, verde

EL COLOR NARANJA

Color zodiacal NARANJA
Color de destino NARANJA

Te entusiasma la vida

Esta doble dosis de naranja te da la fuerza para bregar con casi todo. Tu determinación es un ejemplo que los demás siguen con gusto. Con el amarillo, que es parte del naranja, tus capacidades intelectuales también emergen. No estás solamente interesado en tus necesidades físicas, sino que a la vez reconoces tus necesidades emocionales y espirituales.

SI TU COLOR DE EXPRESIÓN PERSONAL ES:

ROJO
Tus ilimitadas energías y disposición a ayudar a los demás hacen a veces que parezcas dictatorial e irracional. Aprende a ser más persuasivo y lograrás mejores resultados al tratar con la gente que conoces.
Combinaciones compatibles
amor—azul, azul, verde
negocios—turquesa, oro, verde

NARANJA
Estás determinado a conseguir lo que quieres y triunfar donde otros han fallado. Asegúrate de que tu éxito no se logre a costa de las necesidades ajenas.
Combinaciones compatibles
amor—lima, magenta, azul
negocios—lima, magenta, oro

AMARILLO
Tienes lo mejor de ambos mundos. Disfrutas de tu vida laboral porque eres capaz de hacer lo que te gusta al máximo y de usar tus habilidades creativas, sin perjuicio financiero, además.
Combinaciones compatibles
amor—azul, verde, violeta
negocios—turquesa, oro, violeta

VERDE
Tu exuberante personalidad afecta a los demás, particularmente a los niños pequeños, atraídos por la alegría y risa que introduces en sus vidas.
Combinaciones compatibles
amor—azul, azul, rojo
negocios—lima, oro, magenta

AZUL
Es muy admirable que salgas de tu camino para asistir a los demás. Asegúrate de que tu necesidad de ser amado no haga a los demás depender de ti.
Combinaciones compatibles
amor—azul, azul, naranja
negocios—azul, oro, naranja

ÍNDIGO
Tu vida es plena y proporcionas gran disfrute a los demás. Practicar la relajación y técnicas de meditación te ayudará a encontrar tu propia fuerza interna.
Combinaciones compatibles
amor—azul, azul, oro
negocios—azul, verde, oro

VIOLETA
Tus valores espirituales han cambiado y están ahora influenciándote. Aun así, esto no implica renunciar a todas las cosas de que disfrutas y ser un ermitaño.
Combinaciones compatibles
amor—azul, azul, amarillo
negocios—azul, azul, oro

MAGENTA
Hay en ti un gran amor por todo lo que vive. Si te atrae ayudar allí donde hay dolor y sufrimiento ya sea por la guerra, desastres naturales, pobreza y hambre, esta combinación te dará la fuerza y el coraje que hacen falta.
Combinaciones compatibles
amor—lima, azul, verde
negocios—lima, oro, verde

ORO
En cada momento de tu vida hay una oportunidad de aprender. Irradias amor y compasión, y eres un ejemplo para todos los que se te aproximan buscando consejo y guía espiritual.
Combinaciones compatibles
amor—azul, azul, Índigo
negocios—azul, azul, rojo

TUS TRES COLORES ESENCIALES

Tienes una mente rápida

Color zodiacal **NARANJA**
Color de destino **AMARILLO**

Con tu natural vitalidad y agudo intelecto, eres como el hombre o mujer renacentistas. Nunca te quedas con palabras sin decir o ideas que compartir. Esta combinación te ayuda a tomar decisiones para tener éxito en todas las áreas de tu vida. También eres compasivo y a pesar de tu energía, eres sensible y siempre tomas a la gente muy en serio.

SI TU COLOR DE EXPRESIÓN PERSONAL ES:

ROJO
Eres un adicto al trabajo que aparenta tener energías interminables. Esto te crea tensiones que podrían descontrolarse. Aprende a frenar tus instintos materialistas y a acabar un proyecto antes de pasar al siguiente.
Combinaciones compatibles
amor—azul, violeta, verde
negocios—azul, violeta, oro

NARANJA
El éxito se ha de ganar. Debes mucho a los demás por tu éxito financiero presente, así que reconóceselo como debes.
Combinaciones compatibles
amor—azul, violeta, azul
negocios—azul, violeta, azul

AMARILLO
Está muy bien la seguridad financiera, pero para generar más riquezas el dinero necesita circular. Deja de acaparar y aprende a compartir para que tu vida se enriquezca de forma significativa.
Combinaciones compatibles
amor—azul, violeta, violeta
negocios—azul, oro, oro

VERDE
Valoras la seguridad demasiado. Esto te impide explorar otras oportunidades que pueden surgir y hacer que tu agudeza empresaria se desarrolle aún más.
Combinaciones compatibles
amor—azul, violeta, magenta
negocios—azul, violeta, oro

AZUL
Disfrutas de las actividades sociales pero también aprecias el sosiego. Disfrutas leyendo y escribiendo, y a tu agudo intelecto le cuesta poco abordar temas complejos.
Combinaciones compatibles
amor—azul, violeta, naranja
negocios—azul, violeta, oro

ÍNDIGO
Tienes mucho que contribuir para mejorar las condiciones del mundo. No dejes que otros tomen tus ideas y las usen en su beneficio.
Combinaciones compatibles
amor—azul, violeta, oro
negocios—azul, oro, oro

VIOLETA
Para ti es muy importante experimentar el cambio, pero esto puede disipar tus energías, así que necesitas aprender a canalizar tus deseos con cuidado.
Combinaciones compatibles
amor—azul, violeta, amarillo
negocios—azul, violeta, oro

MAGENTA
El mundo se puede beneficiar mucho de tu rápida mente y encantador pragmatismo. Guía e iniciador, serías un excelente empresario o un inspirado político.
Combinaciones compatibles
amor—lima, azul, violeta
negocios—lima, oro, violeta

ORO
Como único método de cambio, el dinero es parte del mundo material y no hay que temerlo. Aprende a aceptarlo y a usarlo sabiamente, con compasión y discreción, y en beneficio de todos.
Combinaciones compatibles
amor—azul, violeta, Índigo
negocios—azul, violeta, oro

EL COLOR NARANJA

41

Color zodiacal NARANJA
Color de destino VERDE

Capitaneas causas

Con esta combinación se te dan muchas oportunidades de liberarte de la rutina. No es fácil para ti porque algo en ti odia los cambios. Aun así, tu creatividad podría beneficiarse de algún tipo de restricción. Tienes un fuerte sentido de la justicia y te preocupas mucho por los derechos de los menos afortunados que tú.

SI TU COLOR DE EXPRESIÓN PERSONAL ES:

ROJO
Toma las oportunidades y experiencias que se te otorgan y averigua de qué eres realmente capaz. Nunca sabes qué se puede hacer antes de intentarlo.
Combinaciones compatibles
amor—lima, azul, magenta
negocios—azul, oro, verde

NARANJA
Tus habilidades creativas no tienen fin. Experimenta todo lo que la vida ofrezca y verás tu vida cambiar y expandirse en nuevas y excitantes direcciones.
Combinaciones compatibles
amor—azul, rojo, azul
negocios—azul, rojo, oro

AMARILLO
Con tantos cambios en tu vida, estás teniendo cada vez más éxito. Ignora tu natural tendencia a sentirte culpable y empieza a disfrutar realmente de las cosas que has logrado.
Combinaciones compatibles
amor—azul, rojo, violeta
negocios—azul, oro, violeta

VERDE
Estás tan implicado con la restauración del equilibrio y la armonía ajenas que descuidas tus propias necesidades. Intenta dedicar más tiempo a tus propias habilidades creativas, y no le tengas miedo a divertirte.
Combinaciones compatibles
amor—azul, rojo, magenta
negocios—azul, magenta, oro

AZUL
La justicia y equidad universales son nobles valores a animar. Intenta seguir flexible en su cumplimiento, ya que cabe en lo posible que caigas por la pendiente de la rigidez autoritaria.
Combinaciones compatibles
amor—azul, rojo, naranja
negocios—azul, rojo, naranja

ÍNDIGO
Sigues reglas y rutinas al pie de la letra, olvidando que algunas reglas fueron hechas para ser rotas. Cuestiona más lo que te rodea, ya que hacerlo traerá más oportunidades excitantes a tu vida.
Combinaciones compatibles
amor—azul, rojo, oro
negocios—azul, rojo, oro

VIOLETA
Han sucedido muchos cambios en tu vida. Tus valores espirituales pueden ayudarte a superar los temores que te han apartado de nuevas experiencias.
Combinaciones compatibles
amor—azul, rojo, amarillo
negocios—azul, rojo, oro

MAGENTA
El amor profundo que tienes por todas las cosas te ayuda a superar tus inseguridades. Eres capaz de abordar cualquier situación perturbadora para dar confort y esperanzar a aquellos cuyas vidas han sido cambiadas por un desastre.
Combinaciones compatibles
amor—lima, azul, magenta
negocios—lima, azul, oro

ORO
Has superado los desafíos que trae el cambio. Con tu naturaleza amorosa y compasiva, tú puedes extraer lo mejor de los demás y reconocer talentos latentes que muchos otros pueden haber pasado por alto.
Combinaciones compatibles
amor—azul, rojo, Índigo
negocios—azul, rojo, oro

TUS TRES COLORES ESENCIALES

Haces honor a tu palabra

Ésta es una armoniosa combinación de los dos colores que se complementan perfectamente. Aunque tu naturaleza cariñosa hace que se aprovechen de ti a veces, los demás se confían a ti. Serías un padre o un jefe admirable. Tus habilidades creativas puede que no obtengan el reconocimiento que merecen porque evitaste ser el centro de atención.

Color zodiacal **NARANJA**
Color de destino **AZUL**

SI TU COLOR DE EXPRESIÓN PERSONAL ES:

ROJO
Tu naturaleza amorosa y pacífica tiene dificultades para aguantar el abrumador poder de esta combinación cromática. Introduce algún verde en tu vida para sentir que controlas más tus emociones.
Combinaciones compatibles
amor—azul, naranja, verde
negocios—azul, oro, verde

NARANJA
Trabajas duro para que se reconozcan tus talentos y se oiga tu voz. Sólo la fuerza no hará que esto pase, pero confiar más en tus propias e inherentes habilidades, sí.
Combinaciones compatibles
amor—azul, naranja, azul
negocios—azul, oro, azul

AMARILLO
Tu fuerza interna y naturaleza alegre obran bien para traer la paz a situaciones volátiles y sorprender a tus oyentes con una nueva conciencia. Expresa las emociones negativas a través de fines creativos o deportivos.
Combinaciones compatibles
amor—azul, naranja, violeta
negocios—azul, naranja, oro

VERDE
Se te da bien suprimir tus deseos reales a favor de códigos aceptados y reglas de comportamiento. Necesitas dar salida a tus talentos creativos o tus emociones podrían explotar fuera de control.
Combinaciones compatibles
amor—azul, naranja, amarillo
negocios—lima, oro, magenta

AZUL
Sabes que satisfacer tus necesidades creativas es más importante para ti que cualquier glamour o éxito. La soledad que buscas alimenta esta creatividad. Ten cuidado y no te aísles y recluyas en exceso.
Combinaciones compatibles
amor—azul, naranja, naranja
negocios—azul, naranja, oro

ÍNDIGO
Has encontrado una profunda paz y alegría en ti mismo. Úsalo para acceder a tu naturaleza intuitiva espiritual y ser guiado acerca de las posibilidades que el futuro puede depararte.
Combinaciones compatibles
amor—azul, naranja, oro
negocios—azul, oro, oro

VIOLETA
La transformación de tu naturaleza física en una más espiritual genera profundos cambios en todos los niveles. Aprende a valorar estos cambios y el sentido de tu vida se desvelará al fin.
Combinaciones compatibles
amor—azul, naranja, rojo
negocios—azul, naranja, oro

MAGENTA
Tu amable naturaleza intenta ver lo mejor de los demás, pero la gente no se porta siempre idealmente. Aprende a aceptar que nadie es perfecto.
Combinaciones compatibles
amor—lima, azul, verde
negocios—lima, naranja, oro

ORO
Requiere mucho coraje y determinación pacificar situaciones estresantes. Con tu sabiduría y elegante desapego, podrías ser un excelente padre o árbitro.
Combinaciones compatibles
amor—azul, naranja, Índigo
negocios—azul, naranja, oro

Color zodiacal NARANJA
Color de destino ÍNDIGO

Eres muy perceptivo

Estás dividido entre el deseo de ser el alma de la fiesta y la necesidad de explorar tu espiritualidad. Surgirán oportunidades para ayudarte a expandir tu mente y controlar impulsos más egoístas. Tu combinación de curiosidad intelectual y poderes de intuición te hacen muy perceptivo.

SI TU COLOR DE EXPRESIÓN PERSONAL ES:

ROJO
En el fondo sabes que hay mucho más en el mundo de lo que ve el ojo. Ansías penetrar lo desconocido pero te lo impide tu escepticismo. Deja de luchar y abre tu mente a nuevas y excitantes posibilidades.
Combinaciones compatibles
amor—azul, oro, verde
negocios—azul, oro, verde

NARANJA
Tus talentos creativos están siendo usados en formas muy distintas. Siéntate y observa lo que sucede, usando esa conciencia para influir en tus deseos.
Combinaciones compatibles
amor—azul, oro, azul
negocios—azul, oro, oro

AMARILLO
Tu éxito resulta de tus esfuerzos intelectuales. Aun así, eso ha sido a expensas de tu aguda intuición. Mantén los ojos abiertos y explora otras maneras de ser.
Combinaciones compatibles
amor—azul, oro, violeta
negocios—azul, oro, violeta

VERDE
Enseñar a otros la importancia de la conservación es muy serio. Usa tu naturaleza alegre y creativa para poner un poco de diversión en tu vida.
Combinaciones compatibles
amor—azul, oro, rojo
negocios—azul, oro, rojo

AZUL
Tu deseo de decir la verdad constantemente es admirable. Aun así, hay quien podría no compartirlo. Intenta evitar la fuerza innecesaria cuando entres en discusiones, no sea que te aísles.
Combinaciones compatibles
amor—azul, oro, naranja
negocios—azul, oro, oro

ÍNDIGO
Tus urgencias metódicas te dejan sin tu mejor virtud y te llevan a pensar de forma estrecha y rígida. Afloja la cuerda y deja fluir tus jugos creativos.
Combinaciones compatibles
amor—azul, oro, amarillo
negocios—azul, naranja, oro

VIOLETA
Muchas formas diferentes de ver el mundo se te han mostrado, y esto ha cambiado tu percepción del mundo. Aprende de tus experiencias y acepta que tu naturaleza intuitiva es una parte importante de tu personalidad.
Combinaciones compatibles
amor—azul, oro, amarillo
negocios—azul, oro, oro

MAGENTA
Las mejores ideas vienen de mentes imaginativas. No tengas miedo de experimentar y prueba nuevas ideas. Cuanto más al margen te quedes, menos podrás contar con experiencias significativas.
Combinaciones compatibles
amor—lima, azul, oro
negocios—lima, oro, magenta

ORO
Tienes una gran sabiduría y comprensión de cómo conceptos científicos y espirituales obran juntos. Usa tu amor y compasión sabiamente para iluminar a los demás.
Combinaciones compatibles
amor—azul, oro, Índigo
negocios—lima, oro, magenta

TUS TRES COLORES ESENCIALES

Das la bienvenida al cambio

Te encantan los desafíos y tu natural vitalidad y energía hacen que no llores ni rememores continuamente los errores pasados. A veces haces de mártir y te encuentras sacrificando o suprimiendo tus sentimientos naturales y habilidades creativas para satisfacer a otros o conformarte a su idea, a lo que ellos creen que tú deberías ser.

Color zodiacal **NARANJA**
Color de destino **VIOLETA**

SI TU COLOR DE EXPRESIÓN PERSONAL ES:

ROJO
Las condiciones estresantes te afectan mucho. Al luchar por reconciliar tus valores espirituales con las necesidades físicas suceden cambios psicológicos en ti.
Combinaciones compatibles
amor—azul, amarillo, verde
negocios—azul, amarillo, oro

NARANJA
Cualquier cosa creada por ti u otros ha de ser perfecta. Acepta que los errores son oportunidades para reajustar y cambiar lo que haces y la vida será mucho más placentera.
Combinaciones compatibles
amor—azul, amarillo, azul
negocios—azul, oro, azul

AMARILLO
Luchas constantemente con tus valores espirituales e instintos materialistas. Necesitas aprender la diferencia entre la generosidad financiera y la del espíritu.
Combinaciones compatibles
amor—azul, amarillo, violeta
negocios—azul, oro, violeta

VERDE
Tus valores espirituales te importan mucho. Te ayudan a percibir el cambio como oportunidad para afrontar nuevos desafíos y evolucionar hacia mejores cosas.
ombinaciones compatibles
amor—azul, amarillo, rojo
negocios—azul, oro, magenta

AZUL
Eres una persona muy honesta y odias cualquier falsedad. Luchas por tus profundas creencias espirituales. Aprende a no imponer tus valores en la libertad ajena.
Combinaciones compatibles
amor—azul, amarillo, naranja
negocios—azul, oro, naranja

ÍNDIGO
Aceptas todo lo que te dicen con fe ciega. Aprende a discriminar más entre los hechos y la ficción y no caerás nunca en las redes de falsos profetas.
Combinaciones compatibles
amor—azul, amarillo, oro
negocios—azul, oro, oro

VIOLETA
Te agrada la variedad y vives en la incertidumbre. Aun así, los cambios en tu vida son abrumadores y necesitas introducir con urgencia un poco de verde para crear un estilo de vida más equilibrado.
Combinaciones compatibles
amor—azul, amarillo, amarillo
negocios—azul, oro, verde

MAGENTA
Tus valores espirituales incorporan el amor incondicional para toda la vida. Úsalo para animar a los demás y aliviar su sufrimiento.
Combinaciones compatibles
amor—lima, azul, amarillo
negocios—lima, azul, oro

ORO
Tus muchas experiencias vitales te han hecho sabio, amable y compasivo. Eres en verdad un maestro espiritual y usas tus cualidades para enseñar a otros cómo vencer sus propias dificultades.
Combinaciones compatibles
amor—azul, amarillo, Índigo
negocios—azul, oro, amarillo

EL COLOR NARANJA

Color zodiacal NARANJA
Color de destino MAGENTA

Crees en los milagros

Crees en lo imposible y lo desconocido. Esta combinación te permite expandir tus creencias y explorar el mundo más allá de los fines del conocimiento científico. El perdón es una fuerte cualidad del magenta y esto te ayuda a no tener prejuicios con los demás. Eres también muy cálido y simpático.

SI TU COLOR DE EXPRESIÓN PERSONAL ES:

ROJO
Tu viva personalidad está suprimiendo tus necesidades emocionales. Averigua lo que te está llevando a ayudar a los demás y aprende a dar a los que te rodean más responsabilidad.
Combinaciones compatibles
amor—lima, azul, verde
negocios—lima, azul, oro

NARANJA
A veces eres juicioso y eso te hace pensar que los demás te necesitan. Reconocer las fuerzas de los demás y no sus debilidades te permitirá ser capaz de dejar a un lado supuestas responsabilidades.
Combinaciones compatibles
amor—lima, verde, azul
negocios—lima, oro, azul

AMARILLO
Los demás se animan con tu natural alegre. Esto podría esconder emociones de baja autoestima. Encuentra la forma de expresar esos sentimientos y controlar tus emociones porque disfrutarás más tu vida.
Combinaciones compatibles
amor—lima, azul, violeta
negocios—lima, oro, violeta

VERDE
En un equipo, tu aportación crítica es inapreciable. Para evitar herir a los demás, asegúrate de hacer tus comentarios siempre de forma constructiva.
Combinaciones compatibles
amor—lima, azul, magenta
negocios—lima, oro, magenta

AZUL
Tienes una naturaleza genuinamente amable y cariñosa que usas junto a tu gran determinación para acabar con las injusticias. Esto puede hacerte impopular a veces cuando los demás no comparten valores tan arraigados.
Combinaciones compatibles
amor—lima, azul, naranja
negocios—lima, azul, oro

ÍNDIGO
Tu profunda comprensión del comportamiento humano y sus motivaciones puede usarse para anular prejuicios y eliminar barreras de ignorancia y superchería.
Combinaciones compatibles
amor—lima, azul, oro
negocios—lima, magenta, oro

VIOLETA
Luchas por la perfección, en personas y resultados, lo que te puede hacer supercrítico. Valórate como un ser humano único en vez de buscar siempre la perfección, y así te estresarás mucho menos.
Combinaciones compatibles
amor—lima, azul, amarillo
negocios—lima, azul, oro

MAGENTA
No es una combinación fácil. Al experimentar la discriminación y la injusticia en ciertas áreas de tu vida, tus sentimientos de baja autoestima serán transmutados en una fuerza espiritual interna.
Combinaciones compatibles
amor—lima, azul, verde
negocios—lima, magenta, oro

ORO
Tus experiencias te han dado coraje, sabiduría y compasión. Esto te ayuda a hablar a favor de personas oprimidas o que sufren discriminación. Estás muy habilitado para trabajar en organizaciones caritativas o religiosas.
Combinaciones compatibles
amor—lima, azul, Índigo
negocios—lima, oro, Índigo

TUS TRES COLORES ESENCIALES

46

Eres un sabio consejero

Con esta combinación, todas las energías físicas del naranja están siendo elevadas a la categoría del oro. Has sido bendecido con la sabiduría de Salomón y deberías buscar oportunidades de impartir tal profunda comprensión a los demás. A veces pasas por mayor de lo que eres en realidad, y quizás necesitas añadir algo de chispa y vitalidad a tu vida.

Color zodiacal NARANJA
Color de destino ORO

SI TU COLOR DE EXPRESIÓN PERSONAL ES:

ROJO
¡Qué maravillosa combinación! Las cualidades espirituales del oro bajadas a la tierra por los aspectos físicos del rojo. Así, aunque tu cabeza pueda estar en el cielo, tus pies están firmemente en tierra.
Combinaciones compatibles
amor—azul, Índigo, verde
negocios—verde, Índigo, turquesa

NARANJA
Tu comprensión espiritual te confiere muchas alegrías y felicidad. Que no te asuste compartir tu conocimiento con los demás y ayudarles a ser más conscientes de su naturaleza espiritual.
Combinaciones compatibles
amor—azul, Índigo, azul
negocios—oro, Índigo, azul

AMARILLO
Tu vida es un constante flujo. Esto es muy excitante pero si se lleva a extremos podrías acabar sufriendo un agotamiento nervioso. Encuentra formas de priorizar y la vida será mucho más manejable.
Combinaciones compatibles
amor—azul, Índigo, violeta
negocios—rojo, oro, amarillo

VERDE
Tienes una comprensión excepcional acerca de cómo funciona lo natural. Es un concepto difícil para muchos. Sé más selectivo a la hora de elegir con quién compartes este conocimiento, o te verás ridiculizado.
Combinaciones compatibles
amor—azul, Índigo, rojo
negocios—lima, oro, magenta

AZUL
En lugar de dejar proyectos a medias, estás aprendiendo a completarlos antes de pasar a otro. Esto te otorga una mayor estabilidad y armonía.
Combinaciones compatibles
amor—azul, Índigo, naranja
negocios—azul, Índigo, oro

ÍNDIGO
Tus agudos e intuitivos instintos espirituales dan a tu imaginación una tremenda libertad. Esta cualidad puede producir creaciones artísticas que sean géneros en sí.
Combinaciones compatibles
amor—azul, Índigo, oro
negocios—azul, magenta, amarillo

VIOLETA
Habiendo ganado una cierta medida de madurez, estás ansioso por aprender más. Usa tu natural creativo para aventurarte en mayores alturas de conciencia, expandiendo aún más si cabe tu conocimiento.
Combinaciones compatibles
amor—azul, Índigo, amarillo
negocios—azul, Índigo, oro

MAGENTA
No tienes ilusiones acerca de las crudas realidades de la vida y trabajas sin descanso para extender la conciencia de las crueldades que existen. Bien podrías verte en algún movimiento activista.
Combinaciones compatibles
amor—lima, azul, Índigo
negocios—lima, oro, magenta

ORO
Triunfas en casi todo lo que haces. Has superado tus temores e inhibiciones y ahora eres libre de seguir el camino que has elegido, cualquiera que éste sea.
Combinaciones compatibles
amor—azul, Índigo, Índigo
negocios—azul, azul, Índigo

EL COLOR NARANJA

El color oro

Derivado del naranja y el amarillo, el oro nos da éxito en todo lo que emprendemos. Nos relaciona con las cualidades espirituales más altas y genera sentimientos de calidez, amor y compasión, influenciando a todos los que se ponen bajo su radiante poder. El conocimiento pleno de sus atributos expande nuestro entendimiento tan lejos como estemos dispuestos a abrir la mente a su influencia.

Su complementario es el índigo (p. 108), así que si encuentras tu carta intimidada por un exceso de energía dorada, quizás debas considerar introducir más energía índigo en tu vida. En las siguientes páginas hallarás un pronóstico personalizado para cada combinación tripartita con el oro como color zodiacal.

Salud física

El oro puede influenciar el bazo, lo que está relacionado con uno de los chakras menores que dan vitalidad. Influye en la circulación y en el esqueleto. En algunos remedios homeopáticos, se usa para tratar la depresión; en la medicina convencional, para la artritis, reuma y problemas de columna. Un buen equilibrio de oro en nuestra vida nos hace sentir en la cima del mundo. Demasiado nos hace pasar ese límite y deteriorarnos. Demasiado poco y nuestras energías se agotan, llegando a hacernos pensar a veces que la vida no merece la pena.

Salud emocional

Con un buen equilibrio de oro en la carta cromática, las emociones del amor, compasión, poder, autoestima, coraje y pasión, estarán controladas y enfocadas a ayudar y compartir lo que tenemos con los demás. Demasiado y nos volvemos a nosotros mismos, buscando sólo el poder. Demasiado poco y nos volvemos egoístas y exigentes, desarrollando una desafortunada mezquindad de espíritu.

Salud espiritual

Como persona dorada, destilas alegría y felicidad adonde vas, sin un pensamiento para tu propio confort. Siendo el oro el color del maestro espiritual, buscas transformar personalidades inferiores en las más altas posibles, y ayudar a los demás a hacer igual. Como los alquimistas, intentas hacer oro del metal vulgar. Cuando hayas logrado esto, trabajarás desde el chakra principal, y sabrás el verdadero significado del amor incondicional. Con tu sabiduría interior, usarás esto en beneficio de todo aquel con quien contactes.

Relaciones

ORO CON ROJO Esta relación funcionará bien, porque tu pareja te mantendrá los pies en el suelo.

ORO CON ESCARLATA Habrá que trabajar duro en esta relación. Las demandas físicas y deseos de tu pareja pueden ser demasiado para ti.

ORO CON NARANJA Si tu pareja puede aceptar los consejos que ofreces, esto la inspirará para lograr grandes cosas.

ORO CON ORO Ésta puede ser una relación cariñosa y simbiótica y os podéis ayudar mutuamente a lograr vuestras metas espirituales.

ORO CON AMARILLO Mediante tu sabiduría y comprensión, ayudarás a tu pareja a controlar su impetuosa naturaleza..

ORO CON LIMA Los temores internos de tu pareja pueden frustrarte, pero tu profundo amor y comprensión acabarán venciendo.

ORO CON VERDE Ambos estáis interesados en temas naturales y ecológicos, por lo que todo irá bien.

ORO CON TURQUESA Cuando te confundas y no sepas qué camino seguir, tu pareja te ayudará a ver más claro y tomar la decisión correcta.

ORO CON AZUL Serás compatible si quieres una relación espiritual con alguien que te quiere sin reservas y hará lo que digas sin problemas.

ORO CON ÍNDIGO Con estos colores que se complementan, podréis trabajar bien juntos, beneficiándoos de las habilidades del otro.

ORO CON VIOLETA Ambos buscáis metas espirituales. Tendrás que compaginarlo con el gusto de tu pareja por los cambios para que la cosa funcione.

ORO CON MAGENTA Ambos estáis aprendiendo el verdadero significado del amor y la compasión incondicionales. Necesitaréis tirar de la energía de ambos para tener éxito.

Tienes un fuego interno

Siendo el oro el color de la compasión y la sabiduría, has sido bendecido con ecuanimidad y gran calidez personal. El rojo como color de destino se relaciona con el chakra base, y con los aspectos emocionales de la seguridad y la supervivencia que necesitas para vencer en tu vida. Esto no será fácil, y te enfrentarás a muchos desafíos a lo largo del camino.

Color zodiacal ORO
Color de destino ROJO

SI TU COLOR DE EXPRESIÓN PERSONAL ES:

ROJO
Tienes gran fuerza y determinación, y sigues todo en lo que te implicas hasta cumplirlo. Intenta no frustrarte cuando los demás no llegan a tu tenacidad, poco a poco.
Combinaciones compatibles
amor—índigo, verde, verde
negocios—índigo, verde, oro

NARANJA
Trabajas duro para ayudar a los demás a vencer sus sentimientos negativos. Cuando esto empiece a fastidiarte, sal y diviértete; no tomes tan en serio la vida.
Combinaciones compatibles
amor—índigo, verde, azul
negocios—turquesa, índigo, oro

AMARILLO
Tienes éxito en todo lo que haces. Aprende a combinar el éxito financiero con tus valores espirituales para que tus triunfos materiales no se te suban a la cabeza y dominen tu vida.
Combinaciones compatibles
amor—índigo, verde, violeta
negocios—índigo, verde, oro

VERDE
Esta combinación imparte estabilidad y armonía. Úsalo para completar proyectos que empiezas y nunca acabas, y no volverás a sentir que estás dando vueltas sin llegar a ningún sitio.
Combinaciones compatibles
amor—índigo, verde, magenta
negocios—índigo, magenta, oro

AZUL
Tu profunda fe lo vence todo, pero intenta no dejar que se aprovechen de ti. Aprende a seguir tus instintos y a trazar límites cuando sientas que algo está yendo demasiado lejos.
Combinaciones compatibles
amor—índigo, verde, naranja
negocios—índigo, verde, oro

ÍNDIGO
Tu desarrollo espiritual es restringido por reglas y regulaciones, muchas de ellas autoimpuestas. Las respuestas que buscas vienen de dentro y no siempre se pueden explicar científicamente.
Combinaciones compatibles
amor—índigo, verde, oro
negocios—violeta, azul, oro

VIOLETA
Estás en una intensa combinación, ya que buscas desesperadamente una explicación espiritual para los muchos cambios sucedidos en tu vida. Has vencido el miedo y el odio, sabes que hallarás las respuestas que buscas.
Combinaciones compatibles
amor—índigo, verde, amarillo
negocios—índigo, verde, oro

MAGENTA
Gente emocionalmente vulnerable busca aconsejarse en tu saber. Aprende a desligarte de sus emociones y no los explotes en ninguna forma.
Combinaciones compatibles
amor—lima, índigo, verde
negocios—lima, índigo, oro

ORO
Tus fuertes creencias espirituales te dan la determinación que necesitas. Recuérdalo cuando te sientas incapaz de contemplar un proyecto hasta el fin.
Combinaciones compatibles
amor—índigo, verde, índigo
negocios—índigo, verde, oro

EL COLOR ORO

49

Color zodiacal ORO
Color de destino NARANJA

Eres un librepensador

Con el naranja como color de destino, aprenderás a liberar miedos e inhibiciones que te impiden conseguir tus metas espirituales. La libertad de pensamiento es de importancia vital para ti. Odias las restricciones, espirituales o intelectuales, que se te imponen a ti o los demás, y luchas denodadamente para que sean eliminadas. Presentas una cara estable al mundo, pero te encanta coquetear con el peligro.

SI TU COLOR DE EXPRESIÓN PERSONAL ES:

ROJO
A veces es necesario ser duro con los demás para conseguir los resultados que requieres. No obstante, necesitas temperar esto con el arte de la delegación o te arriesgas a volverte controlador y superexigente.
Combinaciones compatibles
amor—índigo, azul, verde
negocios—índigo, oro, verde

NARANJA
Eres encantador y diplomático por naturaleza. Como librepensador, tienes poca dificultad en asumir otros ideales y removerás cielo y tierra para que se acepten.

Combinaciones compatibles
amor—índigo, azul, verde
negocios—índigo, azul, oro

AMARILLO
Permite que tu necesidad de libertad se exprese creativamente y supera los temores que te están impidiendo explorar tu naturaleza espiritual.
Combinaciones compatibles
amor—índigo, azul, violeta
negocios—índigo, azul, oro

VERDE
Estás dividido entre un deseo de ignorar las convenciones y otro igual de seguir las reglas al pie de la letra. Esta tensión puede o bien alimentar tu creatividad o estorbarla. Tú tienes la última palabra.

Combinaciones compatibles
amor—índigo, azul, rojo
negocios—índigo, oro, rojo

AZUL
Tienes una gran integridad. No todos comparten tus valores, y por ello tu fe en los demás podría decepcionarte. Espabila y sé más realista con tu confianza.
Combinaciones compatibles
amor—índigo, azul, naranja
negocios—índigo, azul, oro

ÍNDIGO
La vida mística no es, definitivamente, lo tuyo. Necesitas salir al mundo real si has de desarrollar tu comprensión espiritual al máximo.
Combinaciones compatibles
amor—índigo, azul, oro

negocios—índigo, verde, oro

VIOLETA
Tu profundo amor y comprensión ayuda a los demás a tratar con las convulsiones y cambios de sus vidas. Quizás podrías usar tus talentos naturales de manera profesional.
Combinaciones compatibles
amor—índigo, azul, amarillo
negocios—índigo, azul, oro

MAGENTA
Eres un realista y aceptas tanto las situaciones positivas como las negativas como oportunidades para tu desarrollo espiritual. Intenta tener más paciencia con la gente que es menos positiva.
Combinaciones compatibles
amor—lima, índigo, azul
negocios—lima, índigo, oro

ORO
Sabes que la verdadera expresión del amor, la compasión y la humildad está en dejar a los demás llevarse la gloria sin sentirse herido ni decepcionado.
Combinaciones compatibles
amor—lima, magenta, índigo
negocios—lima, magenta, oro

TUS TRES COLORES ESENCIALES

Eres astuto

Tienes mucho éxito financiero. Esto podría causar conflictos internos y necesitas aprender a reconciliar tus triunfos materiales con tus valores espirituales. Eres un pensador rápido que solventa pronto situaciones difíciles. Cuando otros están en baja forma, tu naturaleza optimista los anima y les hace la vida más placentera. Tienes muchos amigos y disfrutas de discusiones intelectuales, pero te aburres fácilmente de la conversación mundana.

Color zodiacal ORO
Color de destino AMARILLO

SI TU COLOR DE EXPRESIÓN PERSONAL ES:

ROJO
Los deseos de tu naturaleza física toman prioridad sobre tus necesidades espirituales. Usa toda tu habilidad al máximo para lograr la plenitud de cuerpo, mente y espíritu —no sólo por la gratificación sexual.
Combinaciones compatibles
amor—índigo, violeta, verde
negocios—índigo, oro, verde

NARANJA
Eres gregario y multitalentoso, y tienes algo que decir acerca de casi todos los temas que existen. Con tus encantos, probablemente podrías conseguir que cualquiera cumpliera tus deseos.
Combinaciones compatibles
amor—índigo, violeta, azul
negocios—índigo, oro, azul

AMARILLO
Tu éxito intelectual toma prioridad sobre tus necesidades espirituales. Necesitas preguntarte de dónde sacarías tu energía interna si de pronto perdieras todo lo que quieres.
Combinaciones compatibles
amor—índigo, violeta, violeta
negocios—índigo, oro, violeta

VERDE
Una maravillosa combinación. Eres un realista, y como sabes, el realismo es sereno ya que no puede ser molestado o sorprendido.
Combinaciones compatibles
amor—índigo, violeta, rojo
negocios—índigo, violeta, oro

AZUL
A pesar de tu astucia, tu idealismo a veces te lleva a pensar que eres de alguna forma responsable por todos los males del mundo. Aprende a poner las cosas en perspectiva, y a reírte de la vida un poco más.
Combinaciones compatibles
amor—índigo, violeta, naranja
negocios—índigo, violeta, oro

ÍNDIGO
Has llegado a reconocer el lado intuitivo de tu naturaleza y esto funciona en armonía con tu mente lógica.
Combinaciones compatibles
amor—índigo, violeta, oro
negocios—rojo, violeta, oro

VIOLETA
Ésta es una armoniosa combinación. Tus creencias llevan el sendero de tu vida hacia una más profunda comprensión de los valores espirituales.
Combinaciones compatibles
amor—índigo, violeta, amarillo

negocios—índigo, violeta, oro

MAGENTA
El éxito financiero no te basta. Tu mente lógica y naturaleza espiritual trabajan juntas, desarrollando en tu alma un amor profundo y compasión por los demás.
Combinaciones compatibles
amor—lima, índigo, violeta
negocios—lima, índigo, oro

ORO
Compartes tu éxito material generosamente. Aprende que el amor, la sabiduría y la compasión pueden a menudo tener más poder que los dones materiales.
Combinaciones compatibles
amor—índigo, violeta, índigo
negocios—índigo, violeta, oro

Color zodiacal ORO
Color de destino VERDE

Todo lo ves con gran perspectiva

El verde te dará paz y armonía en situaciones difíciles, estabilizando las emociones cuando se descontrolan. La libertad del prójimo y los temas medioambientales son importantes para ti y aprendes a comprender cómo funciona la naturaleza a la hora de restablecer el equilibrio en todas las cosas. Inicias el cambio y disfrutas de la oportunidad para tener nuevas experiencias.

SI TU COLOR DE EXPRESIÓN PERSONAL ES:

ROJO
Te arrojas a nuevos proyectos con vigor y fuerza. Aprende a habilitar a los demás con métodos de animación porque esto te liberará del peso de un exceso de responsabilidades.
Combinaciones compatibles
amor—índigo, rojo, verde
negocios—oro, rojo, verde

NARANJA
Tu entusiasmo y determinación vencen muchos obstáculos. Aprende a controlar tus emociones, que a menudo pueden amenazar con abrumarte.
Combinaciones compatibles
amor—índigo, rojo, azul
negocios—índigo, rojo, oro

AMARILLO
Estás liberando tus miedos e inhibiciones, que te impiden alcanzar tus metas espirituales. Nuevos cambios abren tu mente hacia excitantes posibilidades que una vez creíste más allá de tu alcance.
Combinaciones compatibles
amor—índigo, rojo, violeta
negocios—índigo, oro, violeta

VERDE
Te encanta iniciar nuevos proyectos, pero necesitas saber cuándo moverte. Si te mantienes demasiado en una situación, puedes desinteresarte, y entonces te arriesgas a sofocar la creatividad de los demás.
Combinaciones compatibles
amor—índigo, rojo, rojo
negocios—índigo, rojo, oro

AZUL
Buscas emular la belleza de la naturaleza y tu amor por la belleza se refleja en las ropas que vistes y los muebles de que te rodeas. Esto no puede más que aumentar tu sabiduría espiritual y tu crecimiento.
Combinaciones compatibles
amor—índigo, rojo, naranja
negocios—índigo, rojo, oro

ÍNDIGO
Tienes una habilidad natural para entender a los demás. Esto puede desarrollarse en una carrera en psicología. Un mayor conocimiento puede usarse para ayudar a los demás a reconocer su potencial.
Combinaciones compatibles
amor—índigo, rojo, oro
negocios—azul, rojo, oro

VIOLETA
Conectar con tu naturaleza espiritual te ayuda a entender el verdadero significado de la vida. Busca en el mundo natural para una mayor iluminación y sustento.
Combinaciones compatibles
amor—índigo, rojo, amarillo
negocios—índigo, rojo, oro

MAGENTA
Qué maravilloso sería el mundo si no hubiera odio ni miedo. Intenta no excederte intentando conseguirlo en tu vida y no te sentirás tan a menudo desilusionado por las cosas.
Combinaciones compatibles
amor—lima, índigo, magenta
negocios—lima, índigo, oro

ORO
Eres cálido y cariñoso, y expandes la felicidad por donde vas. Acuérdate de reconocer y valorar el cambio como un tiempo válido para tu crecimiento espiritual.
Compatible combinations
amor—lima, magenta, índigo
negocios—lima, magenta, oro

TUS TRES COLORES ESENCIALES

Eres muy confiado

Eres una bellísima persona e intentas ayudar a todo el mundo. Una cualidad así puede ser injustamente explotada por otros, y deberías evitar la tentación de esconder la cabeza para que no te dañen. Necesitas aprender cómo contactar tu naturaleza espiritual e intuitiva y desarrollar tus habilidades de sanador natural.

Color zodiacal ORO
Color de destino AZUL

SI TU COLOR DE EXPRESIÓN PERSONAL ES:

ROJO
Puedes animar a otros a encontrar sus propias fuerzas internas. No olvides que también necesitas tiempo para la introspección y recargar tus propias energías.
Combinaciones compatibles
amor—índigo, naranja, verde
negocios—índigo, oro, verde

NARANJA
Ésta es una buena combinación. Estás lleno de alegría y risas, lo que te protege contra la desilusión y mantiene la armonía y el equilibrio en todas las áreas de tu vida.
Combinaciones compatibles
amor—indigo, naranja, azul
negocios—índigo, oro, azul

AMARILLO
Tienes el coraje de apartar los temores e inhibiciones emocionales que te restringen el desarrollo espiritual. Aprende el valor del intercambio de energía, ya sea mediante el dinero o el pago en especie por los servicios que prestas. ¡Todos tenemos que vivir!
Combinaciones compatibles
amor—índigo, naranja, violeta
negocios—lima, magenta, oro

VERDE
Tienes mucho tiempo y energía para dar a los demás. Tus amplios intereses disipan tus energías. Una mayor estabilidad te dará tiempo para pensar en los sentidos últimos de la vida.
Combinaciones compatibles
amor—índigo, naranja, rojo
negocios—lima, oro, magenta

AZUL
Esta combinación puede hacerte sentir depresivo, dejándote muy poca motivación para las muchas cosas que tan desesperadamente quieres hacer. Pon un poco de naranja en tu vida con urgencia para seguir adelante.

Combinaciones compatibles
amor—índigo, naranja, naranja
negocios—oro, naranja, oro

ÍNDIGO
Eres un pensador profundo, buscando constantemente respuestas a preguntas que han vuelto locos a los filósofos durante siglos. Aprende a ayudar a los demás en su desarrollo espiritual.
Combinaciones compatibles
amor—índigo, naranja, oro
negocios—índigo, naranja, oro

VIOLETA
Tu don de ayudar a los demás sacrificando tus propias necesidades y deseos te ayuda a conseguir tu meta espiritual de transformarte.

Combinaciones compatibles
amor—iíndigo, naranja, amarillo
negocios—índigo, naranja, oro

MAGENTA
Tienes una comprensión natural del poder emocional del amor y conoces el daño que puede venir de la ausencia de él en una vida.
Combinaciones compatibles
amor—lima, índigo, verde
negocios—lima, índigo, oro

ORO
Como líder, eres respetado por tu justicia y actitud concienciada. Esperas de los demás sólo lo que esperas de ti. Trabajas duro para mejorar las condiciones generales sin esperar ninguna recompensa.
Combinaciones compatibles
amor—lima, índigo, naranja
negocios—lima, oro, magenta

Ayúdate a ti mismo 10 céntimos una manzana

EL COLOR ORO

Color zodiacal ORO
Color de destino ÍNDIGO

Eres altruista

Tienes los recursos internos para hacer de este mundo un lugar mejor. Teniendo tanto amor por dar, no piensas sino en compartir tus posesiones con quienes las necesitan. Aunque no persigues recompensas financieras, esperas que el compromiso sea recíproco, y si esto no sucede, muy bien podrías volverte en contra de aquellos a quienes has ayudado.

SI TU COLOR DE EXPRESIÓN PERSONAL ES:

ROJO
Estás dedicado a ayudar a los demás, y compartes lo que tienes con los que sufren desastres personales. No esperes lealtad y compromiso a cambio, porque podría no surgir.
Combinaciones compatibles
amor—violeta, oro, verde
negocios—índigo, oro, verde

NARANJA
Eres dulce como la miel. Expandiendo la felicidad a tu alrededor, ayudas a los demás a ver el potencial de la alegría en sus vidas y a descubrir su capacidad oculta para la bondad.
Combinaciones compatibles
amor—índigo, oro, azul
negocios—índigo, oro, azul

AMARILLO
Estás centrado con tu naturaleza intelectual y filosófica. Asegúrate de no descuidar tu salud física porque todas las partes de tu ser tienen que funcionar juntas para lograr un equilibrio armonioso.
Combinaciones compatibles
amor—índigo, oro, violeta
negocios—rojo, naranja, violeta

VERDE
Creer en ideas trilladas y probadas limita tu capacidad para expandir tu comprensión. Aprende a liberar tu mente de los límites del pensamiento convencional y vuélvete un iniciador y no un seguidor.
Combinaciones compatibles
amor—índigo, oro, rojo
negocios—índigo, oro, naranja

AZUL
YA menudo luchas para darle sentido a la crueldad de la vida. La reflexión interior tiene su lugar, pero también hacer algo para lograr el cambio. No te quedes de pies cruzados y cree en la fuerza de tus convicciones.
Combinaciones compatibles
amor—índigo, oro, naranja
negocios—oro, oro, rojo

ÍNDIGO
Quieres hacer lo que puedas por todos los que piden tu ayuda. Para esto, antes debes conseguir tiempo para tu reflexión propia y tranquila.
Combinaciones compatibles
amor—índigo, oro, oro
negocios—lima, magenta, oro

VIOLETA
Aprende a comprender cómo los deseos físicos no se pueden separar de otros aspectos de tu naturaleza. Esta aceptación es el fuste de la transformación espiritual.
Combinaciones compatibles
amor—índigo, oro, amarillo
negocios—índigo, oro, oro

MAGENTA
Eres una torre de fuerza. Tienes pocas ilusiones acerca de las duras realidades de la vida, y eres suficientemente listo para no involucrarte emocionalmente con aquellos que piden tu ayuda, por mucho que quisieras.
Combinaciones compatibles
amor—lima, índigo, oro
negocios—lima, oro, magenta

ORO
Has desarrollado tu conciencia espiritual y ayudas a otros a hacer lo mismo. Celebra tu espiritualidad aún más mediante tus talentos creativos, lo que da alegría y felicidad a las vidas de los demás.
Combinaciones compatibles
amor—azul, índigo, índigo
negocios—oro, índigo, oro

TUS TRES COLORES ESENCIALES

Eres autodidacta

Tu curiosidad no tiene fin y estás preparado para hacer grandes sacrificios emocionales para lograr tu meta autodidáctica que es también espiritual. Otros pueden interpretar tu subversividad como algo excéntrico, pero has sido bendecido con una suprema autoconfianza y gastas poco tiempo preocupándote sobre lo que los demás piensan.

Color zodiacal ORO
Color de destino VIOLETA

SI TU COLOR DE EXPRESIÓN PERSONAL ES:

ROJO
Tienes un gran deseo de comprender temas espirituales. Esto es casi como pedir ayuda al buscar respuestas a lo que eres, lo que haces aquí, y cuál es el propósito de la vida. Con tu desarrollo espiritual llegarán las respuestas.
Combinaciones compatibles
amor—índigo, amarillo, verde
negocios—íindigo, oro, verde

NARANJA
Estás usando todos tus dones creativos para desarrollar tu naturaleza espiritual, que se despliega lentamente. Da más libertad a tu imaginación y tu conciencia espiritual crecerá aún más.
Combinaciones compatibles
amor—índigo, amarillo, azul
negocios—índigo, oro, azul

AMARILLO
Tu habilidad intelectual te está llevando en la buena dirección en tu búsqueda de conocimiento espiritual. El verdadero desarrollo espiritual llega, de cualquier forma, de la experiencia directa.
Combinaciones compatibles
amor—índigo, amarillo, violeta
negocios—índigo, oro, violeta

VERDE
Puedes aprender mucho más sobre tu naturaleza espiritual de tu amor por el mundo natural, que por la adquisición de árido conocimiento académico. Las respuestas a lo que buscas están a tu alrededor y dentro de ti.
Combinaciones compatibles
amor—índigo, amarillo, rojo
negocios—lima, índigo, magenta

AZUL
Eres muy afortunado. Aunque aparentemente duro y confiado, eres también sensible y perspicaz. Con esa mezcla de atributos, podrías tener éxito en casi todo en lo que te pongas a trabajar.
Combinaciones compatibles
amor—índigo, amarillo, naranja
negocios—índigo, amarillo, oro

ÍNDIGO
Encuentras maneras de que ciencia y espiritualidad operen juntas. Conforme tu comprensión espiritual e intelectual se desarrolla, las respuestas se aclaran.
Combinaciones compatibles
amor—índigo, amarillo, oro
negocios—violeta, amarillo, rojo

VIOLETA
Conforme te conciencias más de tus propias necesidades espirituales, ayudas a los demás a comprender las suyas. Esto trae daños emocionales a todos. No esperes mucho de ti o de los demás.
Combinaciones compatibles
amor—índigo, oro, amarillo
negocios—índigo, rojo, amarillo

MAGENTA
Busca la chispa de la espiritualidad en todo, y aprende a ver los conceptos duales de lo positivo y negativo como parte de la complejidad de vida. Necesitamos que existan ambos.
Combinaciones compatibles
amor—lima, índigo, amarillo
negocios—lima, índigo, oro

ORO
La falta de autoestima puede ser lo más duro de vencer. Si aún es un problema, encuentra el coraje y la determinación para liberarte de ella y alcanzar tu meta espiritual.
Combinaciones compatibles
amor—lima, magenta, índigo
negocios—verde, magenta, índigo

EL COLOR ORO

Color zodiacal ORO
Color de destino MAGENTA

Vences todos los obstáculos

Con el magenta como color de destino, tienes una admirable amplitud de perspectiva y ves posibilidades que otros ni imaginan. Aprendiendo a arriesgarte, lograrás increíbles resultados. Aun así, también eres un realista y los demás buscan tu sabio consejo al considerar nuevos proyectos y sus posibles aplicaciones prácticas.

SI TU COLOR DE EXPRESIÓN PERSONAL ES:

AMARILLO
No dejes que tu miedo al éxito te impida usar tus considerables talentos para generar prosperidad para los demás.
Combinaciones compatibles
amor—lima, índigo, violeta
negocios—lima, oro, violeta

VERDE
Tu interés en el mundo natural abre tu mente a amplias posibilidades. Aprende cómo las energías de la luz y el color resuenan en armonía con todas las partes del cuerpo, mente y espíritu.
Combinaciones compatibles
amor—lima, índigo, magenta
negocios—lima, oro, magenta

AZUL
El azul de tu esquema mitiga los excesos del oro y del magenta. Disciernes bien y tienes el conocimiento y sabiduría para elegir tus batallas adecuadamente.
Combinaciones compatibles
amor—lima, índigo, naranja
negocios—llima, índigo, oro

ÍNDIGO
Es una combinación maravillosa. Extraes realidades de ideas abstractas, y tu mente científica analiza lo que resulta. Para hacer la vida un tanto más excitante, introduce naranja.

ROJO
Como David frente a Goliat, eres mucho más fuerte que lo que pareces, y rememorando todos tus periodos de inseguridad, te das cuenta de que te han hecho la persona resistente que eres hoy.
Combinaciones compatibles
amor—lima, ,índigo, verde
negocios—lima, índigo, oro

NARANJA
Así que muchas cosas son posibles. Hasta que las pruebes, nunca sabrás a donde puedes llegar. Has aprendido a tolerar los fallos de los demás pero te es difícil tolerar los tuyos y seguir adelante.
Combinaciones compatibles
amor—lima, índigo, azul
negocios—lima, índigo, oro

Combinaciones compatibles
amor—lima, naranja, oro
negocios—lima, magenta, oro

VIOLETA
Disfrutas explorando los reinos de la fantasía y la imaginación. Aprende a mantener tus pies en el suelo o te desequilibrarás espiritualmente.
Combinaciones compatibles
amor—lima, índigo, amarillo
negocios—lima, magenta, oro

MAGENTA
Aunque sensible al dolor y al sufrimiento, tienes la fe para aceptarlo como parte del ciclo natural de las cosas. Con esta conciencia, trabajas duro para mejorar las condiciones generales —sacrificando necesidades propias si hace falta.
Combinaciones compatibles
amor—lima, índigo, verde
negocios—lima, índigo, oro

ORO
Ésta es la combinación cromática del verdadero sanador que está aprendiendo el poder del amor para obrar milagros. Usa el conocimiento ampliamente y para todos, no sólo para tu propia gratificación.
Combinaciones compatibles
amor—lima, magenta, índigo
negocios—lima, magenta, oro

TUS TRES COLORES ESENCIALES

Eres un enigma

Esta combinación te ayudará a conseguir tu meta espiritual. Al vincularte con las energías espirituales más altas, es comprensible que las experiencias y oportunidades prueben tu resolución de transformarte. Mediante estas pruebas, los aspectos físicos y emocionales de tu naturaleza cambiarán y darás sentido a tu vida.

Color zodiacal ORO
Color de destino ORO

SI TU COLOR DE EXPRESIÓN PERSONAL ES:

ROJO
Tu meta es transformar tu naturaleza sexual hacia la espiritualidad del amor incondicional. No todos lo desean, así que debes guardarte de sojuzgar el sexo de otros.
Combinaciones compatibles
amor—índigo, índigo, verde
negocios—índigo, oro, verde

NARANJA
Esta combinación te enseña el gran papel que toda experiencia tiene en tu desarrollo espiritual. Cuando sonríes y eres feliz, algo mágico sucede en ti —confía en ello y en el poder del amor, y harás maravillas.
Combinaciones compatibles
amor—turquesa, índigo, azul
negocios—turquesa, oro, índigo

AMARILLO
Tu vida no es fácil. Tienes una naturaleza espiritual muy fuerte, que se ha desarrollado tras vencer muchos traumas emocionales.
Combinaciones compatibles
amor—índigo, rojo, verde
negocios—índigo, oro, violeta

VERDE
Tu profundo amor y sabiduría guía a los jóvenes en su desarrollo espiritual, y ambos aprendéis del otro. Busca la paz y la quietud de la naturaleza cuando la vida se ponga muy cuesta arriba.
Combinaciones compatibles
amor—índigo, índigo, rojo
negocios—lima, índigo, magenta

AZUL
No aceptas más que la verdad, confiando por defecto en los demás, y te hiere que te engañen. Aprende a aceptar menos y perdonar más, con lo que dejará de suceder eso.
Combinaciones compatibles
amor—índigo, índigo, naranja
negocios—índigo, índigo, oro

ÍNDIGO
Por fuera pareces conformista, aparentemente destinado a una vida en suites y en reuniones de alto nivel. Por dentro, te mueres por encontrar el tiempo para descubrir tu lado espiritual.
Combinaciones compatibles
amor—índigo, naranja, oro
negocios—violeta, rojo, oro

VIOLETA
No puedes cerrarte a las realidades físicas de la vida. Vence tu temor: no hay lugar para esto en tu meta espiritual. 
Combinaciones compatibles
amor—índigo, índigo, amarillo
negocios—índigo, índigo, oro

MAGENTA
Tus emociones están bajo control, y puedes trabajar en las condiciones más molestas para restaurar la salud y curar a los demás cuando se requiere.
Combinaciones compatibles
amor—lima, índigo, oro
negocios—azul, índigo, rojo

ORO
Eres un alma iluminada y un verdadero maestro espiritual. Tus oportunidades y experiencias te han dado la sabiduría, compasión y humildad para enseñar y curar a los demás.
Combinaciones compatibles
amor—lima, magenta, índigoo
negocios—rojo, magenta, índigo

EL COLOR ORO

El color amarillo

Poderoso color primario, el amarillo se refiere a la lógica y el intelecto. Es un color cálido y expansivo que nos vuelve felices y optimistas. Nos da la libertad de hacer y ser lo que queramos. También a veces puede dejarnos confusos o descolocados. Nos ayuda a vencer obstáculos y liberarnos de bloqueos emocionales que puedan restringir nuestro desarrollo personal. Con este color en tu pronóstico, o tendrás montones de dinero o muy poco, pero nunca quedarás desamparado.

Su complementario es el violeta (*ver página* 118), así que si en tu esquema hay demasiada energía amarilla estridente, quizás convenga introducir más violeta en tu vida. En las siguientes páginas encontrarás un pronóstico personalizado para cada una de las combinaciones triples con el amarillo como signo zodiacal.

Salud Física

El amarillo afecta al sistema nervioso y sus patologías relacionadas, así que si hay un exceso en tu esquema cromático, puede haber momentos en que necesites reposo y relajación. Enfermedades de la piel como el eczema y el acné se benefician también del amarillo como purificador que es del cuerpo, y por tanto de la piel. También influye en el páncreas y la diabetes. Su relación con la vejiga y el hígado se puede apreciar en el característico color amarillo de la ictericia.
Todos los órganos del sistema digestivo, incluyendo el estómago, duodeno, y las funciones excretoras, están relacionados. El color amarillo es particularmente bueno para tratar el estreñimiento y se le ha conocido incluso como desencadenante de cambios en las necesidades de insulina.

Salud emocional

Las emociones asociadas con un buen equilibrio de amarillo son la alegría, la extroversión y la motivación. Sus cualidades positivas de extroversión pueden desbloquear energías físicas o inhibiciones y permitirnos enfrentarnos a nuestros temores internos y consolidar nuestro desarrollo personal. Sin embargo, si el amarillo es excesivo, ciertas cualidades negativas pueden emerger: imposibilidad de centrarse, actitud crítica, y una tendencia a la agresividad psicológica. Un déficit de energía amarilla nos hace sentir aislados y sin autoestima.

Salud espiritual

El amarillo se relaciona con el chakra del plexo solar, que es básico para nuestra autoconciencia y poder como individuos. También consagra nuestra relación con el resto de la humanidad. Las altas cualidades del amarillo también se hallan en la sabiduría del oro, así que la meta espiritual de la persona amarilla es aprovechar y comprender estas poderosas energías y usarlas para estimular su conciencia de las capacidades y talentos de los demás.

Relaciones

AMARILLO CON ROJO Esta relación funcionará contando con que tu naturaleza más cerebral pueda cumplir con sus demandas físicas.

AMARILLO CON ESCARLATA Si puedes apreciar los beneficios que se derivan de los amplios y sabios intereses de tu pareja, la cosa irá bien. .

AMARILLO CON NARANJA Tu pareja te ayudará a descubrir que hay más en la vida que la mera adquisición de conocimiento.

AMARILLO CON ORO Ganaréis fuerza de vuestra compasión y amor mutuos.

AMARILLO CON AMARILLO Para que esto funcione, ambos debéis trabajar duro juntos para vencer vuestro miedo al fracaso.

AMARILLO CON LIMA Ésta podría ser una pareja muy feliz una vez tu pareja dome un poco tu inquietud y te de estabilidad para crecer.

AMARILLO CON VERDE Your partner Tu pareja traerá estabilidad y armonía a tu vida, despertando tu interés por la belleza de la naturaleza.

AMARILLO CON TURQUESA Tu pareja te llevará a un territorio inexplorado, dándote completa libertad para ser tú mismo.

AMARILLO CON AZUL Este emparejamiento funcionará bien porque ambos sois buscadores de conocimiento.

AMARILLO CON ÍNDIGO Puede ser una experiencia muy enriquecedora. Tu compañero te ayudará a ver y explorar los misterios más profundos de la vida.

AMARILLO CON VIOLETA Estaréis en perfecta armonía, complementándoos en todo.

AMARILLO CON MAGENTA Tu expresividad natural puede chocar con el pragmatismo de tu pareja, pero esto mismo puede hacer vuestra unión fascinante para los dos.

Eres muy académico

Tanto el amarillo como el rojo son colores primarios, que juntos crean el naranja, así que todos estos colores influyen en tu vida. Los demás estimulan tu vitalidad, y sabes cómo ayudarles sin desperdiciar tus reservas de energía. Eres profundamente intelectual y te gusta encabezar nuevos descubrimientos. La fuerza del rojo te impulsa hacia éxitos aún mayores aunque tu miedo a la inseguridad financiera te impide llegar a tu máximo potencial.

Color zodiacal AMARILLO
Color de destino ROJO

SI TU COLOR DE EXPRESIÓN PERSONAL ES:

ROJO
Tienes gran vigor y has sido bendecido con inagotables energías y optimismo. Pero si te exiges demasiado, podrías terminar con algún tipo de agotamiento nervioso. Pon un poco de verde en tu vida para volver a equilibrar tus energías.
Combinaciones compatibles:
amor—violeta, verde, verde
negocios—oro, verde, verde

NARANJA
Tienes grandes habilidades creativas. Combinado con tus aptitudes intelectuales, podrías convertirte en un excepcional diseñador gráfico o de interiores. De todas formas, destacarías en cualquier entorno creativo.
Combinaciones compatibles
amor—violeta, verde, azul
negocios—violeta, verde, azul

AMARILLO
Tus necesidades intelectuales tienden a tener prioridad frente a las físicas. No descuides tu salud física y bienestar ya que esto tiene gran influencia en tu claridad de pensamiento.
Combinaciones compatibles
amor—violeta, verde, violeta
negocios—violeta, verde, oro

VERDE
Trabajas duro y tienes mucho éxito en casi todo lo que haces. Dándote más tiempo para la paz y la relajación ganarás estabilidad y control sobre tu vida.
Combinaciones compatibles
amor—violeta, verde, rojo
negocios—violeta, verde, oro

AZUL
Una combinación perfecta de los tres colores primarios. Todos ellos obran maravillosamente para crear todo lo que necesitas para llevar una vida feliz y exitosa.
Combinaciones compatibles
amor—violeta, verde, naranja
negocios—violeta, verde, oro

ÍNDIGO
Ésta es una intensa combinación y tus aptitudes intelectuales están continuamente forzadas al límite. Así, el resultado es una profunda concienciación por tu parte de las maneras del mundo.
Combinaciones compatibles
amor—violeta verde, oro
negocios—violeta, verde, oro

VIOLETA
Los asuntos del alma importan mucho para ti. Tu gloriosa imaginación y tu necesidad de profundidad y significado en tu vida te convierten en una persona verdaderamente inspiradora para convivir.
Combinaciones compatibles
amor—violeta, verde, amarillo
negocios—violeta, verde, oro

MAGENTA
Tu constante necesidad de ayudar a los demás te hace muy receptivo a la manipulación emocional. Aprende a protegerte de los sentimientos negativos y las tendencias a controlar de los demás.
Combinaciones compatibles
amor—lima, violeta, verde
negocios—lima, violeta, oro

ORO
Tu intelecto está continuamente desafiado por tus valores espirituales. Las palabras están muy bien pero a veces una acción vale mucho más.
Combinaciones compatibles
amor—violeta, verde, índigo
negocios—violeta, verde, oro

EL COLOR AMARILLO

Color zodiacal AMARILLO
Color de destino NARANJA

Transformas la escoria en oro

Tienes muchas aptitudes natas y las usas inteligentemente para crear un estilo de vida exitoso y satisfactorio. Hay tantas cosas que quieres hacer que a veces encuentras difícil mantener los pies en el suelo. Debes aprender a regularte para que no te abrumen demasiadas demandas a tu tiempo y energía.

SI TU COLOR DE EXPRESIÓN PERSONAL ES:

ROJO
Ésta es una estimulante combinación. Necesitas aprender técnicas asertivas exitosas si has de resistir que te demanden tiempo sin ofender.
Combinaciones compatibles
amor—violeta, azul, verde
negocios—violeta, oro, verde

NARANJA
Eres el alma de la generosidad, dando tu tiempo a menudo para ayudar a los demás sin pedir nada a cambio. Espabílate y usa tu considerable intelecto para lograr algo a cambio de tus esfuerzos.
Combinaciones compatibles
amor—violeta, azul, azul
negocios—violeta, azul, oro

AMARILLO
Cálido y extrovertido, generas sentimientos de alegría y felicidad adonde vas. Buscas constantemente emplear bien tus fuerzas intelectuales en proyectos nuevos y constructivos. Recuerda, también necesitas tiempo para relajarte y meditar.
Combinaciones compatibles
amor—violeta, azul, violeta
negocios—violeta, azul, oro

VERDE
Estás pisando el freno, suficiente para ralentizarte, pero no suficiente para ahogar tu creatividad. Cuando se te pida demasiado, "escápate" al campo (un lugar que amas, por cierto), para relajarte y sosegarte.
Combinaciones compatibles
amor—violeta, azul, rojo
negocios—violeta, oro, rojo

AZUL
Eres un espíritu libre y te desagrada que te aten reglas y regulaciones. También odias los trabajos monótonos y repetitivos que dejan poco lugar a la imaginación.
Combinaciones compatibles
amor—violeta, azul, naranja
negocios—violeta, azul, oro

ÍNDIGO
Serías un jefe espléndido porque combinas la iniciativa con el vigor y la autodisciplina. Sin embargo, tus habilidades creativas pueden estar en peligro de ser suprimidas por tu necesidad de controlar.
Combinaciones compatibles
amor—violeta, azul, oro
negocios—violeta, verde, oro

VIOLETA
Todas tus habilidades y dones espirituales naturales son usados al límite mientras ahondas en lo profundo de los misterios de la vida. Al concienciarte más de tu naturaleza espiritual, muchos cambios emocionales pueden suceder dentro de ti.
Combinaciones compatibles
amor—violeta, azul, amarillo
negocios—violeta, azul, oro

MAGENTA
Eres un realista y reconoces que es imposible cumplir todas las demandas que se te hacen sin priorizar por tu parte. Pero también eres un habilidoso diplomático ya que sabes cómo decir no sin ofender.
Combinaciones compatibles
amor—lima, violeta, azul
negocios—lima, violeta, oro

ORO
La perfecta combinación de intelecto y sabiduría. Sueñas lo más grande y buscas las metas más lejanas. Sólo los miedos emocionales del pasado y tu necesidad de tener seguridad financiera te detienen.
Combinaciones compatibles
amor—violeta, azul, índigo
negocios—lima, magenta, oro

TUS TRES COLORES ESENCIALES

Eres valiente

Color zodiacal AMARILLO
Color de destino AMARILLO

Con esta doble combinación de amarillo en tu esquema se amplían las cualidades e influencias de todos los colores. La vida para ti es para vivirla y aprovechas cada oportunidad para vivir plenamente. Pero a pesar de tu jovialidad, no tienes nada frívolo en tu naturaleza. Eres valiente e intelectual en la misma medida, y raramente te acobardas de cara a desafiar tus valores y creencias más implantados.

SI TU COLOR DE EXPRESIÓN PERSONAL ES:

ROJO
Eres activo y energético, con tremendo vigor y resistencia. Sin embargo, tus necesidades físicas tienen a menudo prioridad sobre las demás. Introduce un poco de violeta para generar más equilibrio y armonía para ti.
Combinaciones compatibles
amor—violeta, violeta, verde
negocios—violeta, oro, verde

NARANJA
Sin perjuicio de tu incuestionado coraje, te arredra la posibilidad de explorar tu lado espiritual. Es una lástima porque podrías enriquecer tu mundo y tener experiencias más profundas sólo viéndolas distintas.
Combinaciones compatibles
amor—violeta, violeta, azul
negocios—violeta, oro, azul

AMARILLO
Ésta es una situación potencialmente explosiva. Si no introduces algún color complementario en tu vida urgentemente, podrías acabar con un severo agotamiento mental o nervioso.

Combinaciones compatibles
amor—violeta, verde, azul
negocios—violeta, oro, azul

VERDE
Has trabajado duro para aclarar la selva de las viejas emociones destructivas de tu vida. El futuro tiene que irte mejor por fuerza.
Combinaciones compatibles
amor—violeta, violeta, rojo
negocios—lima, magenta, oro

AZUL
El tacto no es tu fuerte, e incluso tus amigos son a veces sorprendidos por una honestidad tan directa. Aprende a comunicarte con efectividad con los demás y te afectarán menos sus reacciones negativas.

Combinaciones compatibles
amor—violeta, violeta, naranja
negocios—violeta, violeta, oro

ÍNDIGO
Al preocuparte profundamente por los demás, fácilmente te afectan el dolor y el sufrimiento. Es importante que encuentres continuamente nuevas formas de protegerte, o no servirás para nadie, ni siquiera para ti.
Combinaciones compatibles
amor—índigo, violeta, oro
negocios—índigo, violeta, oro

VIOLETA
Has desarrollado una comprensión de tu naturaleza espiritual más a través de lo intelectual que de lo físico. Esto es perfecto, porque es menos probable que encuentres influencias físicas negativas contra las que necesitarás protegerte.
Combinaciones compatibles
amor—violeta, violeta, amarillo
negocios—violeta, violeta, oro

MAGENTA
Tienes pocas ilusiones por casi nada. Aunque eres amable y soñador, tu supersensibilidad te sintoniza especialmente con el mundo, e intuitivamente sabes cómo mejorar las condiciones de quienes lo necesitan.
Combinaciones compatibles
amor—lima, violeta, violeta
negocios—lima, violeta, oro

ORO
Tu agudo intelecto es un fuerte apoyo para tus creencias espirituales. Esto te mantiene en equilibrio y te libera de los miedos que impiden a otros desarrollar tu espiritualidad.
Combinaciones compatibles
amor—violeta, violeta, índigo
negocios—violeta, violeta, oro

EL COLOR AMARILLO

Color zodiacal AMARILLO
Color de destino VERDE

Necesitas espacio

Eres uno de esos espíritus libres de la vida, un bala perdida que se suele decir. Cuando no te dejas espacio para respirar, te vuelves letárgico e infeliz. Sin embargo, tienes los necesarios recursos de coraje y determinación para quitarte de en medio cualquier rutina autoimpuesta.

SI TU COLOR DE EXPRESIÓN PERSONAL ES:

ROJO
Estás inmerso en la misma vieja rutina, incapaz de cambiar lo que haces debido a tus miedos e inseguridad. Aceptando los cambios necesarios, te sorprendería el nuevo rumbo que tomaría tu vida.
Combinaciones compatibles
amor—violeta, rojo, verde
negocios—oro, rojo, verde

NARANJA
Tienes un instinto natural para el color y el diseño. Aprende a vencer tus miedos emocionales, que sólo hacen suprimir tu potencial creativo y restringen tu desarrollo personal.
Combinaciones compatibles
amor—violeta, rojo, azul
negocios—violeta, rojo, oro

AMARILLO
La libertad es maravillosa, pero demasiada puede crear el caos. Si hemos de vivir en sociedad, necesitamos vínculos que den sensación de estabilidad. Una vez aceptes esto, tu vida se hará mucho más sencilla.
Combinaciones compatibles
amor—violeta, rojo, violeta
negocios—violeta, índigo, oro

VERDE
Los demás no son conscientes del talento que tienes porque no te esfuerzas. Te quedas en la trastienda para motivar a los demás hacia la acción fomentando cambios.
Combinaciones compatibles
amor—violeta, índigo, rojo
negocios—violeta, rojo, oro

AZUL
Tus temores emocionales te mantienen maniatado a una vida de reglas y rutinas. ¿Has pensado alguna vez lo que harías si lograras liberarte?

Combinaciones compatibles
amor—violeta, rojo, naranja
negocios—violeta, rojo, oro

ÍNDIGO
Estás maravillosamente cómodo contigo mismo y esto hace de ti una compañía y un amigo espléndido. A veces te retraes un tanto, en cuyo caso puedes necesitar más rojo en tu vida.
Combinaciones compatibles
amor—violeta, rojo, oro
negocios—violeta, rojo, oro

VIOLETA
Ésta es una armoniosa combinación. Tu mente, cuerpo, y alma están plenamente entonados, y tienes mucha calma y alegría para compartir con los demás.
Combinaciones compatibles
amor—violeta, rojo, amarillo
negocios—violeta, rojo, oro

MAGENTA
El amarillo y el verde crean el lima, complementario del magenta, y hace una buena combinación. Tu tema es la autoestima, y puede que hayas experimentado falta de amor en la infancia. Liberando este temor, tu naturaleza cariñosa será libre para poder expresarse.
Combinaciones compatibles
amor—lima, violeta, magenta
negocios—lima, violeta, oro

ORO
Con amor y compasión te has desprendido de todos tus temores emocionales. Esto te da el espacio y la libertad que necesitas para concentrarte en tu entorno espiritual.
Combinaciones compatibles
amor—lima, magenta, violeta
negocios—lima, magenta, oro

TUS TRES COLORES ESENCIALES

Eres muy adaptable

Esta combinación te da amplios recursos de flexibilidad, con el amarillo como signo zodiacal, puedes estar en peligro de difuminar tus energías en una multitud de proyectos diferentes a la vez. Sin embargo, el azul de color de destino corrige esa falta de dirección, dándote la paz y la calma para adaptarte bien a todo.

Color zodiacal AMARILLO
Color de destino AZUL

SI TU COLOR DE EXPRESIÓN PERSONAL ES:

ROJO
Ésta es una combinación perfecta de los tres colores primarios. Por eso, tu vida será estimulante, excitante y muy exitosa, también con momentos de sosegada contemplación espiritual.
Combinaciones compatibles
amor —violeta, naranja, verde
negocios—violeta, oro, verde

NARANJA
Hay muchas formas de expresión, no sólo la palabra hablada. Aprende a usar el poder de la comunicación a través de tus habilidades creativas y artísticas, tales como la terapia artística para mejorar tu vida y las de los demás.
Combinaciones compatibles
amor—violeta, naranja, azul
negocios—violeta, oro, azul

AMARILLO
Esta combinación puede confundirte o descolocarte. Así que necesitas algunas reglas y rutinas en tu vida. Si aprendes a canalizar tus emociones, te convertirás en un gran sanador.
Combinaciones compatibles
amor—violeta, naranja, violeta
negocios—violeta, magenta, oro

VERDE
Un exceso de estabilidad impide el desarrollo de tu progresiva mente. Necesitas más diversión y espontaneidad para poder explorar nuevas direcciones.
Combinaciones compatibles
amor—violeta, naranja, rojo
negocios—violeta, oro, rojo

AZUL
Usas tus energías espirituales sin cesar para hacer de éste un mundo mejor para los demás. Tu naturaleza progresiva es estimulada por tu intelecto, ayudándote a avanzar en la vida con aplomo.
Combinaciones compatibles
amor—violeta, naranja, naranja
negocios—violeta, naranja, oro

ÍNDIGO
Buscas ávidamente la conexión física y espiritual con la vida. Esto te implica en proyectos científicos de investigación que te permitan fundamentar el cambio de actitudes pasadas de moda.
Combinaciones compatibles
amor—violeta, naranja, oro
negocios—violeta, naranja, oro

VIOLETA
Espiritual e intelectualmente, estás comunicando tus creencias a los demás. Hace falta coraje para hacerlo y gradualmente llegarás a triunfar en lo que estás intentando conseguir.
Combinaciones compatibles
amor—violeta, naranja, amarillo
negocios—violeta, naranja, oro

MAGENTA
Como realista que eres, aceptas que la vida no es perfecta. Sin prestar oídos a las malas lenguas, quieres entender el mal comportamiento. Tu actitud imparcial supone un ejemplo para los demás.
Combinaciones compatibles
amor—lima, violeta, naranja
negocios—lima, violeta, oro

ORO
Acoges a otros sin pensar en quién son o qué han hecho. Éstas son las actitudes de quien ha vencido los prejuicios y es capaz de expresar el amor incondicional.
Combinaciones compatibles
amor—violeta, naranja, índigo
negocios—lima, índigo, magenta

EL COLOR AMARILLO

Color zodiacal AMARILLO
Color de destino ÍNDIGO

Eres un investigador

Eres un filósofo que añade el saber de los antiguos a sus propias interpretaciones. Esto abre tu mente a nuevas y excitantes revelaciones. Tu búsqueda de la verdad te transporta a los reinos de la fantasía y la imaginación ya que escuchas a tu intuición.

SI TU COLOR DE EXPRESIÓN PERSONAL ES:

ROJO
Demasiada actividad en tu vida va en detrimento de tus estudios y los necesarios periodos de introspección. Aprende a buscar más tiempo para ti.
Combinaciones compatibles
amor—violeta, oro, verde
negocios—violeta, oro, verde

NARANJA
Estás enamorado de todas las buenas cosas de la vida: música, comida y las artes. Con tus tendencias filosóficas, puedes incluso expandir los límites de estos intereses.
Combinaciones compatibles
amor—violeta, oro, azul
negocios—violeta, oro, azul

AMARILLO
Tu intelecto domina tu vida. Crees que todo debe ser probado y que nada sucede por casualidad. Esto no es compatible con otras de tus tendencias, más filosóficas, y genera tensiones y contradicciones.
Combinaciones compatibles
amor—violeta, oro, violeta
negocios—azul, oro, violeta

VERDE
Los aspectos analíticos e intuitivos de tu naturaleza trabajan bien juntos. Tienes nuevas formas de ofrecer verdades espirituales a la gente y ellos respetan tu actitud honesta y abierta.
Combinaciones compatibles
amor—violeta, oro, rojo
negocios—violeta, oro, naranja

AZUL
En el fondo tienes mucha fé, pero es duro estar alegre cuando constantemente los otros desafían tus creencias. Manten tus principios y la verdad resplandecerá.
Combinaciones compatibles
amor—violeta, oro, naranja
negocios—violeta, oro, naranja

ÍNDIGO
Tu naturaleza intuitiva es espoleada por tu sed de conocimiento. Necesitas introducir más actividad física para mantener tu cuerpo y mente sanos.
Combinaciones compatibles
amor—violeta, oro, oro
negocios—violeta, naranja, naranja

VIOLETA
Ésta es una combinación armoniosa ya que el violeta y amarillo son muy compatibles. El índigo informa tu naturaleza filosófica y los tres colores trabajan en pro de tu alimento espiritual.
Combinaciones compatibles
amor—violeta, oro, amarillo
negocios—violeta, oro, oro

MAGENTA
Cuando te aplicas, puedes poner tus talentos filosóficos y analíticos a trabajar juntos extremadamente bien.
Combinaciones compatibles
amor—lima, violeta, oro
negocios—lima, oro, magenta

ORO
Tras muchas pruebas y decepciones, estás ahora más cerca de conseguir tus metas espirituales. Otros están más dispuestos a creer lo que dices.
Combinaciones compatibles
amor—violeta, oro, índigo
negocios—oro, índigo, oro

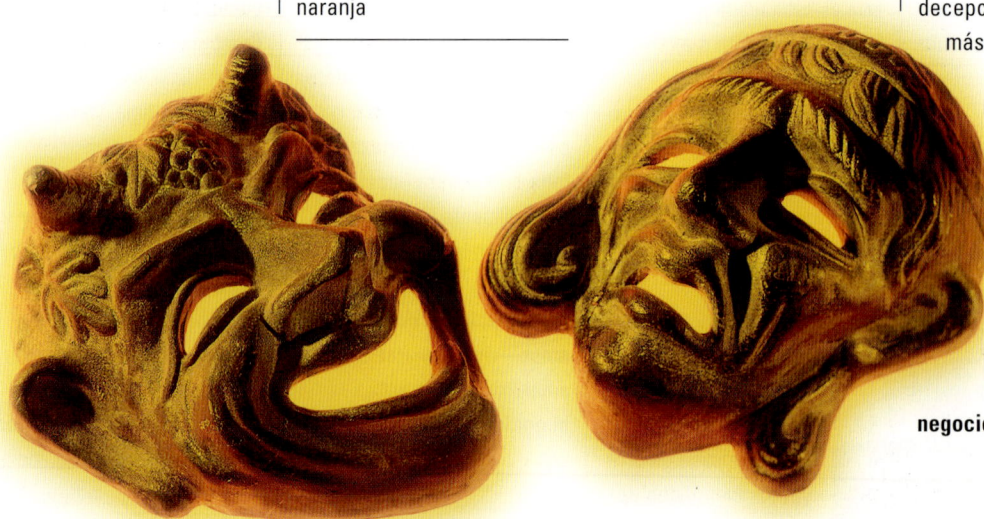

TUS TRES COLORES ESENCIALES

Tus instintos son inquietantes

Tienes una extraña destreza para saber cuándo las cosas no van bien, y esa certeza tuya hasta resulta inquietante. No te fíes siempre de tu intuición y aprende a ser discreto a la hora de elegir las amistades. Con el amarillo como color zodiacal y su relación con el poder para ser individual, es particularmente importante protegerse de las influencias negativas

Color zodiacal AMARILLO
Color de destino VIOLETA

SI TU COLOR DE EXPRESIÓN PERSONAL ES:

ROJO
Ésta es una combinación intensa. Tus profundas creencias espirituales son continuamente puestas a prueba y es bueno ser más discreto y cuestionarse lo que nos dicen antes de decidir.
Combinaciones compatibles
amor—violeta, amarillo, verde
negocios—violeta, oro, verde

NARANJA
Quieres ser amigo de todos, y estimulas a los demás a compartir ideas y creencias. Aprende a ser más discreto en lo que muestras para prevenirte ante la aparición de sentimientos negativos.
Combinaciones compatibles
amor—violeta, amarillo, azul
negocios—violeta, oro, azul

AMARILLO
Es mejor ser sabio antes de los hechos que sufrir las consecuencias del error más tarde. Aprende a ser más paciente y a confiar en tus instintos antes de plantearte tomar una decisión.

Combinaciones compatibles
amor—violeta, amarillo, violeta
negocios—violeta, oro, violeta

VERDE
A menudo dejas que te rija el corazón. Deja que tu inteligencia lógica predomine y no permitas que tus sentimientos te oculten las faltas de los demás. Puedes ser la causa de los celos de los demás sin darte tú ni cuenta.
Combinaciones compatibles
amor—violeta, amarillo, rojo
negocios—violeta, índigo, magenta

AZUL
Aprende a ser más discreto. Cuando te apoyes en los demás, pueden engañarte fácilmente sus buenas intenciones. Contempla sus ofertas con más realismo y no tendrás que recoger tus pedazos más tarde.
Combinaciones compatibles
amor—violeta, amarillo, naranja
negocios—violeta, amarillo, oro

ÍNDIGO
Tu sed de conocimiento espiritual te lleva a explorar fenómenos físicos. Ahí es donde necesitas ejercitar tu discreción y confiar menos en la supuesta bondad de los demás.
Combinaciones compatibles
amor—violeta, amarillo, oro
negocios—violeta, amarillo, naranja

VIOLETA
Experiencias pasadas negativas te han hecho más discreto en tu elección de actividades espirituales. Separa las reales de las irreales y transforma tus energías prosaicas en espirituales.
Combinaciones compatibles
amor—violeta, oro, amarillo
negocios—violeta, oro, amarillo

MAGENTA
Sé discreto a la hora de compartir tus pensamientos más íntimos. A veces la gente se aprovecha de tu naturaleza dulce y cariñosa.
Combinaciones compatibles
amor—lima, violeta, amarillo
negocios—lima, violeta, oro

ORO
Tu naturaleza compasiva y generosa te permite reconocer los fallos y defectos de los demás, pero tienes la fuerza, coraje y discreción de desechar sentimientos negativos.
Combinaciones compatibles
amor—lima, magenta, violeta
negocios—lima, magenta, violeta

EL COLOR AMARILLO

Color zodiacal AMARILLO
Color de destino MAGENTA

Necesitas amor incondicional

Tú necesitas afrontar aún algunos temas emocionales de tu vida, y transformarlos en amor y compasión, energías espirituales más altas. Algunos de tus problemas pueden estar relacionados con sentimientos de desahucio o descuido pasados. Al abordar tus propios problemas, puedes ayudar a los demás a vencer los suyos. necesitas un amor incondicional.

SI TU COLOR DE EXPRESIÓN PERSONAL ES:

ROJO
Has experimentado intensos dolores espirituales en tu pasado. Esto ha de ser resuelto ya que te impide llevar una vida plena y activa. Con el amor y la atención adecuados, tú tienes muchísimo amor que dar a cambio.
Combinaciones compatibles
amor—lima, violeta, verde
negocios—lima, violeta, oro

NARANJA
Ha habido un patrón de relaciones rotas y amores perdidos en tu vida. Pero eres un optimista incurable y sigues creyendo en los finales felices.
Combinaciones compatibles
amor—lima, violeta, azul
negocios—lima, violeta, oro

AMARILLO
Te asusta tener relaciones duraderas por miedo a que te hieran. Aprende a vivir al día y deja que el mañana se ocupe de sí mismo. Acoge al que llame a tu puerta y aprende de lo que puedan enseñarte.
Combinaciones compatibles
amor—lima, violeta, violeta
negocios—lima, oro, violeta

VERDE
Ésta es una combinación complementaria, que otorga equilibrio y armonía a tu vida, ayudándote a tolerar las pérdidas que comportan los cambios.
Combinaciones compatibles
amor—lima, violeta, magenta
negocios—lima, violeta, magenta

AZUL
Sigues dejando que los demás te usen porque te asusta decir que no. Encuentra la causa de ese comportamiento pasivo y busca ayuda para resolverlo.
Combinaciones compatibles
amor—lima, violeta, naranja
negocios—lima, violeta, oro

ÍNDIGO
No pongas a los demás en un pedestal. El abuso de poder es un hecho que no se puede negar. Ignorarlo no ayuda al que abusa ni impide que vuelva a ocurrir.
Combinaciones compatibles
amor—lima, violeta, oro
negocios—lima, violeta, oro

VIOLETA
Te pides demasiado para ayudar a los demás. Esto no siempre se aprecia y te deja drenado de energía emocional. ¿Por qué permites que siga sucediendo?
Combinaciones compatibles
amor—lima, violeta, amarillo
negocios—lima, violeta, oro

MAGENTA
Habiendo tenido experiencia de primera mano acerca del abuso de poder tanto en tu vida personal como laboral, ahora puedes ayudar a otros a liberarse de sus miedos e iniciar una vida mejor.
Combinaciones compatibles
amor—lima, violeta, verde
business—lima, violeta, oro

ORO
Comprende las cualidades del amor incondicional y, aunque no es fácil, intenta vivir poniendo este principio como bandera en tu vida diaria.
Combinaciones compatibles
amor—lima, magenta, índigo
negocios—lima, magenta, oro

TUS TRES COLORES ESENCIALES

Puedes ser señor de todo

Tu color zodiacal amarillo se relaciona con el sistema nervioso y te impone una responsabilidad personal de controlar y dominar tus emociones. Puedes ser señor de todo una vez identifiques los aspectos negativos de tus sentimientos y solventes asuntos emocionales no resueltos que aún se manifiestan. Con todo bajo control, puedes ser tan temerario como un león.

Color zodiacal AMARILLO
Color de destino ORO

SI TU COLOR DE EXPRESIÓN PERSONAL ES:

ROJO
Una combinación magnífica. Tienes vigor, talento, sabiduría y visión. Tu debilidad principal puede ser una tendencia a ignorar los deseos de los demás.
Combinaciones compatibles
amor—violeta, índigo, verde
negocios—violeta, oro, verde

NARANJA
Tienes una naturaleza alegre y muy feliz, pero dependes mucho de la aprobación de los demás. Aprende a ser más asertivo y menos dependiente de los demás enfrentándote y venciendo tu miedo al fracaso.
Combinaciones compatibles
amor—violeta, índigo, azul
negocios—violeta, oro, índigo

AMARILLO
Eres muy popular y tienes el aplauso y la admiración. Cuando esto no se te concede, te vuelves impaciente e intolerante contigo y los demás.
Combinaciones compatibles
amor—violeta, oro, violeta
negocios—violeta, oro, violeta

VERDE
Nada te impedirá conseguir lo que quieres, pero amenazar a alguien con volarle la cabeza no te va ayudar. Merece la pena recordar lo que cuesta ser amable.
Combinaciones compatibles
amor—violeta, índigo, rojo
negocios—lima, índigo, magenta

AZUL
Tienes mucha fe y confianza. Si esto se perturba, bien podrías volverte perezoso, apático, autoindulgente, y totalmente irresponsable.
Combinaciones compatibles
amor—violeta, índigo, naranja
negocios—violeta, índigo, oro

ÍNDIGO
Eres un reformador que busca expandir la mente de los demás. Si tus esfuerzos no son reconocidos, puedes volverte intolerante y, en vez de impulsarlos, empezar a interferir en sus vidas.
Combinaciones compatibles
amor—amarillo, azul, índigo
negocios—oro, azul, índigo

VIOLETA
Con esta combinación de color en tu esquema, siempre aspiras a la perfección. Esto implica colocar a tu naturaleza física en búsquedas más espirituales.
Combinaciones compatibles
amor—violeta, índigo, amarillo
negocios—violeta, índigo, oro

MAGENTA
Te preocupas mucho por los demás pero no por ti. Es difícil aproximarse a ti, demandas mucho de ti y de los demás, y a veces puedes convertirte en un incordio, dominando y controlando a los demás para lograr tus deseos.
Combinaciones compatibles
amor—lima, violeta, índigo
negocios—lima, violeta, oro

ORO
Tienes ideales muy altos. Cuando no se pueden cumplir, puedes quedar muy decepcionado y hundido, volviéndote egoísta y posesivo sobre los demás y todo lo que te rodea
Combinaciones compatibles
amor—violeta, índigo, índigo
negocios—lima, magenta, violeta

EL COLOR AMARILLO

67

El color lima

El lima resulta de mezclar el amarillo y el verde, así que ambos colores deberían considerarse en tu esquema. Nos da un maravilloso sentimiento de anticipación. Permite que seamos perceptivos y faltos de prejuicios, ayudándonos a mantener limpia la mente de pensamientos negativos. Demasiado nos desequilibra, y demasiado poco nos puede hacer sentir odiosos y envidiosos.

El complementario del lima es el magenta (p. 128), así que si tienes demasiada energía purificadora de color lima, quizás sea interesante poner un poco de magenta en tu vida. En las páginas que siguen, encontrarás un pronóstico personalizado para cada combinación cromática tripartita con el lima como color zodiacal.

Salud física

Partes específicas del cuerpo físico vibran con las energías del color dominante de sus chakras asociados. Como el lima combina amarillo y verde, ambos colores tienen influencia sobre la salud. El lima es un color limpiador, así que ayuda a eliminar de tu cuerpo toxinas acumuladas. En el nivel físico, esto se relaciona con la comida y la dieta, y con toxinas de todo tipo como ciertas drogas, el tabaco y el alcohol. Todas estas drogas tienen una entrada muy satisfactoria, pero son tóxicas luego. El lima afecta al hígado y al colon. También ayuda a limpiar el torrente sanguíneo y las sinusitis de origen alérgico.

Salud emocional

El lima nos hace sentir excitados, motivados, y en forma. Nos da un tremendo sentido de anticipación, preparándonos frente al mundo. Demasiado lima nos enferma de excitación y nos desequilibra emocionalmente. Demasiado poco y el miedo, la rabia, los celos o incluso el odio se harán manifiestos.

Salud espiritual

El lima es un color muy espiritual, ya que ayuda a limpiar las toxinas emocionales y espirituales, protegiéndonos individualmente de las influencias negativas. Nos ayuda a reconocer las verdades espirituales más allá del dogma religioso. La meta espiritual de una persona lima debe ser elevar sus energías físicas y emocionales desde los chakras del plexo solar y el corazón, hasta el de la garganta, donde pueden ser purificados y expresados mediante otros niveles del ser. Una vez se consigue esto, serán capaces de operar desde el amor incondicional, trabajando para el bien general para sí mismos y los demás.

Relaciones

LIMA CON ROJO If Si quieres que esto funcione, tendrás que aceptar que compartes alguna de las cualidades negativas de tu pareja.

LIMA CON ESCARLATA Esta relación puede ser muy excitante y retadora, porque os podéis ayudar mutuamente a superar el lado oscuro de vuestra sexualidad.

LIMA CON NARANJUna buena combinación. Os animaréis, motivaréis y apoyaréis el uno al otro para intentar conseguir cosas mejores.

LIMA CON ORO Tu pareja estará a tu lado y te dará todo el coraje y fuerza que necesitas. Él o ella te ayudará a dejar de lado los dogmas religiosos y a potenciar tu individualidad.

LIMA CON AMARILLO Combinación arriesgada. Tu pareja podría hacer emerger en ti sentimientos de envidia y celos que creías bajo tierra hace mucho.

LIMA CON LIMA Ésta es una relación potencialmente difícil y podría llevar a mucha infelicidad.

LIMA CON VERDE Although your Aunque tu pareja es muy sólida y firme, habrá que trabajar duro para tratar con su envidia si tienes éxito.

LIMA CON TURQUESA Si trabajas con tu pareja, pronto aprenderás de su claridad de pensamiento.

LIMA CON AZUL Esta relación funcionará bien. Tu pareja apoyará todo lo que hagas y tú tendrás mucho éxito.

LIMA CON ÍNDIGO Tu pareja te enseñará a comprender y a aceptar los aspectos más sombríos de tu personalidad.

LIMA CON VIOLETA Cuando te abrume la falta de confianza y el sentimiento de pánico, tu pareja te animará y te dará seguridad.

LIMA CON MAGENTA Una combinación perfecta. Os daréis exactamente lo que se necesita para mantener una relación fuerte y feliz.

Necesitas el cambio

Tu color zodiacal en lima te da la capacidad de limpiar influencias no deseadas en tu vida para dejar sitio para nuevas y vitales energías. Aun así, necesitas aceptar que la parte sombría de tu naturaleza también es parte de tu personalidad. Esta aceptación te permitirá superar tus temores internos y seguir adelante con una comprensión renovada de ti y de los demás.

Color zodiacal LIMA
Color de destino ROJO

SI TU COLOR DE EXPRESIÓN PERSONAL ES:

ROJO
"Año nuevo, vida nueva", es un dicho que se te podría aplicar. Aun así, construye sobre las mejores partes antiguas, y no las deseches por completo con el pretexto de que ya no son útiles para ti.
Combinaciones compatibles
amor—magenta, verde, verde
negocios—magenta, verde, oro

NARANJA
Puedes albergar complejos sexuales de culpa. Para una vida equilibrada, debes prestar atención a todas tus necesidades y requerimientos, ya sean de tipo físico, como mental y espiritual.
Combinaciones compatibles
amor—magenta, verde, azul
negocios—magenta, verde, naranja

AMARILLO
Tu conciencia de los flujos estacionales del mundo natural te ayuda a asumir lo inevitable del cambio. Esto te abre el camino para nuevas y excitantes cosas que experimentar.
Combinaciones compatibles
amor—magenta, verde, violeta
negocios—magenta, verde, amarillo

VERDE
Ha tardado en llegar, pero el propósito de tu vida se te está revelando. En lugar de envidiar los éxitos de los demás, aprende cómo los lograron y, emulando lo que veas en ellos, puedes triunfar también tú.
Combinaciones compatibles
amor—magenta, verde, oro
negocios—magenta, azul, oro

AZUL
Es muy noble de tu parte luchar constantemente por la pureza y la bondad, pero como eres humano y no divino, no debes culparte si fracasas.
Combinaciones compatibles
amor—magenta, verde, naranja
negocios—magenta, verde, oro

ÍNDIGO
Estás descubriendo lentamente tu lado oscuro. Es algo a lo que los demás darán la bienvenida, porque confirma que eres humano después de todo.
Combinaciones compatibles
amor—magenta, verde, oro
negocios—magenta, azul, oro

VIOLETA
Cada vez que hay un cambio en tu vida, te permite liberar espacio para absorber nuevas y excitantes ideas y conceptos.
Combinaciones compatibles
amor—magenta, verde, amarillo
negocios—magenta, verde, naranja

MAGENTA
Con esta combinación, necesitas eliminar patrones negativos de falta de amor propio. Si no lo haces, ten por seguro que enfermarás.
Combinaciones compatibles
amor—magenta, verde, verde
negocios—magenta, verde, oro

ORO
El coraje y la compasión te hacen seguir adelante en tu camino vital y te ayudan a reconocer las partes positivas y negativas de ti mismo y los demás.
Combinaciones compatibles
amor—magenta, verde, índigo
negocios—magenta, verde, magenta

Color zodiacal LIMA

Color de destino NARANJA

De ti parte el cambio

Tu color de destino en naranja te hace un gran iniciador. Consciente de los inconvenientes de un concepto o actitud desfasados, trabajas de firme con temas irresolutos y de resultas avanzas personalmente sin cesar. Las técnicas de visualización pueden restaurar la salud y la armonía en tu cuerpo y en tu creativa mente.

SI TU COLOR DE EXPRESIÓN PERSONAL ES:

ROJO
Ésta es una combinación muy fuerte. Das rienda suelta a tu naturaleza apasionada y disfrutas de una vida sexual feliz y satisfactoria.
Combinaciones compatibles
amor—magenta, azul, verde
negocios—magenta, oro, verde

NARANJA
Tu interés por el ejercicio te asegura un buen estado físico. No obstante, para lograr la salud total necesitas nutrir tus necesidades emocionales y espirituales. Descarta todo lo que te impida lograrlo.
Combinaciones compatibles
amor—magenta, azul, azul
negocios—magenta, azul, oro

AMARILLO
Por fuera, eres casi el bufón de la corte. Pero por dentro, sufres dudas e incertidumbres sobre ti mismo. Aprende a ser menos dependiente de lo que los demás piensan acerca de ti.
Compatible combinations
amor—magenta, azul, violeta
negocios—magenta, azul, oro

VERDE
Tu inseguridad y reserva te hacen envidiar la espontaneidad y felicidad de otros. Experimenta esto por ti mismo superando los temores que te impiden expresar tu naturaleza maravillosa y creativa.
Combinaciones compatibles
amor—magenta, azul, rojo
negocios—magenta, oro, rojo

AZUL
Es muy admirable que no te guste oír nada malo de nadie. Los pensamientos malignos pueden ser tan nocivos y destructivos como las acciones, así que guárdate bien de tener ninguno.
Combinaciones compatibles
amor—magenta, azul, naranja
negocios—magenta, azul, oro

ÍNDIGO
Te esclaviza el mundo material, y no puedes concebir un simple día lejos de tu teléfono, televisión o automóvil. Tómate algún tiempo para liberarte del predominio de la modernidad y para hallar la paz interior.
Combinaciones compatibles
amor—magenta, azul, oro
negocios—magenta, verde, oro

VIOLETA
Sabes que puedes hacer que los demás vivan el cielo o el infierno. Si es lo segundo, es a menudo por problemas emocionales que te dominan. Aprende a ver venir esta situación y tu vida estará más cerca de lo celestial.
Combinaciones compatibles
amor—magenta, azul, amarillo
negocios—magenta, azul, oro

MAGENTA
Esta combinación apunta un problema de dependencia. A menudo buscas la aprobación ajena en vez de tirar de tus propios recursos de fuerza interior.
Combinaciones compatibles
amor—magenta, oro, azul
negocios—magenta, azul, oro

ORO
Tu desarrollo espiritual está progresando, dándote una conciencia más profunda sobre otros niveles vitales de energía.
Combinaciones compatibles
amor—magenta, oro, índigo
negocios—magenta, oro, índigo

Tienes las ideas claras

Esta combinación hace improbable que sufras confusión en tu pensamiento. Vas directo a la raíz de cualquier problema y puedes ser despiadado a la hora de tratar de conseguir tus metas. También, tienes el coraje y claridad de perspectiva para tomar riesgos enormes, mirando siempre al adversario a la cara.

Color zodiacal LIMA
Color de destino AMARILLO

SI TU COLOR DE EXPRESIÓN PERSONAL ES:

ROJO
Es bueno que defiendas tus creencias, pero si lo llevas demasiado lejos, esa actitud puede volverte agresivo. Averigua qué pasa, supéralo, y aprende a ser más diplomático.
Combinaciones compatibles
amor—magenta, violeta, verde
negocios—magenta, oro, verde

NARANJA
Eres muy individualista y flameante, y los demás podrían pensar que eres un poco excéntrico. Si continúas guiando al rebaño en vez de integrarte en él, tus talentos serán reconocidos.
Combinaciones compatibles
amor—magenta, violeta, azul
negocios—magenta, oro, azul

AMARILLO
Eres muy generoso y compartes todo lo que tienes. Esto no detendrá a algunos en su envidia por ti. Aprende a aceptar la envidia como parte de la naturaleza humana, y a asumir que también puedes sentirla tú.
Combinaciones compatibles
amor—magenta, verde, azul
negocios—magenta, oro, azul

VERDE
Eres amable, confiado y generoso. En esta combinación pueden hallarse todas las cualidades del cuerpo, mente y espíritu sanos.
Combinaciones compatibles
amor—magenta, violeta, rojo
negocios—magenta, violeta, oro

AZUL
Tus valores espirituales han cambiado con tus experiencias vitales. Expandiendo tu conciencia más allá, podrías convertirte en un maestro, guía o mentor, fantástico.
Combinaciones compatibles
amor—magenta, violeta, naranja
negocios—magenta, violeta, oro

ÍNDIGO
Algunas de las reglas de tu vida ya no te benefician aunque nunca las hayas cuestionado. Mantén las que aún funcionan y descarta aquellas que ya no lo hacen.
Combinaciones compatibles
amor—magenta, violeta, oro
negocios—magenta, violeta, oro

VIOLETA
Todos los colores de esta combinación trabajan juntos para cambiar tus ideas. Tu ansiedad de perfección absoluta se resolverá cuando hayas descubierto y eliminado la causa de esto.
Combinaciones compatibles
amor—magenta, violeta, amarillo
negocios—magenta, violeta, oro

MAGENTA
Tienes demasiados frentes en tu vida y no sabes priorizar. El magenta puede ayudarte a crear realidades a partir de ideas abstractas, pero necesitas cambiar tus procesos racionales si quieres tener éxito.
Combinaciones compatibles
amor—magenta, violeta, verde
negocios—magenta, violeta, oro

ORO
Tu naturaleza cariñosa, sabia y compasiva hace posible que lleguen cosas nuevas a tu vida. Dales la bienvenida y acéptalas como oportunidades y experiencias de crecimiento espiritual.
Combinaciones compatibles
amor—magenta, violeta, índigo
negocios—magenta, violeta, oro

EL COLOR LIMA

71

Color zodiacal LIMA
Color de destino VERDE

Animas el crecimiento

Tu vida avanza a menudo a trompicones. Parece excitante y de pronto es todo lo contrario. Sin embargo, como un jardinero que atiende sus plantas, debes aprender a limpiar la maleza de tu vida y a tratar temas emocionales que te han impedido vivir la vida que tú deseabas.

SI TU COLOR DE EXPRESIÓN PERSONAL ES:

ROJO
Como un padre novato, te excitan todos los cambios que llegan a tu vida. Al remitir el entusiasmo, tiendes a iniciar una rutina. Intenta embotellar un poco de la primitiva excitación, o tu vida se volverá un tanto aburrida.
Combinaciones compatibles
amor—magenta, rojo, verde
negocios—magenta, rojo, azul

NARANJA
Estás preparado para asumir riesgos para lograr lo que quieres. Eso está bien si eres el único perdedor posible. No está tan bien si hay otros implicados.
Combinaciones compatibles
amor—magenta, rojo, azul
negocios—magenta, rojo, oro

AMARILLO
No te asusta nada ni nadie. Debes aprender a aplicar ese coraje de espíritu a tu vida emocional si es que deseas llegar a tu meta espiritual y superar todos los miedos de tu interior.
Combinaciones compatibles
amor—magenta, rojo, violeta
negocios—magenta, índigo, oro

VERDE
Tu vida está normalmente guiada por sentimientos irresolutos de rabia, celos e inseguridad. Haz algo al respecto rápido introduciendo magenta en tu vida.
Combinaciones compatibles
amor—magenta, índigo, rojo,
negocios—magenta, rojo, oro

AZUL
Al igual que las palabras, los pensamientos tienen un gran poder para curar o herir, combate los pensamientos negativos tan pronto surjan y practica el glorioso pensamiento positivo.
Combinaciones compatibles
amor—magenta, rojo, naranja
negocios—magenta, rojo, oro

ÍNDIGO
Te asusta abandonar viejos valores en caso de que no haya con qué sustituirlos. No dudes que los valores y creencias nuevos tendrán su lugar una vez te hayas deshecho de los antiguos.
Combinaciones compatibles
amor—magenta, rojo, oro
negocios—magenta, rojo, naranja

VIOLETA
Te encanta leer y aprender sobre diferentes religiones. Separa el dogma de la verdadera espiritualidad y verás que toda fe acaba especulando acerca de lo mismo, la transformación de la oscuridad en luz.
Combinaciones compatibles
amor—magenta, rojo, amarillo
negocios—magenta, rojo, oro

MAGENTA
Una combinación muy armoniosa. Se dice que el amor mueve el mundo y tú has sido capaz de aclarar gran cantidad de confusiones emocionales de una forma cariñosa y gentil, ayudando a otros a hacer lo mismo.
Combinaciones compatibles
amor—magenta, rojo, verde
negocios—magenta, rojo, oro

ORO
Teniendo el coraje de afrontar y resolver temas emocionales, has dejado más lugar a tu naturaleza espiritual para que se desarrolle.
Combinaciones compatibles
amor—magenta, rojo, índigo
negocios—magenta, rojo, oro

TUS TRES COLORES ESENCIALES

Tienes un toque dulce

Eres un sanador y por tanto, consciente del poder del pensamiento y la oración. Crees firmemente que el pensamiento precede y afecta a lo material. En tu caso, tienes tan sólo que pensar en algo para que pase. Piensa en los aspectos positivos o negativos de tal poder y empezarás a comprender por qué hay que estar alerta.

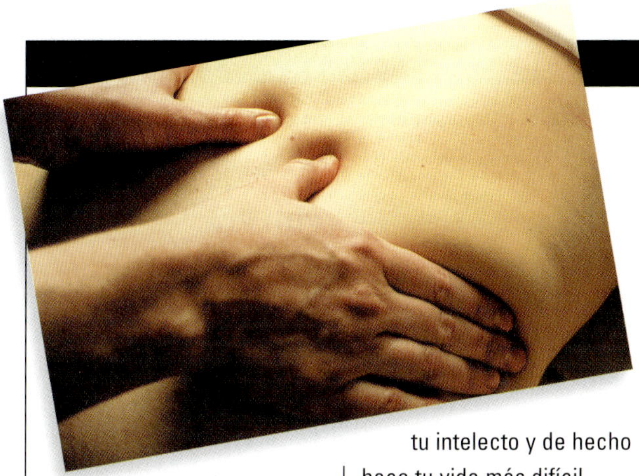

Color zodiacal **LIMA**
Color de destino **AZUL**

SI TU COLOR DE EXPRESIÓN PERSONAL ES:

ROJO
Expresas tus sentimientos muy fuertemente. Si quieres ser un buen sanador, debes aprender a ser más compasivo hacia los demás y a pensar antes de hablar.
Combinaciones compatibles
amor—magenta, naranja, verde
negocios—magenta, oro, verde

NARANJA
Esta combinación te ayudará continuamente a limpiar tu mente de influencias negativas. Aprendiendo el poder de la curación espiritual, puedes consolidar esto.
Combinaciones compatibles
amor—magenta, naranja, azul
negocios—magenta, oro, azul

AMARILLO
Hay demasiada rutina en tu vida, lo que sofoca un tanto tu intelecto y de hecho hace tu vida más difícil. Intenta romper el molde y vivir de una forma enteramente nueva.
Combinaciones compatibles
amor—magenta, naranja, violeta
negocios—magenta, magenta, oro

VERDE
Tu mente clara y control emocional te hace un gran comunicador. Tus habilidades te llevan a enseñar a niños.
Combinaciones compatibles
amor—magenta, naranja, rojo
negocios—magenta, oro, rojo

AZUL
Hay demasiado azul en este esquema, lo que te podría dejar sintiéndote cansado y desperdiciado. Haz que tu vida vibre algo más con el naranja si quieres liberar tu lado impulsivo y salvaje.
Combinaciones compatibles
amor—magenta, naranja, naranja
negocios—magenta, naranja, oro

ÍNDIGO
Mediante la relajación y las técnicas de meditación, aprendes el control del poder del pensamiento. Estas técnicas dirigen tus pensamientos hacia dentro abriendo una ventana a tu imaginación.
Combinaciones compatibles
amor—magenta, naranja, oro
negocios—magenta, naranja, oro

VIOLETA
Si alguien tiene la fuerza de voluntad de librarse de una adicción o forma de vida insana, ése eres tú. Sin embargo, aunque muy laudable, la búsqueda de una mente pura y sana no es algo realista. Aprende a vivir con tu lado oscuro.
Combinaciones compatibles
amor—magenta, naranja, amarillo
negocios—magenta, naranja, oro

MAGENTA
Un acto de amor puede obrar milagros. Para probarlo, estudia las vidas de grandes maestros espirituales. Curaron y lograron grandes cambios mediante el amor incondicional. De forma más asequible, puedes hacer lo mismo.
Combinaciones compatibles
amor—magenta, naranja, verde
negocios—magenta, oro, verde

ORO
Un sanador aprende la importancia de la limpieza física y espiritual. Esta combinación te ayudará a deshacer acumulaciones de energía estática en tu vida. Como sanador, podrías volverte egocéntrico. Ése es un rasgo que debes vigilarte.
Combinaciones compatibles
amor—magenta, naranja, índigo,
negocios—magenta, oro, índigo

EL COLOR LIMA

73

Color zodiacal LIMA
Color de destino ÍNDIGO

Eres muy modesto

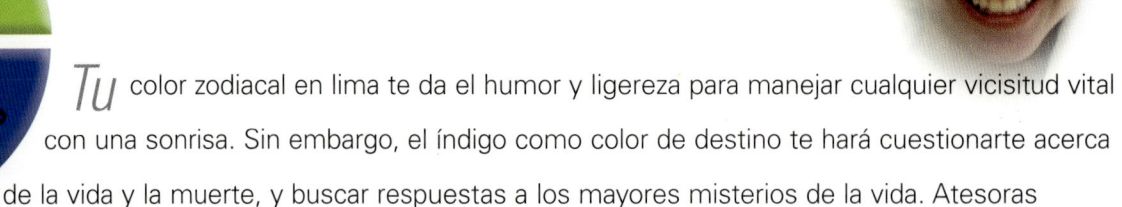

Tu color zodiacal en lima te da el humor y ligereza para manejar cualquier vicisitud vital con una sonrisa. Sin embargo, el índigo como color de destino te hará cuestionarte acerca de la vida y la muerte, y buscar respuestas a los mayores misterios de la vida. Atesoras mucho conocimiento pero escondes tus talentos tras un velo de modestia.

SI TU COLOR DE EXPRESIÓN PERSONAL ES:

ROJO
Tienes un aura de misterio que atrae a los demás. Esto te da un gran poder, poder que usado mal puede manipular y destruir, así que respétalo y úsalo con sabiduría.
Combinaciones compatibles
amor—magenta, oro, verde
negocios—magenta, oro, azul

NARANJA
Tu lado oscuro tiene un sentido en la vida. Aprende lo que tenga que enseñarte y trabaja con ello, no en su contra.
Combinaciones compatibles
amor—magenta, oro, azul
negocios—magenta, oro, azul

AMARILLO
Comprendes cómo todos los aspectos de tu personalidad obran juntos. Esto te permite mantener el equilibrio y la armonía en tu vida.
Combinaciones compatibles
amor—magenta, oro, violeta
negocios—magenta, oro, índigo

VERDE
El maestro nato que eres quiere compartir su saber con los demás. Cuida cómo haces esto al tratar con niños, dado que sus jóvenes mentes son bastante impresionables.
Combinaciones compatibles
amor—magenta, oro, rojo
negocios—magenta, oro, naranja

AZUL
Haces mucho por los demás. Esto no te deja tiempo para examinar tus pensamientos y sentimientos más internos. Si es por miedo a lo que puedas descubrir, déjalo.
Combinaciones compatibles
amor—magenta, oro, naranja
negocios—magenta, oro, rojo

ÍNDIGO
Los recovecos de la mente contienen secretos y oscuros pensamientos. Eso es parte de lo que eres. La diferencia entre tú y muchos otros es que tú sabes cómo controlar tus emociones y ellos no.
Combinaciones compatibles
amor—magenta, oro, oro
negocios—magenta, oro, oro

VIOLETA
No subestimes el poder de las condiciones de trabajo negativas a la hora de drenar tu salud emocional y espiritual. Aprende a cuidarte y a escuchar tu voz interior cada vez que te domine el cansancio.
Combinaciones compatibles
amor—magenta, oro, amarillo
negocios—magenta, oro, oro

MAGENTA
Has experimentado muchas pérdidas en tu vida. No ha sido fácil, pero ahora ayudas a otros en similares circunstancias a vencer su trauma y dolor.
Combinaciones compatibles
amor—magenta, violeta, oro
negocios—magenta, oro, magenta

ORO
Siendo un alma sabia, aprendes los secretos del universo y los compartes con sabiduría y amor para ayudar a los demás.
Combinaciones compatibles
amor—magenta, oro, índigo
negocios—magenta, índigo, oro

TUS TRES COLORES ESENCIALES

Tienes autoridad

En tu vida te has vinculado a muy diversas organizaciones espirituales, cada una con sus creencias y dogmas. Estás aprendiendo a diferenciar las que quieres aceptar y las que no te cuadran, y a discernir las verdades básicas y las creencias que subyacen bajo todas las fes. Por ello, los demás se miran en tu guía espiritual.

Color zodiacal **LIMA**
Color de destino **VIOLETA**

SI TU COLOR DE EXPRESIÓN PERSONAL ES:

ROJO
Tu fe está siendo puesta a prueba con los intensos deseos y necesidades ajenos. Te atraen organizaciones espirituales que buscan aliviar esos deseos, pero puede que no siempre estés de acuerdo con ellas.
Combinaciones compatibles
amor—magenta, amarillo, verde
negocios—magenta, oro, verde

NARANJA
No necesitas la seguridad aparente de los iconos religiosos y los dogmas. Tu sustento espiritual viene de la belleza de la naturaleza y de los amables pensamientos y acciones ajenos.
Combinaciones compatibles
amor—magenta, amarillo, azul
negocios—magenta, oro, azul

AMARILLO
Habiendo descartado el dogma religioso, tienes una mayor comprensión de lo que es cierto o falso. Los aspectos intelectuales y espirituales de tu naturaleza obran en armonía para tu salud y bienestar.
Combinaciones compatibles
amor—magenta, amarillo, violeta
negocios—magenta, oro, violeta

VERDE
Residuos de creencias religiosas pasadas son aún muy fuertes en tu vida, y te condicionan de cara a expandir tu potencial. Liberándote serás capaz de seguir a tu corazón y aprender tus propias verdades internas.
Combinaciones compatibles
amor—magenta, amarillo, rojo
negocios—magenta, amarillo, magenta

AZUL
Odias el conflicto y te contenta bastante vivir en un medio que controla tu vida con reglas y rutinas estrictas. Esto te da pocas opciones y, de continuar así, llevaría al estancamiento de toda tu personalidad.
Combinaciones compatibles
amor—magenta, amarillo, naranja
negocios—magenta, amarillo, oro

ÍNDIGO
Liberándote de condicionamientos religiosos tienes más opciones de explorar tu espiritualidad. Aprende a aceptar que las llamadas premoniciones pueden llevar a una conciencia más elevada.
Combinaciones compatibles
amor—magenta, amarillo, oro
negocios—magenta, amarillo, naranja

VIOLETA
Has experimentado muchos cambios en tu búsqueda de conocimiento espiritual. Esto te ha dado la oportunidad de examinar de cerca las prácticas y creencias de otros, y sobre ello construir tus propias creencias.
Combinaciones compatibles
amor—magenta, oro, amarillo
negocios—magenta, rojo, amarillo

MAGENTA
Buscas para nutrirte la espléndida serenidad y belleza de la naturaleza. Esto te da sustento en la necesidad y te da la fuerza para poder ayudar a que los demás hallen la paz interna.
Combinaciones compatibles
amor—magenta, amarillo, verde
negocios—magenta, amarillo, oro

ORO
Eres una persona cariñosa y compasiva, con tu propio y único sistema de creencias y valores. Los demás buscan tu guía espiritual. No impongas tus creencias a menos que estén dispuestos de verdad a aceptarlas.
Combinaciones compatibles
amor—magenta, amarillo, índigo
negocios—magenta, índigo, oro

75

Color zodiacal LIMA

Color de destino MAGENTA

No te dejas engañar

Ésta es una combinación muy armoniosa con ambos colores complementándose. El magenta te da el realismo para ver más allá de las máscaras con que otros esconden sus temores internos y enfrentar tus demonios interiores. Crees en el poder del amor incondicional, y esta creencia será continuamente puesta a prueba por tus experiencias y relaciones.

SI TU COLOR DE EXPRESIÓN PERSONAL ES:

ROJO
Tus principios de amor incondicional son probados por la apasionada y vigorosa naturaleza de los demás. Aprende a fortalecerte y ser más asertivo con tus propias necesidades.
Combinaciones compatibles
amor—magenta, verde, oro
negocios—magenta, oro, verde

NARANJA
Tus profundos amor y compasión están curando tus propias cicatrices emocionales y traumas. Esto te fortalecerá y te hará incluso más fuerte.
Combinaciones compatibles
amor—magenta, verde, azul
negocios—magenta, verde, oro

AMARILLO
Tu máscara de miedo está siendo descartada al crecer en sabiduría y comprensión. Aprende a ser dueño de tus emociones y recuperar tu poder personal.
Combinaciones compatibles
amor—magenta, verde, violeta
negocios—magenta, oro, violeta

VERDE
Manteniéndote al margen de las emociones ajenas, harás responsabilizarse a los demás de sus vidas. Aprende a amar y cree en ti y así crecerá tu confianza en ti.
Combinaciones compatibles
amor—magenta, verde, oro
negocios—magenta, verde, naranja

AZUL
Eres muy sensible a las energías ajenas y entiendes tanto sus cualidades positivas como las negativas. Para protegerte de energías negativas, necesitas desarrollar una dura coraza externa, porque si no podrías sentirte expuesto y vulnerable.
Combinaciones compatibles
amor—magenta, verde, naranja
negocios—magenta, verde, oro

ÍNDIGO
La mayoría de la gente se arrepiente de algo, y no eres la excepción. Pensamientos y acciones, aunque no deliberados, pueden amargarte. Aprende la autoindulgencia y deja de castigarte.
Combinaciones compatibles
amor—magenta, verde, oro
negocios—magenta, azul, oro

VIOLETA
Mediante tus profundos amor y compasión, dedicas tu vida a servir a los demás. Si esto se lleva al extremo, podría ser de hecho perjudicial. Quizás necesitas averiguar por qué lo haces realmente.
Combinaciones compatibles
amor—magenta, verde, amarillo
negocios—magenta, verde, oro

MAGENTA
En momentos de profundo trauma emocional, tu quieta fuerza interna brilla, trayendo confort y compasión a quienes necesitan apoyo emocional.
Combinaciones compatibles
amor—magenta, verde, verde
negocios—magenta, verde, oro

ORO
Tu fuerza interna y coraje han sido logrados en muchas experiencias difíciles. Irradias amor, alegría y esperanza, y eso influencia todo lo que haces y a toda la gente que conoces.
Combinaciones compatibles
amor—magenta, verde, rojo
negocios— magenta, verde, oro

TUS TRES COLORES ESENCIALES

Irradias amor

Todo lo que has aprendido desde que naciste —y quizás antes de eso— está almacenado en tu inconsciente. Recurre a ello en momentos de necesidad y al igual que santos y grandes maestros espirituales, tienes una latiente energía dentro que puede ayudarte a vencer todos tus temores y darte la fuerza para sobrevivir los momentos más duros.

Color zodiacal **LIMA**
Color de destino **ORO**

SI TU COLOR DE EXPRESIÓN PERSONAL ES:

ROJO
Ésta es la combinación de un líder sabio y poderoso. Estás aprendiendo a reconocer todos los aspectos de tu personalidad, malos y buenos, y cambiándolos cada vez que es necesario.
Combinaciones compatibles
amor—magenta, índigo, verde
negocios—magenta, oro, verde

NARANJA
Una combinación increíble. Eres vibrante y enérgico y siempre tienes una visión fresca y optimista de toda situación dada al limpiarte mentalmente de todo pensamiento negativo o emoción represiva.
Combinaciones compatibles
amor—magenta, índigo, azul
negocios—magenta, oro, índigo

AMARILLO
Triunfas en todo lo que haces. Una vez hayas aprendido que hay más en la vida que el dinero, y que el poder real reside en la gentileza y la humildad, estarás en disposición de ganar mucho más.
Combinaciones compatibles
amor—magenta, índigo, violeta
negocios—magenta, índigo, oro

VERDE
Das gran importancia a tu higiene personal. Si también aprendes a deshacerte de tus bloqueos emocionales y a aceptar el cambio como apertura a oportunidades nuevas, tu vida cambiará el enfoque.
Combinaciones compatibles
amor—magenta, índigo, rojo
negocios—magenta, índigo, oro

AZUL
Tienes a mano grandes oportunidades de quitar las telarañas de tu mente. Abre los ojos a las nuevas verdades que te enseñan.
Combinaciones compatibles
amor—magenta, índigo, naranja
negocios—magenta, índigo, oro

ÍNDIGO
Has creado tú mismo todos tus miedos emocionales. Te impiden explorar bien tu naturaleza intuitiva. Supera esos temores y te volverás más feliz e iluminado.
Combinaciones compatibles
amor—magenta, índigo, oro
negocios—magenta, índigo, oro

VIOLETA
Ésta es una combinación poderosa que te puede dar el coraje de aventurarte a lo desconocido y lograr lo que parece imposible. Úsalo con cuidado.
Combinaciones compatibles
amor—magenta, índigo, amarillo
negocios—magenta, índigo, oro

MAGENTA
Tu fuerza radica en tu profunda compasión. Brilla en ti como una luz que destierra la oscuridad de las vidas ajenas.
Combinaciones compatibles
amor—magenta, índigo, verde
negocios—magenta, índigo, oro

ORO
Una combinación en verdad poderosa. Con tus elevados ideales, buscas constantemente acabar con algo nocivo para ti u otros.
Combinaciones compatibles
amor—magenta, índigo, índigo
negocios—magenta, índigo, oro

EL COLOR LIMA

El color verde

El verde es el color de la naturaleza y la renovación. Equilibra nuestras energías y trae paz y armonía a nuestras vidas. Hay tan sólo que considerar el mundo natural para ser testigos de su gran poder: imagina las flores y plantas sin el verde. El color de la cura y de la esperanza, el verde puede darnos estabilidad y dirección, y despertar una mayor amistad y fe —demasiado y nuestras energías se ralentizan y corremos el riesgo de volvernos lentos y aletargados.

El complementario del verde es el rojo (p. 18), así que si encontráis en vuestra carta con mucha placidez verde, quizás interese introducir más rojo en vuestras vidas. En las siguientes páginas hay un pronóstico personalizado para cada combinación cromática tripartita con el verde como color zodiacal.

Salud física

El verde influye en el corazón, los pulmones, el pecho y los sistemas inmunológico y circulatorio. Está asociado con el chakra del corazón. También enfría la sangre, baja la tensión, y anima los nervios. Al equilibrar y armonizar todos los sistemas del cuerpo, puede ser usado donde otros colores no sirven.

Salud emocional

El verde se relaciona con el chakra del corazón y con las emociones. Un buen equilibrio de verde en nuestra carta es garantía de contento y satisfacción vitales. Te llena de optimismo y confianza. Siendo excesivo, nos vuelve exigentes, críticos, celosos, maníacos y depresivos. Un déficit de energía verde puede hacernos ser apáticos y temerosos de ser rechazados.

Salud espiritual

El verde implica una fuerte fe en la noción de una fuerza misteriosa e inexplicable que guía toda la naturaleza. En el verde, nunca dejamos de maravillarnos con el poder y belleza naturales, gozando con la más pequeña flor. Tus poderes intuitivos y artísticos culminan en primavera por la íntima conexión que sientes con la nueva vida. El verde es el color del chakra del corazón, el chakra central dentro de las 7 capas. Media entre el mundo material y el espiritual. La meta espiritual de la persona verde debería ser elevar sus energías físicas y emocionales desde los chakras del plexo solar y el corazón y transformar las emociones de miedo en puro amor divino expresado a través del chakra de la garganta.

Relaciones

VERDE CON ROJO Esta relación funcionará si estás preparado para hacerte más activo y motivado.

VERDE CON ESCARLATA Tendrás que aprender a aceptar la naturaleza excitable y exigente de tu pareja para que vaya bien.

VERDE CON NARANJA Si puedes arreglártelas con la naturaleza autoindulgente y flameante de tu pareja, esta asociación funcionará.

VERDE CON ORO Tu pareja comprenderá y respetará tu necesidad de armonía y estabilidad, y gentilmente te animará a intentar cosas nuevas.

VERDE CON AMARILLO. Compartiendo un enfoque vital fresco y joven, vuestros días estarán llenos de nuevas ideas y excitación.

VERDE CON LIMA Puede ser justo lo que necesitas. Tu pareja pondrá las cosas claras y te hará enfrentarte a tus emociones más ocultas.

VERDE CON VERDE Aunque por ser tan parecidos, todo funcione, hallaréis difícil soportar la rutina y una existencia ordenada.

VERDE CON TURQUESA Tu pareja te liberará de ilusiones y te ayudará a ver lo que los demás no están dispuestos a decirte.

VERDE CON AZUL Esta relación irá bien. Será estable y duradera, construida sobre profundos cimientos.

VERDE CON ÍNDIGO Funcionáis bien juntos. Habrá una profunda comprensión entre ambos y aprenderéis mucho el uno del otro.

VERDE CON VIOLETA Tendréis que hacer muchos sacrificios y vencer vuestro miedo instintivo al cambio para que vaya bien.

VERDE CON MAGENTA Ésta será una relación cariñosa y amorosa. Constantemente estaréis aprendiendo a poner en práctica nuevas ideas.

Tienes una gran estabilidad emocional

Ésta es una buena combinación, con cada color en perfecta armonía con el otro. Tu flema y sosiego se corresponden con una naturaleza cálida y cariñosa. Tu amor por lo natural y tu respeto por los delicados equilibrios que lo gobiernan significa que estás profundamente interesado por su conservación, y proclive a trabajar en ello.

Color zodiacal VERDE
Color de destino ROJO

SI TU COLOR DE EXPRESIÓN PERSONAL ES:

ROJO
La vida no es fácil para ti. A pesar de tu calma habitual, a menudo luchas por controlar tu profunda necesidad de seguridad. Encuentra maneras de acallar tus ansiedades ocultas: deporte o un buen *hobby*.
Combinaciones compatibles
amor—lima, magenta, verde
negocios—lima, magenta, oro

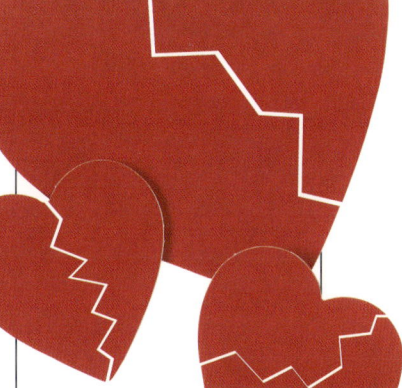

NARANJA
Traes paz y armonía tras el dolor y la desesperación, pero mantener una cara alegre puede ser un duro peso emocional. Relájate y cuídate más.
Combinaciones compatibles
amor—turquesa, rojo, oro
negocios—turquesa, rojo, oro

AMARILLO
Tienes una habilidad maravillosa para hacer que los demás se sientan sanos y salvos. Déjalo estar un poco y que los otros lo hagan por ti para variar.
Combinaciones compatibles
amor—rojo, verde, violeta
negocios—rojo, verde, oro

VERDE
Hay demasiadas rutinas en tu vida, lo que suprime tu soleada personalidad. Usa tu amor por la jardinería y el mundo natural para hallar asideros que ayuden a expresar los sentimientos que has dejado de lado.
Combinaciones compatibles
amor—lima, magenta, oro
negocios—rojo, verde, oro

AZUL
Tienes un fuerte sentido de la justicia y a menudo te enfadas si el mundo no cumple tus elevadas expectativas. Aprende a dejarlo estar y perdona un tanto. Nadie es perfecto.
Combinaciones compatibles
amor—rojo, verde, naranja
negocios—rojo, verde, oro

ÍNDIGO
Eres aparentemente sosegado pero también puedes ser quisquilloso y caprichoso. Sin saberlo, dejas una pista de corazones rotos y promesas. Párate a veces e intenta pensar antes de actuar.
Combinaciones compatibles
amor—rojo, verde, oro
negocios—rojo, verde, oro

VIOLETA
Estás muy atento a tus emociones pero a veces encuentras difícil relajarte y asumir las incertidumbres de la vida. Inténtalo y confía en que lo que te rodea tiene un sentido último.
Combinaciones compatibles
amor—rojo, verde, amarillo
negocios—rojo, verde, oro

MAGENTA
Tu sentimiento de inseguridad viene de una abrumadora necesidad de saber con certeza que eres amado por ti mismo y no por tus posesiones materiales. Aprende a creer más en ti mismo.
Combinaciones compatibles
amor—lima, rojo, verde
negocios—lima, rojo, oro

ORO
Como las fuerzas del mundo natural, eres muy fuerte y poderoso. Aprende a dominar este poder y transformarlo en el amor incondicional a ti mismo y los demás.
Combinaciones compatibles
amor—rojo, verde, índigo
negocios—rojo, verde, oro

EL COLOR VERDE

Color zodiacal VERDE
Color de destino NARANJA

Tienes la inocencia de un niño

Tu naturaleza es una combinación de atributos cálida y feliz. Sentimientos de alegría y optimismo irradian de ti. Inocente como un niño, sigues con la capacidad de asombrarte ante el mundo. Tienes habilidades creativas innatas, pero no buscas el aplauso o la aceptación de los demás. Asegúrate de que no se aprovechen de tu naturaleza abierta.

SI TU COLOR DE EXPRESIÓN PERSONAL ES:

ROJO
Tu forma de vivir la vida se refleja en el disfrute y la alegría que das a los demás. Odias que se desperdicie algo, y reciclas cuanto puedes. Otros pueden tomar esto por miseria.
Combinaciones compatibles
amor—turquesa, rojo, oro
negocios—verde, escarlata, amarillo

NARANJA
Eres profundamente creativo y tienes gran iniciativa. Con tu conciencia instintiva del color y el diseño, y tu amor por lo natural, cualquier jardín que diseñes sería realmente magnífico.
Combinaciones compatibles
amor—rojo, azul, azul
negocios—rojo, azul, oro

AMARILLO
Escuchar a los pesimistas acerca del estado del mundo, no es para ti. Tanto tu optimismo como tu alegría en el poder natural de renovarse vencen todos los temores del mundo que puedes tener.
Combinaciones compatibles
amor—rojo, azul, violeta
negocios—rojo, azul, oro

VERDE
Eres una de esas personalidades nutricias y trabajarías muy bien con niños o en horticultura. Aún así, tu falta de confianza a menudo te retiene. No tengas miedo de salir y coger la vida por los cuernos.
Combinaciones compatibles
amor—rojo, azul, rojo
negocios—rojo, oro, rojo

AZUL
Tienes un amor instintivo por la naturaleza y las artes, y tienes una vastísima inspiración de la que tirar. Puedes aumentar la conciencia de los demás acerca de cómo hacer del mundo un lugar mejor.
Combinaciones compatibles
amor—rojo, azul, naranja
negocios—rojo, azul, oro

ÍNDIGO
Amas la lectura y te fascina la historia y el arte de las antiguas civilizaciones. Combinando este conocimiento con tu amor por la naturaleza, puedes ayudar a aumentar la conciencia de la gente acerca de la belleza de sus vidas.

Combinaciones compatibles
amor—rojo, azul, oro
negocios—rojo, azul, oro

VIOLETA
Esta combinación de colores te da la serenidad emocional y espiritual para hacer el mundo hermoso para los demás. Además, tú mismo estás continuamente abierto al aprendizaje espiritual y al crecimiento.
Combinaciones compatibles
amor—rojo, azul, amarillo
negocios—rojo, azul, oro

MAGENTA
Deseas proteger todas las cosas vivientes y te apena la más mera señal de la destrucción arbitraria. Tienes una gran afinidad con la naturaleza y serías un excelente sanador de animales y plantas.
Combinaciones compatibles
amor—lima, rojo, azul
negocios—lima, azul, oro

ORO
Eres de lo más amable. Eres una bendición para las cosas naturales, especialmente las plantas y los animales. Pero ¡ay de quien confunda tu compasión por lo débil!
Combinaciones compatibles
amor—rojo, azul, índigo
negocios—rojo, oro, índigo

TUS TRES COLORES ESENCIALES

Destacas en las iniciativas nuevas

Con esta combinación de colores, eres consciente de la necesidad de ser diplomático cuando se intenta convencer de tus ideas. Tu intelecto y experiencia también te dan la visión para reconocer que la vida y la muerte son simples partes del ciclo de las cosas. Esto te da el coraje para seguir tu corazón e ir adonde otros temen.

Color zodiacal VERDE
Color de destino AMARILLO

SI TU COLOR DE EXPRESIÓN PERSONAL ES:

ROJO
Tu fuerte naturaleza a menudo compele a los demás a aceptar tus ideas. Puedes lograr mucho más asegurándote de saber de qué estás hablando y de transmitir con claridad pero con quietud tu mensaje.
Combinaciones compatibles
amor—rojo, violeta, verde
negocios—rojo, oro, verde

NARANJA
Tu interés por el bienestar del planeta es muy encomiable. No dejes que los demás te asusten a la hora de seguir dando todo en esta causa tan justa. Venciendo tus temores puedes ayudar a otros a vencer los suyos.

Combinaciones compatibles
amor—rojo, violeta, azul
negocios—rojo, oro, azul

AMARILLO
Tu éxito financiero y posesiones materiales generan sentimientos de envidia y celos en otros. No puedes evitar sus celos pero puedes canalizar todo tu rápido ingenio y energía en una causa interesante.
Combinaciones compatibles
amor—rojo, violeta, violeta
negocios—rojo, oro, violeta

VERDE
No dejes que los temores emocionales entorpezcan tu éxito. Manteniéndote calmo, puedes decir lo que quieras con coraje y convicción.
Combinaciones compatibles
amor—rojo, violeta, rojo
negocios—rojo, violeta, oro

AZUL
Puedes ver que el mundo está gobernado por ritmos naturales y estaciones. Intenta aplicar esta sabiduría a tu vida personal y aprende a aceptar que hay determinadas cosas que simplemente no se pueden cambiar.
Combinaciones compatibles
amor—rojo, violeta, naranja
negocios—rojo, violeta, oro

ÍNDIGO
Tu vida es muy plena y excitante. También te confunde, porque parece que, tan pronto como te haces a un proyecto, algo más excitante viene a reemplazarlo. Aprende a centrarte y dejarte llevar.
Combinaciones compatibles
amor—verde, magenta, oro
negocios—rojo, violeta, oro

VIOLETA
Eres profundamente idealista y a veces sientes que no vas a ningún sitio cuando intentas aclarar y transmitir tus ideas a los demás. No te desanimes; ten fe en aquello que crees y tendrás éxito.
Combinaciones compatibles
amor—rojo, violeta, amarillo
negocios—rojo, violeta, oro

MAGENTA
Eres un líder natural. Amarillo y verde crean el lima, complementario del magenta, una combinación muy armoniosa. Puedes mejorar las condiciones de áreas azotadas por la pobreza en el mundo.
Combinaciones compatibles
amor—lima, rojo, violeta
negocios—lima, violeta, oro

ORO
Tienes la sabiduría y la autodisciplina para suponer una diferencia real en cualquier cosa que abordas. Intenta, no obstante, no dejar que se aprovechen de tu natural cariñoso.
Compatible combinations
amor—rojo, violeta, índigo
negocios—rojo, violeta, oro

EL COLOR VERDE

81

Color zodiacal VERDE
Color de destino VERDE

Eres un solitario

Con esta doble dosis de verde en tu esquema, no te sorprendas si tu vida a veces parece un motor gripado. Te desagrada cualquier cambio, y tus miedos al abandono pueden hacer que te agarres a lo familiar. Debes aprender a arriesgarte más y a desafiar tus miedos. Recuerda, solo tú puedes controlar tu vida, no otros.

SI TU COLOR DE EXPRESIÓN PERSONAL ES:

ROJO
Tus rasgos perfeccionistas a menudo vuelven locos a los demás. Aprende a ser un poco más comprensivo con las necesidades ajenas y a alabar cuando sea necesario.
Combinaciones compatibles
amor—lima, magenta, oro
negocios—lima, magenta, oro

NARANJA
Tienes un excepcionalmente buen ojo para el detalle, y eres más feliz en entornos ordenados. No obstante, necesitas un poco de ruptura para dar salida a tu excepcional talento creativo.
Combinaciones compatibles
amor—rojo, rojo, azul
negocios—rojo, oro, azul

AMARILLO
Como las flores y plantas del mundo natural, está en ti crecer y florecer. Aprende a vencer tu miedo a los cambios y deja que tu vida avance.
Combinaciones compatibles
amor—rojo, rojo, violeta
negocios—rojo, oro, violeta

VERDE
Frecuentemente fallas en cumplir tus propias expectativas, y a menudo sientes que Algo te está reteniendo. Necesitas introducir amarillo y magenta en tu vida con urgencia para poner en juego tus sueños y seguir adelante.
Combinaciones compatibles
amor—lima, magenta, amarillo
negocios—lima, magenta, oro

AZUL
Muchos de los grandes líderes de la historia eran también solitarios, pero a veces hay que romper el cascarón y contactar con el resto de la humanidad. El mundo no es la mitad de terrorífico de lo que crees.
Combinaciones compatibles
amor—rojo, amarillo, naranja
negocios—rojo, oro, naranja

ÍNDIGO
Eres un alma sensible y dulce, pero luchas constantemente con profundos sentimientos de inseguridad. Pon un poco de vibración e imprudencia roja para reequilibrarte.
Compatible combinations
amor—rojo, rojo, oro
negocios—lima, magenta, oro

VIOLETA
A pesar de tu tendencia a aferrarte al pasado —y a viejos amigos o amantes— sabes que el cambio es inevitable y trabajas sin cesar para sacarte de cualquier confinamiento autoinducido.
Combinaciones compatibles
amor—rojo, rojo, amarillo
negocios—rojo, rojo, oro

MAGENTA
Eres profundamente creativo y trabajador pero tu baja autoestima te impide llegar a desarrollar tu máximo potencial. Reconstruyendo tu autoconfianza, podrás contar con el mundo y vencer.
Combinaciones compatibles
amor—lima, rojo, rojo
negocios—lima, rojo, oro

ORO
El mundo sería un lugar mucho más pobre sin tu colaboración sabia y compasiva. También destacas para hacer realidad las ideas. Aun así, necesitas revisar tus tendencias conservadoras porque podrían sofocar tus mejores esfuerzos creativos.
Combinaciones compatibles
amor—lima, magenta, índigo
negocios—lima, magenta, oro

TUS TRES COLORES ESENCIALES

Eres muy flexible

Esta combinación de colores crea el turquesa, que te ayuda a confiar en tu instinto visceral. Eres un sanador y trabajarías bien en terapias naturales. Dado que eres tan flexible, encajas bien siempre. Esto es una debilidad además de una fuerza porque a veces te sacan de tu camino.

Color zodiacal VERDE
Color de destino AZUL

SI TU COLOR DE EXPRESIÓN PERSONAL ES:

ROJO
Eres confiado, enérgico y adaptable, pero necesitas atemperar tus energías si has de ayudar a los menos afortunados que tú. Además, debes instruirlos acerca del poder del pensamiento positivo.
Combinaciones compatibles
amor—rojo, naranja, verde
negocios—rojo, oro, verde

NARANJA
Tus ideales significan mucho para ti, pero también has aprendido a ser un poco Desapasionado en las causas más próximas a ti. Eso está bien mientras no sea una excusa para recular y no hacer nada.
Combinaciones compatibles
amor—rojo, naranja, azul
negocios—rojo, oro, azul

AMARILLO
Eres muy amable y cariñoso, pero a menudo dejas que tu corazón mande a la cabeza. Esto te hace recelar de las intenciones de los demás. Aprende a calmarte y deja que tu intelecto y aguda lógica te guíen.
Compatible combinations
amor—rojo, naranja, violeta
negocios—lima, magenta, oro

VERDE
Eres profundamente protector, especialmente con aquellos menos afortunados que tú, y a menudo hablas por ellos. Déjales luchar sus propias batallas para variar y enséñales lo que sabes.
Combinaciones compatibles
amor—rojo, naranja, rojo
negocios—rojo, oro, rojo

AZUL
Adquiriendo conocimiento, trabajas infatigablemente para mejorar las vidas de los demás. Sin embargo, el aprendizaje académico no lo es todo. Aprende a confiar en los poderes de tu intuición y te sorprenderá lo que puedes conseguir.
Combinaciones compatibles
amor—rojo, naranja, naranja
negocios—rojo, naranja, oro

ÍNDIGO
Tenaz y voluntarioso, quieres lo mejor para todos y crees que sabes exactamente en qué consiste. Saber tanto puede ayudar, pero sólo si usas toda esa experiencia e inteligencia para ayudar a que los demás tomen sus propias decisiones.
Combinaciones compatibles
amor—rojo, naranja, oro
negocios—rojo, naranja, oro

VIOLETA
Bajo ese exterior rígido y vetador tuyo hay un corazón de oro. Aprende a bajar la guardia y te volverás más asequible y además, más feliz.
Combinaciones compatibles
amor—rojo, naranja, amarillo
negocios—rojo, naranja, oro

MAGENTA
Siempre estás dispuesto a nutrir y apoyar, no sólo con empatía y compasión, sino enseñando a la gente cómo tener fe en sus talentos y habilidades.
Combinaciones compatibles
amor—rojo, naranja, verde
negocios—rojo, oro, verde

ORO
Una espléndida combinación. Eres muy asequible y tienes justo la combinación de confianza y sabiduría para ayudar a los demás a hacerse cargo de sus vidas y aprovechar al máximo sus talentos.
Combinaciones compatibles
amor—rojo, naranja, índigo
negocios—rojo, oro, índigo

EL COLOR VERDE

Color zodiacal VERDE
Color de destino ÍNDIGO

Inspiras a los niños

Aunque eres esencialmente tímido y retraído, tus verdaderas habilidades están en la enseñanza de niños. Debes vencer la tentación de retirarte cuando el torbellino de gentes y sucesos llega a ser demasiado para ti. Además, debes entusiasmar al mundo con tus métodos de enseñanza heterodoxos y tus buenas maneras con los jóvenes.

SI TU COLOR DE EXPRESIÓN PERSONAL ES:

ROJO
Estás bendecido con capacidades de liderazgo y puedes usarlas para animar a los jóvenes. Recuerda que debes respetar sus mentes, porque tienen mucho que enseñarte.
Combinaciones compatibles
amor—rojo, oro, verde
negocios—verde, índigo, rojo

NARANJA
A los niños les encanta expresar su creatividad. Anímalos en vez de usar la simple crítica y verás que podrás sacar lo mejor de ellos. Fíjate en que no solamente sus vidas se enriquecerán, sino que también lo hará la tuya.
Combinaciones compatibles
amor—rojo, oro, azul
negocios—rojo, amarillo, rojo

AMARILLO
Intelectualmente tienes una gran comprensión de la vida. Encuentra nuevas y excitantes maneras de trasladar tu conocimiento a jóvenes y niños. Sé más confiado y los demás desearán más estar contigo y aprender de tu ejemplo.
Combinaciones compatibles
amor—rojo, oro, violeta
negocios—rojo, oro, azul

VERDE
Eres un maestro natural de vida. Los adultos entienden esto más fácilmente que los niños, porque pueden identificar sus experiencias con lo que intentas trasmitir. Aprende a usar este talento natural con niños y jóvenes.
Combinaciones compatibles
amor—rojo, oro, rojo
negocios—rojo, oro, naranja

AZUL
El trabajo que haces construye futuro. Si continúas comprometiendo tus creencias con el orden y rutina establecidos, esto animará a quienes tienen la autoridad y dejará en la estacada a los demás.
Combinaciones compatibles
amor—rojo, oro, amarillo
negocios—rojo, oro, naranja

ÍNDIGO
Estás metido en una rutina y en una vida ordenada, y necesitas desesperadamente liberarte. Usa tu corazón de niño y tu imaginación desbocada para hacer de tu vida algo más excitante.
Combinaciones compatibles
amor—rojo, rojo, amarillo
negocios—rojo, oro, oro

VIOLETA
Los niños también necesitan guía espiritual. Ayudándolos a comprender la belleza y maravilla naturales, puedes encender la chispa de su vida espiritual, ayudándoles a ver el mundo con colores más vivos.
Combinaciones compatibles
amor—rojo, oro, amarillo
negocios—rojo, oro, oro

MAGENTA
Los niños aprenden lo que viven. Tu estímulo, alabanza, justicia y respeto les enseñan la aceptación de sí mismos y los demás, dándoles un mayor control sobre lo que sucede en sus vidas.
Combinaciones compatibles
amor—rojo, violeta, oro
negocios—rojo, oro, magenta

ORO
Eres muy amable, compasivo y cariñoso. También muy sabio. Como padre o tutor de niños, aprendes a nutrirlos y a permitirles la libertad de poder hacer sus propias elecciones.
Combinaciones compatibles
amor—rojo, oro, índigo
negocios—rojo, índigo, oro

TUS TRES COLORES ESENCIALES

Eres un conformista

Te sobran ideas e iniciativa, pero tus temores internos a menudo te ponen en el camino de una vida de respetabilidad y seguridad material. Con el violeta de color de destino, eres consciente de que es hora de luchar por y hablar de cosas en las que creas. Sabes bien que la seguridad real tiene poco que ver con ambientes de trabajo retirados.

Color zodiacal VERDE
Color de destino VIOLETA

SI TU COLOR DE EXPRESIÓN PERSONAL ES:

ROJO
Aunque tus primeros instintos son hacerte un ovillo y esconderte al mínimo atisbo de cambio, también te sientes abocado al desafío de situaciones extremas. Recuerda que lo que no mata hace más fuerte.
Combinaciones compatibles
amor—rojo, amarillo, verde
negocios—rojo, oro, verde

NARANJA
Eres una extraña mezcla de archiconservador y de radical comefuegos. Realista e idealista, a menudo bailas entre extremos y necesitas el sosiego del azul y el oro en tu vida, para prevenir que las cosas escapen de tu control.
Combinaciones compatibles
amor—rojo, amarillo, azul
negocios—rojo, oro, azul

AMARILLO
Éste es un feliz balance de colores. Los aspectos intelectuales y emocionales de tu naturaleza trabajan bien para crearte un estilo de vida equilibrado y saludable.
Combinaciones compatibles
amor—rojo, amarillo, violeta
negocios—rojo, oro, violeta

VERDE
Te preocupas mucho por los demás pero encuentras difícil vencer tu timidez durante mucho tiempo para expresar tus sentimientos. También tienes la fuerza espiritual y recursos internos para luchar contra esa tendencia tuya y descubrir qué emociones la causan.
Combinaciones compatibles
amor—rojo, amarillo, rojo
negocios—rojo, amarillo, magenta

AZUL
Eres muy privado y tiendes a echar fuera a los demás. ¿Cómo esperas aproximarte a los demás si no bajas la guardia de vez en cuando y admites que necesitas de su ayuda y atención?
Combinaciones compatibles
amor—rojo, amarillo, naranja
negocios—rojo, amarillo, oro

ÍNDIGO
Bien podrían tus urgencias emocionales malbaratar tu gran potencial espiritual. No desesperes si todo no va como deseas, y aprende a confiar en tus fuerzas internas.
Combinaciones compatibles
amor—rojo, amarillo, oro
negocios—rojo, amarillo, oro

VIOLETA
Serías un buen orador público y se te dan amplias oportunidades para trasladar a otros tu conocimiento. Aun así, estás inhibido por tu fuerte perfeccionismo. Acepta que no tienes todas las respuestas y la vida se hará mucho más fácil.
Combinaciones compatibles
amor—rojo, oro, amarillo
negocios—rojo, oro, azul

MAGENTA
Sobrevives en condiciones más hostiles que los demás porque puedes apartar toda indulgencia física y emocional a favor de una fuerza espiritual sostenida.
Combinaciones compatibles
amor—lima, rojo, amarillo
negocios—lima, rojo, oro

ORO
Tus tendencias al conformismo son más que compensadas por tu profunda comprensión de la condición humana. Sabio y compasivo, eres un innovador cuando se trata el corazón humano.
Combinaciones compatibles
amor—rojo, amarillo, índigo
negocios—rojo, oro, índigo

EL COLOR VERDE

Color zodiacal VERDE
Color de destino MAGENTA

Fundas nuevos caminos

El poder de tu color de destino se vincula con tu bienestar espiritual. Crees en la unidad profunda y mística de todas las cosas, grandes y pequeñas, y tus intereses llegan más allá de tu entorno físico inmediato, para abarcar no ya este planeta sino el cosmos en su totalidad. Habrá quien te ridiculice, pero tú sabes que en realidad eres un verdadero visionario.

SI TU COLOR DE EXPRESIÓN PERSONAL ES:

ROJO
Te gusta todo a tu manera y tenazmente te niegas a aceptar nuevas ideas. No rechaces nuevas ideas o colegas. Piensa lo que podrías aprender del conocimiento que hay en quien está dispuesto a compartir.
Combinaciones compatibles
amor—verde, amarillo, oro
negocios—lima, oro, verde

NARANJA
Eres un pequeño demonio —realmente hilarante— y haces infames travesuras simplemente por generar el regocijo y la felicidad alrededor. Si quieres que te tomen más en serio, piensa antes de actuar, y considera la imagen que creas.
Combinaciones compatibles
amor—verde, amarillo, azul
negocios—lima, oro, azul

AMARILLO
Tu agudo intelecto está más que completado con tus poderes de percepción. Dadas tus cualidades de liderazgo, podrías quizás solventar todos los problemas del mundo a la vez.
Combinaciones compatibles
amor—verde, amarillo, violeta
negocios—lima, oro, violeta

VERDE
Sabes qué te conviene. Aprende a escuchar a tu cuerpo más sintonizando con sus cambiantes energías, y prevén la disonancia antes de que suceda. Lo mismo aplica a las situaciones cotidianas. Intenta anticipar las dificultades y trabaja para evitarlas.
Combinaciones compatibles
amor—verde, amarillo, rojo
negocios—lima, rojo, oro

AZUL
Valoras la verdad y la belleza sobre los aspectos vitales básicos. No obstante, a menudo te es difícil comunicar eso a los demás. Esto puede llevarte a sentimientos de soledad y aislamiento de tu parte. Intenta equilibrar tu perspectiva interna con risas y humor.
Combinaciones compatibles
amor—verde, amarillo, naranja
negocios—lima, oro, naranja

ÍNDIGO
Tiendes a canalizar tu poderosa imaginación hacia el conocimiento. Esto puede compensarte, pero necesitas encontrar tus propias fuentes de fuerza interior.
Combinaciones compatibles
amor—verde, amarillo, oro
negocios—verde, naranja, amarillo

VIOLETA
Tu vida es un constante huracán de compromisos sociales, y siempre estás dispuesto a satisfacer las necesidades de los demás. Sintonizando más con el mundo natural, podrías encontrar una fuente aún más rica de paz y felicidad.
Combinaciones compatibles
amor—verde, amarillo, amarillo
negocios—verde, amarillo, oro

MAGENTA
Eres un océano de calma. La gente a menudo te busca en situaciones hostiles por tu fuerza calma y aire de magisterio. No obstante, a veces necesitas dejarlo ir y vivir un poco
Combinaciones compatibles
amor—verde, amarillo, oro
negocios—verde, amarillo, oro

ORO
Estás intimidado por pequeños problemas y defines toda tu vida en términos de un largo viaje de conocimiento. Atraes a los demás por tu sabiduría innata y tu compasión.
Combinaciones compatibles
amor—rojo, rojo, naranja
negocios—verde, oro, índigo

TUS TRES COLORES ESENCIALES

Tu meta es la autohabilitación

Con esta combinación de verde y oro en tu esquema, estás bendecido con el pragmatismo y la compasión. Con la debida motivación, eres capaz de mover montañas, aunque a veces te retraen tus profundos temores y ansiedades. Necesitas conquistar tus miedos y aventurarte siempre en nuevos horizontes y experiencias.

Color zodiacal VERDE
Color de destino ORO

SI TU COLOR DE EXPRESIÓN PERSONAL ES:

ROJO
Una combinación ganadora. Eres capaz de lograr grandes cosas, no sólo para ti, sino también para otros. Aun así, necesitas vencer sentimientos persistentes de baja autovaloración antes de lograrlo.
Combinaciones compatibles
amor—rojo, índigo, verde
negocios—rojo, oro, verde

NARANJA
Eres profundamente espiritual. Con tu amor instintivo por la música y las artes y tu compasión gloriosa, tienes las herramientas a mano para enriquecer aún más tu vida espiritual.
Combinaciones compatibles
amor—rojo, índigo, azul
negocios—rojo, oro, índigo

AMARILLO
Bajo tus tímidas maneras hay una mente extremadamente aguda y altos parámetros. Deja que tu intelecto venza lo que tienes en contra y entonces serás, de verdad, imparable.
Combinaciones compatibles
amor—rojo, índigo, violeta
negocios—rojo, índigo, oro

VERDE
Eres muy amable y cariñoso pero vives en constante miedo al rechazo. Introduce alguna vibración roja en tu vida para ayudar contra esas ansiedades. Deja que los demás vean qué maravillosa persona eres.
Combinaciones compatibles
amor—rojo, índigo, rojo
negocios—rojo, índigo, oro

AZUL
Luchas por lograr el equilibrio en todas las áreas de tu vida. Reconoces las fuerzas de los demás y esto te ayuda a valorar y mejorar tus propias habilidades y recursos.
Combinaciones compatibles
amor—rojo, índigo, naranja
negocios—rojo, índigo, oro

ÍNDIGO
Eres cortés, considerado e inmensamente práctico. Con el conocimiento que tienes por tu vasta experiencia en asuntos humanos, estás en la posición de mejorar tu vida y la de los demás.
Combinaciones compatibles
amor—rojo, índigo, oro
negocios—verde, magenta, oro

VIOLETA
Tus cualidades de juicio equilibrado te hacen un pensador excelente. Los demás apelan a ti todo el tiempo para acallar potenciales disputas. Con todo, la paz a cualquier precio no es siempre lo más sabio.
Combinaciones compatibles
amor—rojo, índigo, amarillo
negocios—rojo, rojo, amarillo

MAGENTA
Aparentas reserva, pero tus respuestas emocionales son intensamente agudas. No te apartes a la orilla. Aprende a seguir los profundos y oscuros caminos del corazón.
Combinaciones compatibles
amor—rojo, índigo, verde
negocios—rojo, índigo, oro

ORO
Una mezcla de colores maravillosa. Eres cálido y cortés, y poca gente es capaz de pasar sin tu notable amabilidad y sabiduría.
Combinaciones compatibles
amor—rojo, índigo, índigo
negocios—rojo, índigo, oro

EL COLOR VERDE

El color turquesa

El turquesa está entre el verde y el azul en la rueda de los colores y se considera la puerta de entrada a la conciencia espiritual. Es muy relajante, da claridad de pensamiento e incentiva la intuición. Los indios americanos creen firmemente en su poder de protección y lo usan en sus joyas. Demasiado y nos hacemos en exceso analíticos, quisquillosos y egocéntricos. Demasiado poco nos hace secretosos e incluso paranoicos.

El complementario es el escarlata (p. 28), así que si encuentras en tu carta demasiado turquesa sobrenatural, quizás se deba considerar introducir más escarlata en tu vida. En las siguientes páginas encontrarás un pronóstico personalizado de cada una de las combinaciones triples con el turquesa como color zodiacal.

Salud física

El turquesa es un color refrescante y ayuda a aliviar las inflamaciones, reduce las temperaturas y baja la tensión arterial. Estimula el sistema inmunológico, especialmente contra agresiones virales o bacteriológicas y patologías del estrés. Entre los chakras del corazón y la garganta, influye a ambos. Así, los problemas del pecho, dificultades respiratorias y el asma se pueden combatir con él. También es beneficioso para el páncreas, los riñones y el sistema linfático.

Salud emocional

Un buen equilibrio de turquesa nos ayuda a sentirnos en calma, paz y relajación, pero con la cabeza limpia y con control emocional. Demasiado turquesa hace hiperactiva nuestra mente y tiende a gobernarnos. Demasiado poco nos vuelve secretosos y confusos acerca de la dirección de nuestra vida, lo que puede provocar paranoia.

Salud espiritual

El turquesa marca el camino a tu aspecto espiritual, y el principio de la búsqueda de tu ser espiritual. Al comenzar a buscar, la energía espiritual es como una chispa que empieza a crecer desde la vida hacia nuestra luz interior y hasta alcanzar nuestra meta de iluminación. Llegar a este estadio, querrá decir que hemos transformado las energías del chakra inferior en las más elevadas energías que da la conciencia espiritual de la existencia.

Relaciones

TURQUESA CON ROJO Tu pareja te mantendrá con los pies firmes en el suelo y no serás capaz de complacer tu naturaleza secreta.

TURQUESA CON ESCARLATA Ésta será una relación muy compatible, ya que os complementáis perfectamente.

TURQUESA CON NARANJA Tu pareja aportará alegría a tu vida y te ayudará a hablar por ti mismo.

TURQUESA CON ORO Justo lo que necesitabas. Una pareja cálida, compasiva, amorosa y con gran sabiduría y comprensión.

TURQUESA CON AMARILLO Tu pareja estimulará tu intelecto y espiritualidad. Todo esto aportará nuevas direcciones a tu vida.

TURQUESA CON LIMA Ambos lo tenéis claro. Para que esto funcione, tendréis que aceptar que ambos sois capaces de tomar decisiones.

TURQUESA CON VERDE Tienes tu propia forma de hacer las cosas. Esto funcionará sólo mientras tu pareja lo acepte y no cambie tus rutinas.

TURQUESA CON TURQUESA Ambos tenéis la cabeza en las nubes. Funcionará sólo si podéis hallar la manera de tener los pies en el suelo.

TURQUESA CON AZUL Mientras no te pierdas mucho en tu propio mundo, la cosa funcionará porque te ocuparás de las necesidades de ambos.

TURQUESA CON ÍNDIGO Tendréis que trabajar duro los dos. Ninguno lo tiene fácil para acercarse al otro.

TURQUESA CON VIOLETA Ambos estáis interesados en lo mismo, os ayudaréis y animaréis en vuestros desarrollos espirituales.

TURQUESA CON MAGENTA Tu pareja estará dispuesta a aceptar todo acerca de ti, incluyendo tus fallos y defectos.

Tienes la piel muy dura

Eres obstinado y odias que te obliguen a hacer algo que no deseas hacer. También eres reservado y no permites que los demás se acerquen a ti. Esto puede ser parte de la razón por la que eres tan resistente, pero con el rojo como color de destino, cada vez tenderás a estar más en candelero y a implicarte mucho más en las vidas ajenas.

Color zodiacal TURQUESA
Color de destino ROJO

SI TU COLOR DE EXPRESIÓN PERSONAL ES:

ROJO
A menudo te sientes forzado a hacer cosas a disgusto. En lugar de hacer lo usual, es decir, reprimir lo que sientes, aprende a ser más asertivo para que se generen resultados beneficioso para todo el mundo.
Combinaciones compatibles
amor—rojo, naranja, verde
negocios—rojo, naranja, oro

NARANJA
Una combinación perfecta. Todos los aspectos de tu vida están en perfecta armonía. Triunfarás en todo lo que hagas.
Combinaciones compatibles
amor—escarlata, verde, azul
negocios—escarlata, verde, oro

AMARILLO
El poder de esos aspectos de tu naturaleza gobernados por el intelecto y el deseo físico están siendo gradualmente sustituidos por el desarrollo de tu yo espiritual.
Combinaciones compatibles
amor—escarlata, verde, violeta
negocios—escarlata, verde, oro

VERDE
Te asusta que te hieran y te proteges retirándote de las situaciones complicadas. Los demás lo ven como un signo de secretismo y desconfían de ti.
Combinaciones compatibles
amor—escarlata, verde, rojo
negocios—escarlata, verde, oro

AZUL
Te encuentras dividido entre dos direcciones. Tu naturaleza espiritual no se ha desarrollado lo suficiente para que niegues tus deseos físicos. Aprende a valorar todo aspecto de tu personalidad.
Combinaciones compatibles
amor—escarlata, verde, naranja
negocios—escarlata, verde, oro

ÍNDIGO
Te has hecho mucho más consciente de tus necesidades espirituales. Esto te hace más introvertido y desequilibra tu vida. Intenta incorporar tus valores espirituales en tu vida social.
Combinaciones compatibles
amor—escarlata, verde, oro
negocios—escarlata, azul, oro

VIOLETA
Si hay un dios, ¿por qué tantos desastres? Ésta es la cuestión a la que te gustaría responder. Quizás halles la respuesta ayudando a los demás a recuperarse del dolor de la muerte y la separación.
Combinaciones compatibles
amor—escarlata, verde, amarillo
negocios—escarlata, verde, oro

MAGENTA
Tu frialdad esconde frustraciones internas. Aprende a elevarte sobre el parloteo destructivo y lo trivial reconociendo la chispa espiritual
Combinaciones compatibles
amor—escarlata, verde, amarillo
negocios—escarlata, verde, oro

ORO
Escondes tu pensamiento y sentimientos tras tu legendaria coraza. Esto está siendo gentilmente desafiado, así que deja de estar a la defensiva y permite que se
Combinaciones compatibles
amor—escarlata, verde, Índigo
negocios—escarlata, verde, oro

EL COLOR TURQUESA

Color zodiacal TURQUESA
Color de destino NARANJA

Eres clarividente

Esta combinación te permite una conciencia profunda de tu espiritualidad. Has sido bendecido con la clarividencia y eres capaz de ayudar a los demás mediante los mensajes que recibes. Aprende a aceptar tus dones físicos y, mediante la meditación y visualización, desarrolla los aspectos más elevados de tu personalidad en una fuerte conciencia espiritual.

SI TU COLOR DE EXPRESIÓN PERSONAL ES:

ROJO
Una combinación perfecta. Todos los aspectos de tu vida están en armonía, coadyuvando a tu desarrollo espiritual.
Combinaciones compatibles
amor—escarlata, azul, verde
negocios—escarlata, azul, oro

NARANJA
A veces corres el riesgo de ser egocéntrico. Aprende a transmutar las energías de tu chakra sacro al de la garganta para elevar tu conciencia espiritual e incrementar tu poder de autoexpresión.
Combinaciones compatibles
amor—rojo, naranja, azul
negocios—rojo, naranja, oro

AMARILLO
Te ganas la vida con tus habilidades de médium. No se puede confiar en algo que podrías perder en cualquier momento. Cambia tus valores físicos a espirituales, y aún podrás sacar para vivir.
Combinaciones compatibles
amor—escarlata, azul, violeta
negocios—escarlata, azul, oro

VERDE
No dejes que los celos ajenos restrinjan tu vida. Es fácil para ti continuar haciendo lo que has hecho siempre, pero esto no cambiará tus valores espirituales.
Combinaciones compatibles
amor—escarlata, azul, rojo
negocios—escarlata, azul, oro

AZUL
Mediante la meditación y la visualización contactas con la cara espiritual de tu personalidad. Tu imaginación es la herramienta que se te ha dado para llegar a estados alterados de la conciencia.
Combinaciones compatibles
amor—escarlata, azul, naranja
negocios—escarlata, azul, oro

ÍNDIGO
Has meditado los misterios de la vida desde niño. Ahora, con más perspectiva y habilidad de ver las cosas más claras, puedes acceder a tu conciencia espiritual, lo que tiene profundos efectos en tu vida.
Combinaciones compatibles
amor—escarlata, azul, oro
negocios—escarlata, azul, oro

VIOLETA
Tienes una gran comprensión de la espiritualidad de la vida. Se expresa mediante tu creatividad e inspira a los demás en su búsqueda espiritual.
Combinaciones compatibles
amor—escarlata, azul, amarillo
negocios—escarlata, azul, oro

MAGENTA
Mediante tus propias experiencias, crees firmemente en la supervivencia del alma tras la muerte. Ese conocimiento espiritual ayuda a los demás a afrontar la muerte.
Combinaciones compatibles
amor—escarlata, verde, amarillo
negocios—escarlata, verde, oro

ORO
Mediante tus propias experiencias, crees firmemente en la supervivencia del alma tras la muerte. Ese conocimiento espiritual ayuda a los demás a afrontar la muerte.
Combinaciones compatibles
amor—escarlata, azul, Índigo
negocios—escarlata, oro, Índigo

TUS TRES COLORES ESENCIALES

Estás motivado

Ésta es una combinación maravillosa. Sabes bien qué es lo que quieres y hacia dónde vas, y estás motivado para disfrutar la vida en todo lo que hagas. Intelectualmente, eres muy fuerte. Emocionalmente, eres como el mar, dado que alternas la calma y la tormenta. Normalmente aceptas lo que dicen los demás pero, cuando no lo haces, puedes ser muy obstinado.

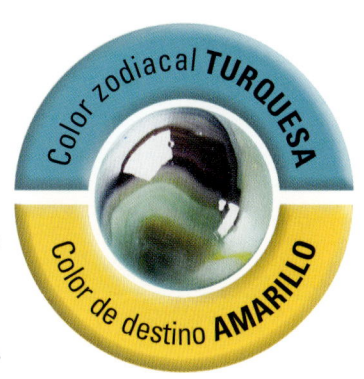

Color zodiacal **TURQUESA**
Color de destino **AMARILLO**

SI TU COLOR DE EXPRESIÓN PERSONAL ES:

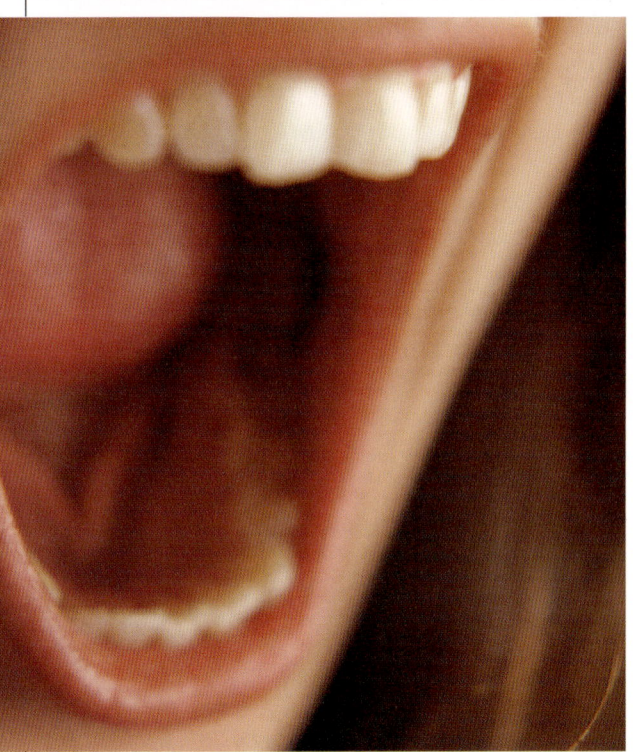

ROJO
Harás lo que sea antes de admitir que te has equivocado. Ser agresivo no es muy útil por lo general, sólo hace peores las cosas. Es humano cometer errores y divino poder aceptarlos.
Combinaciones compatibles
amor—escarlata, violeta, verde
negocios—escarlata, oro, verde

NARANJA
Has desarrollado una forma de vencer tu timidez mediante el humor y ridiculizándote a ti mismo, lo que hace que los demás no tengan que hacerlo.
Combinaciones compatibles
amor—escarlata, violeta, azul
negocios—escarlata, oro, azul

AMARILLO
Está muy bien cometer algún error mientras aprendas de ellos. Cuando los repites una y otra vez, la situación se descontrola y necesitas introducir algún violeta para reequilibrar tu vida.
Combinaciones compatibles
amor—escarlata, violeta, violeta

negocios—escarlata, oro, violeta

VERDE
Estás aprendiendo a controlar tus cambios de humor. Ves ahora mucho más claro hacia dónde tienes que ir y qué es lo que debes hacer para crear una vida de éxito y felicidad.
Combinaciones compatibles
amor—escarlata, violeta, rojo
negocios—escarlata, violeta, oro

AZUL
Has vencido tus sentimientos de timidez y te expresas al fin muy bien. Hay éxito en tu vida y progresas de la forma que deseas. Aprendes de tus errores para mejorar lo que haces.
Combinaciones compatibles
amor—rojo, violeta, naranja
negocios—rojo, violeta, oro

ÍNDIGO
Tu conocimiento intelectual se transforma en comprensión espiritual y saber. Esto implica que no sólo operas con tu mente sino también con el corazón.
Combinaciones compatibles
amor—escarlata, violeta, oro
negocios—escarlata, violeta, oro

VIOLETA
Eres una persona muy ocupada y con muchos intereses. Con el desarrollo de tu naturaleza espiritual, eres consciente de los muchos cambios que están operando en tu vida y tu personalidad.
Combinaciones compatibles
amor—escarlata, violeta, amarillo
negocios—escarlata, violeta, oro

MAGENTA
Teniendo confianza y venciendo sentimientos de baja autoestima, creas éxito en todo lo que haces.ya que sabes que los sentimientos negativos pueden reprimirte, tendrás si cabe aún más éxito.
Combinaciones compatibles
amor—lima, rojo, naranja
negocios—lima, rojo, oro

ORO
Tienes la mente muy ordenada. Los aspectos intelectuales, emocionales y espirituales de tu naturaleza trabajan ajustados. Te sientes bien contigo mismo y eso se refleja en todo lo que haces.
Combinaciones compatibles
amor—escarlata, violeta, índigo
negocios—escarlata, violeta, oro

EL COLOR TURQUESA

Color zodiacal TURQUESA
Color de destino VERDE

Eres un tradicionalista

Eres un tradicionalista y si las cosas no te cuadran, te vuelves inseguro y luchas por mantener todo como ya es. El turquesa como color zodiacal implica que no habrá experiencias espirituales mágicas para elevar tus sentidos, sólo un firme desarrollo de tu naturaleza espiritual, lo que es bueno ya que esa concienciación ha de ser progresiva.

SI TU COLOR DE EXPRESIÓN PERSONAL ES:

ROJO
Tus cualidades de liderazgo podrían seguramente mejorarse. Cuando las cosas salen como deseas, todo va bien. Si no, te vuelves agresivo y manipulas que los demás actúen a tu manera.
Combinaciones compatibles
amor—escarlata, rojo, verde
negocios—escarlata, rojo, oro

NARANJA
Usas tus habilidades de arbitraje para reconciliar diferencias. No es fácil para ti, ya que encuentras difícil ver ambas cosas de cualquier situación. Aprende a ponerte en el lugar de los demás y quizás ganes más intuición.
Combinaciones compatibles
amor—escarlata, rojo, azul
negocios—escarlata, rojo, oro

AMARILLO
Tus miedos emocionales pueden nublar tu mente. Averigua qué los está causando y supéralos si quieres tener una vida feliz y de éxito.
Combinaciones compatibles
amor—escarlata, rojo, violeta
negocios—escarlata, oro, violeta

VERDE
Tienes una vida muy ordenada y rutinaria y tu incapacidad de hacer cambios y aceptar ideas nuevas y distintas anula tu desarrollo espiritual.
Combinaciones compatibles
amor—rojo, naranja, rojo
negocios—escarlata, rojo, oro

AZUL
Te preocupan hondamente las necesidades ajenas. Esta conciencia se desvanece cuando no puedes hacer tu voluntad, volviéndote exigente e insoportable. Si esto continúa así, acabarás solo y aislado.
Combinaciones compatibles
amor—escarlata, rojo, naranja
negocios—escarlata, rojo, oro

ÍNDIGO
Es maravilloso que tengas una mente filosófica. ¿Por qué no hacer buen uso de ella y averiguar qué te impide escuchar a los demás y te hace pretender controlarlos en vez de darles ánimo?
Combinaciones compatibles
amor—escarlata, rojo, oro
negocios—escarlata, magenta, oro

VIOLETA
Gradualmente aprendes a aceptar las maravillosas oportunidades que puede traer el cambio. Esto te lleva a nuevas experiencias espirituales, desarrollando ese lado de tu persona.
Combinaciones compatibles
amor—escarlata, rojo, amarillo
negocios—escarlata, rojo, oro

MAGENTA
Con el amor incondicional en tu corazón, ayudas a los demás a iniciar ideas. Tras recoznocer los beneficios de esto, tu ansia de rutina y orden cambia, y eres capaz de asumir lo que piensan los demás.
Combinaciones compatibles
amor—lima, rojo, naranja
negocios—lima, rojo, oro

ORO
Aún te gusta salirte con la tuya. Como reconoces esa condición, sabes cómo reaccionar antes de que la situación sea incontrolable. En este momento, estás en camino de hacerte un maestro espiritual.
Combinaciones compatibles
amor—escarlata, rojo, Índigo
negocios—escarlata, rojo, oro

TUS TRES COLORES ESENCIALES

Eres un cortafuegos

Eres un excepcional comunicador con una profunda comprensión de las necesidades ajenas y tu lugar ideal es como relaciones públicas o en servicios. Tu cabeza fría no tiene precio en una emergencia porque sabes suprimir las emociones y ver las raíces del problema. También tienes una espléndida imaginación, aunque a menudo puede descontrolarse.

Color zodiacal TURQUESA
Color de destino AZUL

SI TU COLOR DE EXPRESIÓN PERSONAL ES:

ROJO
Eres muy bueno expresándote. Esto no siempre gusta a los demás, ya que quizás no acepten lo que les dices. Sé más diplomático eligiendo con cuidado lo que dices.
Combinaciones compatibles
amor—escarlata, naranja, verde
negocios—escarlata, oro, verde

NARANJA
Para algunos, las imágenes pueden ser incluso más fuertes que la palabra, y más aceptables. Aprende a usar tus habilidades creativas profesionalmente para acceder a las emociones ajenas.
Combinaciones compatibles
amor—escarlata, naranja, azul
negocios—escarlata, oro, azul

AMARILLO
Tu conocimiento proviene de tu mente intelectual. Aprende a usar más tus habilidades intuitivas. Las palabras te salen fáciles, y cuando hablas con los demás, sabes bien qué decir.
Combinaciones compatibles
amor—escarlata, naranja, violeta
negocios—escarlata, naranja, oro

VERDE
A pesar de tus innatos poderes de comunicación, a menudo pierdes confianza y encuentras difícil expresarte. Relájate y aprende a confiar en tu intuición.
Combinaciones compatibles
amor—escarlata, naranja, rojo
negocios—escarlata, oro, rojo

AZUL
Hay demasiado azul en tu combinación. Esto podría llevar a una depresión si no introduces algo de naranja en tu vida.
Combinaciones compatibles
amor—escarlata, naranja, naranja
negocios—escarlata, naranja, oro

ÍNDIGO
Tienes una gran comprensión de las necesidades ajenas y eliges tus palabras con cuidado. Mediante tus experiencias negativas, sabes el daño que puede causar la falta de sensibilidad.
Combinaciones compatibles
amor—escarlata, naranja, oro
negocios—escarlata, naranja, oro

VIOLETA
Es muy noble que sacrifiques tus propias necesidades por servir a los demás. Tu arrogancia puede impedirte aprender cuán nocivas pueden ser las palabras si no se piensa antes de hablar.
Combinaciones compatibles
amor—escarlata, naranja, amarillo
negocios—escarlata, naranja, oro

MAGENTA
Obrando desde el amor de tu corazón, eres muy consciente de lo que dices. Si los demás no aceptan tus palabras, encuentra otras maneras de ayudarles a comprender lo que quieres transmitir.
Combinaciones compatibles
amor—escarlata, naranja, verde
negocios—escarlata, oro, verde

ORO
Has vencido tu necesidad de lanzarte a ayudar a los demás sin pensar en cómo lo vas a hacer. Eliges con cuidado tus palabras con la idea de no ofender a nadie.
Combinaciones compatibles
amor—escarlata, naranja, Índigo,
negocios—escarlata, oro, Índigo

EL COLOR TURQUESA

Color zodiacal TURQUESA
Color de destino ÍNDIGO

Tienes una visión holística de la vida

Con tu vívida imaginación, tienes pocas dificultades en acceder a los más elevados estadios de conciencia. Aprendes a integrar tus intereses físicos y espirituales, dándote una visión holística de la vida y una gran seguridad interna. Al desarrollarte, tu tolerancia y comprensión hacen que los demás vean en ti un guía.

SI TU COLOR DE EXPRESIÓN PERSONAL ES:

ROJO
Vences tu necesidad de seguridad e integridad física. Aun así, encuentras difícil entender tu guía espiritual interna. Aprende a aceptar que tu vida se desarrolla como es debido.
Combinaciones compatibles
amor—escarlata, oro, verde
negocios—rojo, oro, verde

NARANJA
Ves los efectos positivos y negativos en toda la naturaleza, equilibrándose mutuamente. Eso mismo se puede aplicar a tu propia vida, y ya sabes que las flores necesitan regarse con agua.
Combinaciones compatibles
amor—escarlata, oro, azul
negocios—naranja, oro, azul

AMARILLO
Tu mente intelectual tiene dificultad en captar los arcanos de la vida. Una inteligencia superior guía tu vida, pero sólo se puede hallar mediante la experiencia personal.
Combinaciones compatibles
amor—escarlata, oro, violeta
negocios—escarlata, oro, azul

VERDE
Encuentras difícil asumir las críticas y esto te impide hacer buen uso de los excelentes consejos que se te presentan en la vida. Aprende a estar menos a la defensiva y tendrás un éxito mucho mayor.
Combinaciones compatibles
amor—escarlata, oro, rojo
negocios—escarlata, oro, naranja

AZUL
Hay demasiado azul en esta combinación. Si continúas viviendo en tu propio mundo, existe la posibilidad de que te vuelvas mentalmente inestable. Pon algo de naranja u oro en tu vida.
Combinaciones compatibles
amor—escarlata, oro, naranja
negocios—escarlata, oro, rojo

ÍNDIGO
La única cosa que se está desarrollando ahora en tu vida es tu conciencia espiritual. Estás dejando que predomine tu imaginación y necesitas introducir algún oro para asegurarte un saber más amplio.
Combinaciones compatibles
amor—escarlata, oro, oro
negocios—escarlata, oro, oro

VIOLETA
Sacrificas tus necesidades físicas por tu desarrollo espiritual. Escucha a tu sabiduría interna y a tu cuerpo; acepta lo que se está diciendo y cambia lo que haces.
Combinaciones compatibles
amor—escarlata, oro, amarillo
negocios—escarlata, oro, oro

MAGENTA
Tu conciencia espiritual tiene una comprensión sabia y cariñosa de tus necesidades. Se asegura de que no sufras ningún daño. Aunque a veces es difícil, acepta que todas las cosas tienen un propósito.
Combinaciones compatibles
amor—escarlata, violeta, oro
negocios—escarlata, oro, magenta

ORO
Eres un consejero muy sabio y compasivo, y mucha gente acude a ti por tu comprensión espiritual y tu saber. Ayúdales a acceder a sus propias conciencias espirituales.
Combinaciones compatibles
amor—escarlata, oro, Índigo
negocios—escarlata, Índigo, oro

TUS TRES COLORES ESENCIALES

Respetas toda vida

Color zodiacal **TURQUESA**
Color de destino **VIOLETA**

Con estos dos colores influenciando tu espiritualidad, habrá un desarrollo continuo de tu fuerza espiritual y tu autoconocimiento. Tienes esa gran fuerza espiritual, autorrespeto y dignidad. Con el turquesa como puerta de entrada a tu espíritu, empieza a aprender acerca del amor espiritual y de su significado verdadero.

SI TU COLOR DE EXPRESIÓN PERSONAL ES:

ROJO
Ésta es una combinación intensa que desafía todos los aspectos de tu naturaleza sexual. Aprende a no discriminar a los demás por causa de su orientación sexual, género, comportamiento y estilo de vida.
Combinaciones compatibles
amor—escarlata, amarillo, verde
negocios—escarlata, oro, verde

NARANJA
No a todo el mundo le gusta tu natural exuberante y vistoso, o tu habilidad psíquica. El defecto es suyo, no tuyo.

Aprende a ignorar sus comentarios hirientes y ayúdales a vencer sus temores.
Combinaciones compatibles
amor—escarlata, amarillo, azul
negocios—escarlata, oro, azul

AMARILLO
Logras sorprendentes resultados en lo que haces. Esto genera sentimientos de descontento en los menos afortunados. En lugar de sentirte culpable, intenta darles tus mismas oportunidades.
Combinaciones compatibles
amor—escarlata, amarillo, violeta
negocios—escarlata, oro, violeta

VERDE
Eres honesto, leal y trabajas duro, intentado ser justo en todo momento. Aun así, a veces necesitas aceptar que eres humano y, por tanto, falible como todo el mundo.
Combinaciones compatibles
amor—escarlata, amarillo, rojo
negocios—escarlata, oro, magenta

AZUL
Hay discriminación en todas partes y te apasionas en tu deseo de hablar en nombre de todas las personas a quienes falta la salud física o mental para hablar con sus propias voces.
Combinaciones compatibles
amor—escarlata, amarillo, naranja
negocios—escarlata, amarillo, oro

ÍNDIGO
Tienes un remarcable sentido de la justicia. Esto te hace consciente del daño que puede venir de comentarios discriminatorios inferiores y de actitudes de los que tienen poder.
Combinaciones compatibles
amor—escarlata, amarillo, oro
negocios—escarlata, amarillo, oro

VIOLETA
Aunque compasivo y sensible, también estás bendecido con un considerable sentido común. Harías bien en usar tu intuición con pragmatismo.
Combinaciones compatibles
amor—escarlata, oro, amarillo
negocios—escarlata, oro, naranja

MAGENTA
Eres cariñoso y compasivo, y te atrae por instinto ayudar a los que han sido menos afortunados que tú. Estarías cómodo en medicina o enfermería.
Combinaciones compatibles
amor—lima, rojo, naranja
negocios—lima, rojo, oro

ORO
Siguiendo tu ejemplo de amor incondicional, los demás están aprendiendo el principio de la igualdad de oportunidades. Ése es el significado del verdadero amor espiritual y te acerca más a tu meta espiritual.
Combinaciones compatibles
amor—escarlata, amarillo, Índigo
negocios—escarlata, oro, Índigo

EL COLOR TURQUESA

Color zodiacal **TURQUESA**
Color de destino **MAGENTA**

Eres un idealista

Aunque eres capaz de ser amable y afectuoso, no eres comprendido fácilmente porque raramente te muestras vulnerable en presencia de los demás. Sin embargo, el magenta como color de destino hace que estés abocado a mejorar la situación de la humanidad y no sólo de ti. Tienes grandes reservas de energía y vigor para llevar esto a cabo.

SI TU COLOR DE EXPRESIÓN PERSONAL ES:

ROJO
Mejorar las condiciones para todos es más importante para ti que socializar o divertirte. Aprendiendo a ser más accesible, puedes ganar un círculo más amplio de amigos y de conocidos.
Combinaciones compatibles
amor—lima, rojo, naranja
negocios—lima, rojo, oro

NARANJA
Tus valores espirituales son incorporados a tus actividades sociales. Esto crea un estilo de vida más armonioso para ti y los demás.
Combinaciones compatibles
amor—lima, rojo, azul
negocios—lima, oro, azul

AMARILLO
Superar tus temores emocionales te hace más fácil de sobrellevar. Todos se benefician de tu honestidad y carácter abierto.
Combinaciones compatibles
amor—lima, rojo, violeta
negocios—lima, oro, violeta

VERDE
Nada te detiene de conseguir lo que de verdad quieres. Restauras el equilibrio y la armonía en situaciones caóticas. Si tu seguridad está amenazada, no te detienes ante medidas extremas, e incluso recurrir a la violencia.
Combinaciones compatibles
amor—lima, rojo, naranja
negocios—lima, rojo, oro

AZUL
Aprendes a confiar en las habilidades ajenas y les permites acercarse a ti. Esta actitud relajada mejora las condiciones para todos, y no estás tan aislado.
Combinaciones compatibles
amor—lima, rojo, naranja
negocios—lima, oro, naranja

ÍNDIGO
Necesitas a veces momentos de sosiego y reflexión, pero podrías hacerte inaccesible si te excedes en esto. Lo anterior, combinado con tu naturaleza secretosa, genera condiciones difíciles para todos.
Combinaciones compatibles
amor—verde, rojo, oro
negocios—lima, rojo, naranja

VIOLETA
Tu estilo de vida e intereses te dan una actitud negativa. Se supone que la vida es para disfrutar y se sabe que un tono vital optimista hace positivo cualquier resultado negativo que tengamos.
Combinaciones compatibles
amor—lima, rojo, naranja
negocios—lima, rojo, oro

MAGENTA
Tu comprensión del profundo amor espiritual ayuda a tu desarrollo espiritual. Para mejorar esto aún más, aprende a reconocer el carácter único de cada ser humano y a vencer tu necesidad de aislamiento.
Combinaciones compatibles
amor—lima, rojo, naranja
negocios—lima, rojo, oro

ORO
Tus valores espirituales transforman tus miedos emocionales. Esto te permite mejorar las condiciones para todos, ya sean individuos o grupos.
Combinaciones compatibles
amor—lima, rojo, naranja
negocios—lima, rojo, Índigo

TUS TRES COLORES ESENCIALES

Tienes visión

Es una combinación maravillosa. Con tu claridad de intelecto e invencible confianza en ti mismo, eres incansable en tu deseo de dar vida y sustancia práctica a tus sueños y cambiar a mejor las vidas ajenas. Tienes una paciencia infinita y seguirás planes o proyectos aparentemente impracticables con la finalidad de conseguir tus metas e ideales.

Color zodiacal TURQUESA
Color de destino ORO

SI TU COLOR DE EXPRESIÓN PERSONAL ES:

ROJO
Aunque eres muy sensible, también luchas a brazo partido por aquello en lo que crees y nunca te rindes en tu deseo de hacer de este mundo un lugar mejor.
Combinaciones compatibles
amor—escarlata, Índigo, verde
negocios—escarlata, oro, verde

NARANJA
Tienes una actitud muy positiva ante la vida y crees firmemente que la fe puede mover montañas. Esto puede molestar a aquellos que no han experimentado el poder modificador de las creencias. Aprende formas de enseñarles para ampliar su sabiduría.
Combinaciones compatibles
amor—escarlata, Índigo, azul
negocios—escarlata, oro, azul

AMARILLO
El éxito crea sus propios escollos. Aprende a ser más compasivo y comprensivo cuando las cosas vayan mal a gente decididamente más afortunada que tú.
Combinaciones compatibles
amor—escarlata, Índigo, violeta
negocios—escarlata, Índigo, oro

VERDE
La restauración del equilibrio y la armonía en la naturaleza es tu principal interés. La maravilla de este mundo te ayuda a aproximarte a la fuente de toda vida. Aprende a sintonizar con esto como guía y comprensión personal.
Combinaciones compatibles
amor—escarlata, Índigo, rojo
negocios—escarlata, Índigo, oro

AZUL
No todo el mundo comprende su naturaleza espiritual y tiene tus mismas creencias. Crea varios métodos de enseñanza para expandir la comprensión.
Combinaciones compatibles
amor—escarlata, Índigo, naranja
negocios—escarlata, Índigo, oro

ÍNDIGO
Ésta es la combinación cromática de un verdadero guía espiritual. Tu ansia de reconocimiento ha sido transformada mediante tu deseo de dotar de sabiduría a todos, no sólo a una minoría.
Combinaciones compatibles
amor—escarlata, Índigo, oro
negocios—escarlata, Índigo, oro

VIOLETA
Disfrutas de las muchas oportunidades que hay de animar el desarrollo espiritual de los demás. Los inspiras a lograr mayores logros.
Combinaciones compatibles
amor—escarlata, Índigo, amarillo
negocios—escarlata, Índigo, oro

MAGENTA
Con tu profundo amor, permites que los demás contacten con su naturaleza espiritual en la forma que les plazca.
Combinaciones compatibles
amor—escarlata, Índigo, verde
negocios—escarlata, Índigo, oro

ORO
Esto combina el líder espiritual y el maestro. Enseñas el verdadero significado de la espiritualidad mediante valores de amor incondicional y con el ejemplo.
Combinaciones compatibles
amor—escarlata, Índigo, Índigo
negocios—escarlata, Índigo, oro

EL COLOR TURQUESA

97

El color azul

Azul es el color de los cielos, lo ilusorio y lo irreal. Es un color tranquilizador, y confiere paz, sosiego, y fe en uno mismo y los demás. Ayuda a comunicar y expresarse, abriendo nuestra mente a realidades más allá de lo físico. Estimula el disfrute de la música y las artes y ayuda a romper con la rutina y el orden. Demasiado azul nos hace dogmáticos, negativos y ególatras. Demasiado poco nos hace testarudos y poco afines a cambiar.

Su color complementario es el naranja (*ver página* 38), así que si en nuestro esquema hay demasiada energía azul melancólica, quizás nos convenga poner más naranja en nuestras vidas. Las siguientes páginas contienen perfiles personalizados con el azul como rasgo principal.

Salud física

Con sus propiedades relajantes, el azul reduce el calor de las inflamaciones, también las fiebres y las temperaturas, además de la tensión arterial. Su chakra dominante es el de la garganta, y su glándula asociada el tiroides. Influye en las patologías de la garganta y las vías respiratorias, como los constipados, el bocio, el asma o el hipertiroidismo. Algunas afecciones cardiacas responden al azul, y se usa luz azul para tratar bebés nacidos con ictericia. No debe usarse para tratar la depresión, tensión baja, resfriados, o parálisis musculares.

Salud emocional

Un individuo con una influencia equilibrada de azul en su carta de color se sentirá inspirado, calmado y en paz con el mundo que le rodea. Pero si el azul es demasiado activo, las cualidades negativas de arrogancia, egoísmo, dogmatismo y el creerse muy justo quedarán en primer plano. Una escasez de energía azul puede ocasionar el apartarse del mundo y convertirse en asustadizo, tímido, manipulable e inestable..

Salud espiritual

El azul es el color del chakra de la garganta, conocido esotéricamente como centro de la voluntad. Nos permite expandir nuestra conciencia espiritual hasta el nivel del alma, o bien negar la existencia de ésta. Un buen balance de azules en nuestro esquema individual de colores nos da idealismo, fe, y esperanza en la comprensión espiritual. La meta espiritual de la persona azul es reconocer la existencia de su alma e intentar integrarla en todos los aspectos de su espíritu

Relaciones

AZUL CON ROJO Te gusta una vida tranquila y pacífica, y la naturaleza excitable de tu pareja puede ser un problema.

AZUL CON ESCARLATA Tendrás que aceptar el talante indolente e irreverente de tu pareja para que todo funcione.

AZUL CON NARANJA Os complementáis perfectamente y tendréis una vida feliz juntos.

AZUL CON ORO Pareja maravillosa. No hay más que pensar en el sol en el cielo para verlo.

AZUL CON AMARILLO Individualmente, ambos sois caracteres fuertes. Juntos podéis crear paz y armonía.

AZUL CON LIMA La pareja funcionará, pero el gusto compartido por la vida tranquila le restará emoción.

AZUL CON VERDE Mientras seas leal y puedas confiar en la lealtad del otro, la pareja funcionará.

AZUL CON TURQUESA Puedes contribuir a sacar a tu pareja de su mundo interior.

AZUL CON AZUL Os preocupan tanto los demás que tendríais poco tiempo para los dos.

AZUL CON ÍNDIGO Espiritualmente, se os motivará a lograr nuevos niveles de conciencia, pero ambos debéis mantener los pies en el suelo.

AZUL CON VIOLETA Afortunadamente, te adaptas bien, y lo necesitarás con los cambios que tu pareja aportará.

AZUL CON MAGENTA Esto funcionará bien, ya que ambos sois leales y os apoyaréis venga lo que venga.

Tienes talentos ocultos

Eres tranquilo, modesto y fuerte. Tener el azul como color personal te da la tranquilidad y el sosiego para resolver situaciones difíciles, pero el rojo como color de destino te permite también motivar a los demás y hacer que te sigan. Luchas activamente por los derechos de los demás, a pesar de que esto va contra tu natural desagrado ante los conflictos.

Color zodiacal AZUL
Color de destino ROJO

SI TU COLOR DE EXPRESIÓN PERSONAL ES:

OJO
De natural pasivo, normalmente cumples órdenes. Imagina la sorpresa si de pronto te volvieras asertivo y te negaras a obedecer.
Combinaciones compatibles
amor—naranja, verde, verde
negocios—naranja, verde, oro

NARANJA
Normalmente hay dos caras en toda discusión. Aprende a verlas y aprende también de ambas partes en disputa.
Combinaciones compatibles
amor—naranja, verde, azul
negocios—rojo, verde, azul

AMARILLO
Ésta es una maravillosa combinación que incluye todos los colores primarios. Tienes un estilo de vida feliz y armonioso, y eres capaz de conseguir todo lo que te propones.
Combinaciones compatibles
amor—naranja, verde, violeta
negocios—naranja, verde, oro

VERDE
Calmas rápidamente situaciones explosivas con tu amable diplomacia. Para mejorar aún más, aprende a sentir las señales de peligro para abortar los conflictos antes de que sucedan.
Combinaciones compatibles
amor—naranja, verde, rojo
negocios—naranja, verde, oro

AZUL
Tienes una magnífica naturaleza cariñosa, eres muy tranquilo, nunca te aturullas y permaneces imparcial en situaciones difíciles. ¿Eres consciente de que los otros se sienten abandonados si no acudes en su ayuda?
Combinaciones compatibles:
amor—naranja, verde, naranja
negocios—naranja, verde, oro

ÍNDIGO
TEsta combinación te da el poder de hablar por ti y por otros. Aprendes a no evitar los conflictos y a respetar el derecho de los demás a opinar, aun estando en desacuerdo.
Combinaciones combatibles
amor—naranja, verde, oro
negocios—rojo, verde, oro

VIOLETA
Hay intensidad de poder en esta combinación. Cuida cómo la usas, porque podría salirte el tiro por la culata y tener efectos contrarios a los deseados.
Combinaciones compatibles
amor—naranja, verde, amarillo
negocios—naranja, verde, oro

MAGENTA
Eres muy sacrificado y harías cualquier cosa para ayudar a los demás, aunque arriesgara tus intereses. Necesitas pensar más en ti y dirigir tu energía roja en tu propia ayuda
Combinaciones compatibles
amor—naranja, verde, amarillo
negocios—naranja, verde, oro

ORO
Eres muy sabio y compasivo y cambias tu comportamiento y actitudes para evitar conflictos. Mantente firme y aprende a hacerlo sin comprometer tus valores.
Combinaciones compatibles
amor—naranja, verde, índigo
negocios—naranja, verde, oro

EL COLOR AZUL

Color zodiacal AZUL
Color de destino NARANJA

Eres exigente

Estos colores son complementarios, así que tu vida es feliz y equilibrada. Tienes amor por la belleza, y se refleja en lo que creas. Disfrutas lo mejor de ambos mundos: tu vida social es plena, aunque cuando lo necesitas haces tiempo para la paz y la relajación. El área de tu vida que necesita atención es tu inaptitud para formar relaciones estables. Esperas mucho de quienes tienes cerca y encuentras difícil tolerar sus errores.

SI TU COLOR DE EXPRESIÓN PERSONAL ES:

ROJO
Antes de perdonar a otros, tienes que hacerlo contigo mismo. Descubre qué te lo impide, resuélvelo y tu vida será más provechosa.
Combinaciones compatibles
amor—naranja, azul, violeta
negocios—turquesa, naranja, oro

NARANJA
Tienes una naturaleza muy generosa, siempre dando a quien lo necesita. Esto sólo no proporciona amor, amistad o alivio de los sentimientos de culpa. Demasiada generosidad hace sentir mal a los demás y los vuelve demasiado dependientes de ti.
Combinaciones compatibles
amor—naranja, azul, azul
negocios—naranja, verde, oro

AMARILLO
Tienes mucho éxito. Esto no es fácil; has perdido muchos amigos y de resultas te sientes muy herido. No dejes que empeore la situación. No puedes cambiar el pasado, pero sí resolver tus sentimientos y seguir con el resto de tu vida.
Combinaciones compatibles
amor—naranja, azul, verde
negocios—naranja, verde, oro

VERDE
Eres tranquilo y pacífico por fuera, pero dentro tus emociones están confusas. Te han herido muy a menudo y has cerrado tu corazón. Si sigues así, tu salud se resentirá. 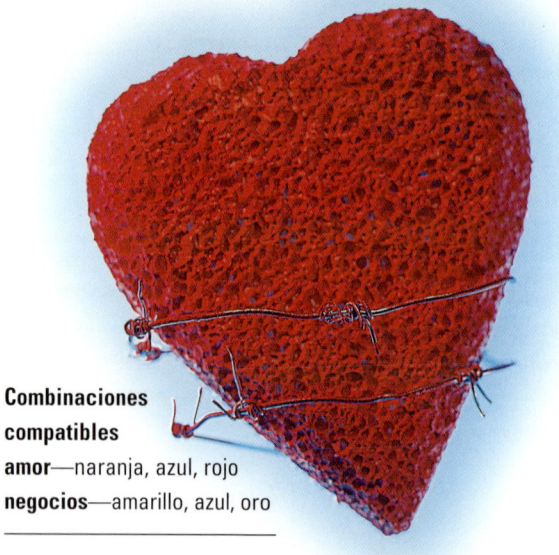
Combinaciones compatibles
amor—naranja, azul, rojo
negocios—amarillo, azul, oro

AZUL
Tienes una maravillosa naturaleza tolerante. Hagan los demás lo que hagan, los excusas y pones la otra mejilla. Aprende a ser más realista con la gente y no sufrirás como siempre.
Combinaciones compatibles
amor—naranja, azul, naranja
negocios—escarlata, azul, oro

ÍNDIGO
Aunque se aprende un montón de los libros, a veces hay que confiar en la intuición para obtener las respuestas correctas. Es sorprendente lo que puede pasar cuando empieces a hacerlo.
Combinaciones compatibles
amor—naranja, azul, oro
negocios—amarillo, azul, oro

VIOLETA
Eres un amigo fiel y leal que demanda lo mismo. Cuando esto no se da, acabas las relaciones e intentas seguir adelante. Aprende a ser más tolerante y te sentirás menos aislado.
Combinaciones compatibles
amor—naranja, azul, amarillo
negocios—rojo, azul, oro

MAGENTA
El verdadero amor espiritual es incondicional, reconociendo y aceptando todos los fallos y defectos de tí y de los demás. Cuando éste es el caso, la palabra "misericordia" deja simplemente de existir.
Combinaciones compatibles
amor—lima, naranja, azul
negocios—lima, oro, azul

ORO
Atraes a la gente por tu profundo amor y compasión, que ofreces sin perjuicios a pesar de los defectos de los demás. Aprende a no repelerlos por miedo a que los rechaces.
Combinaciones compatibles
amor—naranja, azul, índigo
negocios—naranja, índigo, oro

TUS TRES COLORES ESENCIALES

Animas la independencia

Ésta es una agradable combinación. Tienes una naturaleza cálida y cariñosa y eres generoso ante los defectos. Creas sentimientos de risa y felicidad adonde vas, viviendo para agradar. Aun así, tu generosidad puede crear sentimientos de dependencia. Tienes esto claro y aprendes como incluso acciones bienintencionadas pueden crear sentimientos negativos en los demás. Tu calma y serenidad te permiten ayudar a los demás a levantarse y así animarlos hacia una mayor independencia.

Color zodiacal AZUL
Color de destino AMARILLO

SI TU COLOR DE EXPRESIÓN PERSONAL ES:

ROJO
Ésta es una combinación inspiradora. Con todos los colores primarios en tu espectro, puedes hacer y ser lo que quieras. Esto puede crear y destruir, así que úsalo con sabiduría.
Combinaciones compatibles
amor—naranja, violeta, verde
negocios—magenta, azul, verde

NARANJA
Eres una persona muy sabia y generosa y te esfuerzas para no provocar celos a los demás. Aprende a aceptar que por mucho que hagas, siempre habrá quien sienta envidia de tus talentos.
Combinaciones compatibles
amor—naranja, violeta, azul
negocios—naranja, violeta, oro

AMARILLO
Tu éxito financiero hace que otros dependan de ti. El respeto y la confianza no surgen espontáneamente, sino que se han de ganar. Esto es aplicable tanto al que los da como al que los recibe.
Combinaciones compatibles
amor—naranja, violeta, violeta
negocios—naranja, violeta, oro

VERDE
El mundo natural es una red compleja de interdependencias mutuas. Esto también se aplica a las relaciones humanas. Pero los seres humanos tienen también sentimientos, y hay que estar pendiente del efecto negativo de nuestras emociones.
Combinaciones compatibles
amor—naranja, violeta, rojo
negocios— naranja, violeta, oro

AZUL
Hasta las mejores intenciones pueden fallar. Aprende a vencer el sentimiento de desaliento cuando se rechaza tu generosidad. Lo bueno es que otros no dependen de ti.

Combinaciones compatibles
amor—naranja, violeta, naranja
negocios—naranja, violeta, naranja

ÍNDIGO
Si los demás lo necesitan, compartirás tu hogar y tu vida con ellos. Esto genera dependencia y sentimientos de celos en lugar de agradecimiento. Aprende a ser más perspicaz cuando lo hagas.
Combinaciones compatibles
amor—naranja, violeta, oro
negocios—naranja, violeta, naranja

VIOLETA
Te preocupas vivamente por las necesidades espirituales de los demás. En lugar de imponerles tus creencias, instígalos a buscar su camino y vigila el desarrollo de sus naturalezas espirituales.
Combinaciones compatibles
amor—naranja, violeta, amarillo
negocios—naranja, violeta, naranja

MAGENTA
Tienes una gran sabiduría, amor y compasión por los demás.

Ellos reciben de ti confianza para expresar sus pensamientos y vencer las emociones negativas. Esto repercute en su independen-cia y mejora sus vidas.
Combinaciones compatibles
amor—lima, naranja, violeta
negocios—lima, naranja, oro

ORO
Distanciándote de las necesidades emocionales de los demás, les permites encontrar soluciones para sus propios problemas. Esto puede dar una falsa impresión de falta de cariño.
Combinaciones compatibles
amor—naranja, violeta, índigo
negocios—naranja, violeta, oro

EL COLOR AZUL

(101)

Color zodiacal AZUL
Color de destino VERDE

Tienes una perspectiva equilibrada

Juntos estos dos colores forman el turquesa, color de la claridad y la comunicación. Verde como tu color de destino marca la importancia del equilibrio en todo lo que uno hace. Aprendes cómo mantener ese equilibrio entre tus necesidades físicas y espirituales, y tu meta final es la integración holística de todas las partes de tu peersonalidad.

SI TU COLOR DE EXPRESIÓN PERSONAL ES:

NARANJA
Tu calidez personal es el faro que, en la necesidad, guía a otros. Tus cualidades nutricias vienen de tu naturaleza espiritual, tu alma para algunos. Aprende cómo contactar con ella en términos de guía interna.
Combinaciones compatibles
amor—naranja, rojo, azul
negocios—naranja, rojo, oro

AMARILLO
Instintivamente, te dedicas a las necesidades de los demás. Les ayudas a liberarse de sentimientos negativos que quizás bloquean su desarrollo personal, restaurando la armonía y el equilibrio en sus vidas.
Combinaciones compatibles
amor—naranja, rojo, violeta
negocios—naranja, rojo, oro

ROJO
Los aspectos físicos, emocionales y espirituales de tu naturaleza actúan juntos para darte una perspectiva muy equilibrada sobre la vida. También tienes muy presente cómo el más pequeño cambio puede alterar tu equilibrio.
Combinaciones compatibles
amor—naranja, rojo, verde
negocios—naranja, escarlata, verde

VERDE
Permaneces tranquilo y ecuánime mientras nadie perturbe tu rutina o amenace tu paz mental. Necesitas aprender a acoger los cambios como una oportunidad de mejorar, y no una amenaza.
Combinaciones compatibles
amor—naranja, rojo, rojo
negocios—naranja, rojo, oro

AZUL
Mediante tu consciencia psíquica, has llegado a la esencia del alma de los demás. Aprende a hacerlo contigo mismo y aumenta tu autoconciencia espiritual.
Combinaciones compatibles
amor—naranja, rojo, naranja
negocios—naranja, rojo, oro

ÍNDIGO
Tienes grandes intereses en filosofía y ciencias sociales. Esto determina cómo vives tu vida. Recuerda que nadie tiene todas las respuestas. Lo que hoy es verdad puede ser ridiculizado mañana.
Combinaciones compatibles
amor—naranja, naranja, oro
negocios—naranja, rojo, oro

VIOLETA
Es muy noble dar tu tiempo y tu esfuerzo desinteresadamente en tantos proyectos. Esto te hace muy interesante. Escucha a tu intuición para saber cuándo debes frenarte un poco y recuperar energías.
Combinaciones compatibles
amor—naranja, rojo, amarillo
negocios—naranja, rojo, oro

MAGENTA
Un amor desinteresado no implica darlo todo en propio detrimento. Si continúas así, enfermarás, y eso no ayudará a nadie, incluido tú.
Combinaciones compatibles
amor—naranja, rojo, verde
negocios—lima, naranja, oro

ORO
Tienes una conciencia espiritual profunda, inexplicable en términos racionales. Es tu alma y una vez aceptes su existencia, tu vida tomará nuevos significados y nuevas direcciones.
Combinaciones compatibles
amor—naranja, rojo, índigo
negocios—naranja, rojo, oro

Tienes un poderoso sexto sentido

Tienes un interés instintivo en lo esotérico. Con tu claridad mental y cultura general, estás dotado como instructor. Ves y entiendes todos los aspectos de los problemas y decides adecuadamente. Eres muy intuitivo y recibes información en ideas repentinas y luminosas.

Color zodiacal AZUL
Color de destino AZUL

SI TU COLOR DE EXPRESIÓN PERSONAL ES:

ROJO
Tienes un sorprendente sexto sentido que te guía y te avisa cuando estás en peligro. Esto te fascina e impulsa a aprender más acerca de cómo actúa en tu vida y en la de los demás.
Combinaciones compatibles
amor—naranja, naranja, verde
negocios—naranja, naranja, oro

NARANJA
Tus habilidades psíquicas han sido transformadas en autoconciencia espiritual. Esto ha abierto tu mente a niveles superiores de la conciencia y a la posible existencia de tu alma.
Combinaciones compatibles
amor—naranja, naranja, azul
negocios—naranja, naranja, oro

AMARILLO
La explicación de tu excepcional sexto sentido no está en los libros. La verdadera comprensión viene de asumir que la vida es eterna y que no hay separación ni muerte, sólo transformación.
Combinaciones compatibles
amor—naranja, naranja, violeta
negocios—naranja, naranja, oro

VERDE
Crees firmemente en la reencarnación. Esto explicaría las experiencias de déjà vu que tienes. Por otro lado, podrían ser producto de tu imaginación. Aprende a diferenciar entre ambas cosas.
Combinaciones compatibles
amor—naranja, naranja, rojo
negocios—naranja, naranja, oro

AZUL
Hay energías bajas en este espectro y tienes que introducir algunos naranjas y oros urgentemente. De no hacerlo, podrían surgir sentimientos depresivos.
Combinaciones compatibles
amor—naranja, oro, naranja
negocios—naranja, oro, naranja

ÍNDIGO
Eres un deslumbrante polo de atracción de constante información y conocimiento de todo tipo. Necesitas frenar un poco para equilibrar tus energías.
Combinaciones compatibles
amor—naranja, naranja, oro
negocios—rojo, naranja, oro

VIOLETA
Tienes muy presentes tu sexto sentido y conciencia superior, aunque lo puedes llamar tu instinto visceral. En los negocios, ésa es la parte de ti que instintivamente sabe qué es lo que conviene.
Combinaciones compatibles
amor—naranja, naranja, amarillo
negocios—naranja, naranja, oro

MAGENTA
A pesar de tu natural clarividencia, también eres capaz de ser terrenal y pragmático. Ese realismo puede ser responsable a veces de que no nutras tu alma como debes.
Combinaciones compatibles
amor—lima, naranja, naranja
negocios—lima, naranja, oro

ORO
Has vencido la parte de ti que quisiera ignorar tus poderes psíquicos. La compasión que sientes por los demás ayuda a desarrollar sus almas y la tuya.
Combinaciones compatibles
amor—naranja, naranja, índigo
negocios—naranja, naranja, violeta

EL COLOR AZUL

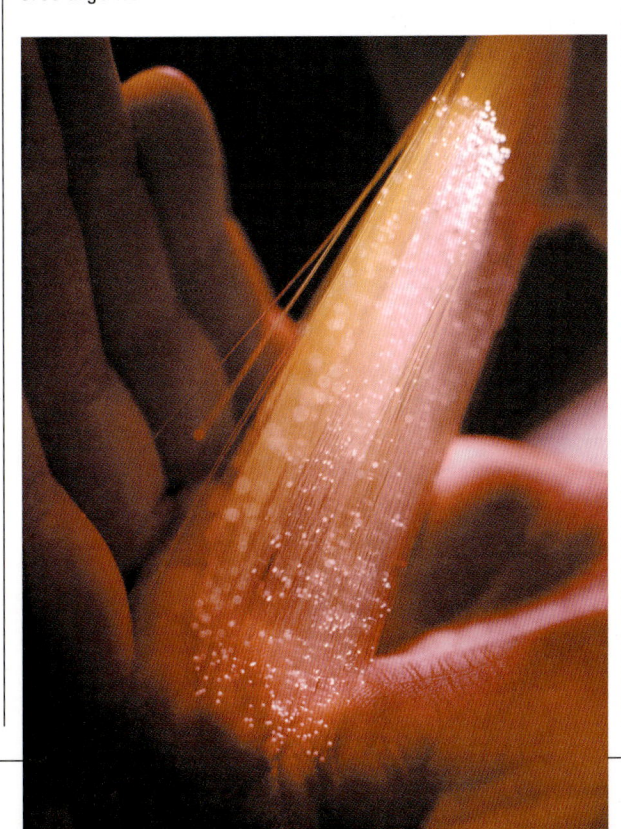

Color zodiacal AZUL
Color de destino ÍNDIGO

Eres un mentor

Buscas nuevas formas de abrir tu mente y expandir tu conciencia de las realidades que hay más allá de las sensaciones físicas. El desarrollo de tu alma mediante la apertura de los chakras es un proceso sensible que tarda años en cumplirse. Si se fuerza o apresura, podría acarrear inestabilidad. Tú eres suficientemente sabio para saberlo y ayudar a los demás a encontrar iluminación.

SI TU COLOR DE EXPRESIÓN PERSONAL ES:

ROJO
El materialista que llevas dentro te mantiene firmes los pies en el suelo y controla tu mente. Al menos esto evita que experimentes con la poderosa energía de tu chakra base, lo que perturbaría tu mente.
Combinaciones compatibles
amor—naranja, oro, verde
negocios—naranja, oro, oro

NARANJA
Estás muy interesado en lo paranormal. Tus habilidades psíquicas te permiten vislumbrar otras realidades. No sientas la tentación de expandir tu conocimeinto sin la sabiduría y guía de un verdadero profesor espiritual.
Combinaciones compatibles
amor—naranja, oro, azul
negocios—rojo, naranja, azul

AMARILLO
Tu incuestionable intelecto e interés en las realidades más allá de lo sensorial te hacen una persona fascinante.
Combinaciones compatibles
amor—naranja, oro, violeta
negocios—naranja, oro, índigo

VERDE
Eres una persona organizada y sigues una rutina y un orden. Te desagrada lo nuevo o diferente. Esto impide la expansión de tus facultades mentales y tu desarrollo espiritual.
Combinaciones compatibles
amor—naranja, oro, naranja
negocios—naranja, azul, rojo

AZUL
Tu pensamiento racional tiende a dominar tu vida, relegando a un segundo lugar a tus necesidades físicas y emocionales y desequilibrando tu vida como resultado. Introduce naranjas y oros para corregirlo.
Combinaciones compatibles
amor—naranja, oro, naranja
negocios—naranja, oro, naranja

ÍNDIGO
Tus intereses parapsicológicos te llevan a expandir el conocimiento empírico si cabe aún más. Podría no resultar sensato, y llevado al extremo, crear una obsesión.
Combinaciones compatibles
amor—naranja, magenta, oro
negocios—naranja, oro, oro

VIOLETA
Sabes el daño que pueden recibir los iniciados en el camino espiritual cuando expanden el inconsciente. Podrías encontrarte involucrado con personas que se han hecho adictas al poder mental.
Combinaciones compatibles
amor—naranja, oro, amarillo
negocios—naranja, oro, amarillo

MAGENTA
Eres un buscador de la verdad divina, aunque lo niegues a ti mismo una y otra vez. Deja que el amor de tu corazón te guíe en todo lo que haces y no acabarás sintiéndote decepcionado.
Combinaciones compatibles
amor—lima, naranja, oro
negocios—verde, rojo, oro

ORO
Eres un consejero sabio y cariñoso. Con tu conocimiento y guía, puedes ayudar a los demás a desarrollar sus aptitudes intelectuales o su conciencia espiritual, dependiendo de qué camino elijas.
Combinaciones compatibles
amor—naranja, oro, índigo
negocios—naranja, oro, índigo

TUS TRES COLORES ESENCIALES

Tienes un corazón de artista

Con el violeta como tu color de destino, eres innatamente sensible a tu entorno y te afectan con facilidad las muestras de crueldad o vulgaridad. Buscas lo mejor en todo y todos, luchando por crear un medio tranquilo para ti y los demás. Ansías un mundo perfecto y te decepciona que la vida real nunca se parezca a todos esos ideales románticos.

Color zodiacal AZUL
Color de destino VIOLETA

SI TU COLOR DE EXPRESIÓN PERSONAL ES:

ROJO
Puedes haber tenido experiencias dolorosas y perturbadoras en el pasado. Esto te impulsa a buscar la respuesta a la existencia de tu alma y de la vida ultraterrena.
Combinaciones compatibles
amor—naranja, amarillo, verde
negocios—naranja, oro, verde

NARANJA
Eres sensible y creativo, y estas cualidades te hacen buscar respuestas a los misterios eternos de la vida. Debes guardarte de llevar las cosas demasiado lejos a este respecto. Aprende a respetar tus propias limitaciones.
Combinaciones compatibles
amor—naranja, amarillo, azul
negocios—naranja, oro, azul

AMARILLO
Al contrario que muchos otros, no percibes un conflicto inherente entre tu sólido intelecto e igualmente poderosas necesidades espirituales. Esta combinación te hace expandir la conciencia y abrir tu mente a experiencias más allá de los sentidos.
Combinaciones compatibles
amor—naranja, amarillo, violeta
negocios—naranja, oro, violeta

VERDE
Los niños te adoran y tienes muchísimo que darles en términos de conciencia espiritual. Pero sé sensible a sus necesidades individuales y a sus mentes impresionables.
Combinaciones compatibles
amor—naranja, amarillo, rojo
negocios—naranja, oro, rojo

AZUL
Toda tu vida está centrada en asuntos espirituales. Esto no resulta realista y desequilibra tu existencia. Pon algo de naranja en tu vida para que te ayude a arriesgarte y a socializar más.
Combinaciones compatibles
amor—naranja, oro, naranja
negocios—naranja, oro, naranja

ÍNDIGO
Tienes una mente filosófica y curiosa, que te impulsa a explorar diferentes conceptos espirituales y realidades. Hay límites para la capacidad de absorción de tu mente. Aprende a aceptarlo.
Combinaciones compatibles
amor—naranja, amarillo, oro
negocios—escarlata, amarillo, oro

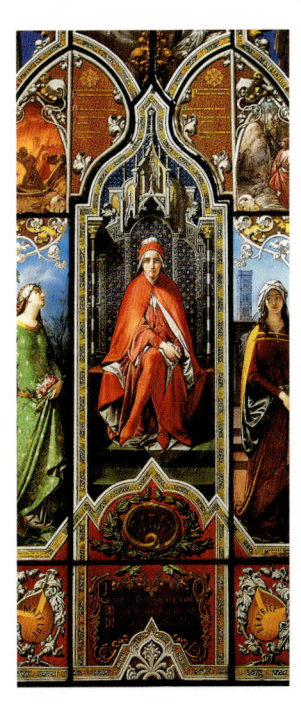

VIOLETA
Eres muy tenaz y persistes bastante cuando otros ya se han rendido. Esto no es fácil para tu cuerpo físico, pero espiritualmente puede compensar enormemente.
Combinaciones compatibles
amor—naranja, amarillo, amarillo
negocios—naranja, amarillo, oro

MAGENTA
No hay límites para el amor que das a los demás. ¿Qué tal dejar algo de ese amor para ti?
Combinaciones compatibles
amor—lima, naranja, amarillo
negocios—lima, naranja, oro

ORO
Eres un gran instructor espiritual pero necesitas recordar que sólo los santos logran la total integración de todas las facetas de su personalidad.
Combinaciones compatibles
amor—naranja, amarillo, índigo
negocios—naranja, oro, índigo

EL COLOR AZUL

Color zodiacal AZUL
Color de destino MAGENTA

Eres como un santo

Compuesto de rojo y violeta, el magenta ofrece tanto la fuerza espiritual como la física que necesitamos en la vida. Como energía espiritual superior, las cualidades de amor incondicional del magenta son excepcionales. Se relacionan con la capacidad de amar atribuida a los santos. Aprende a dominar ese poder y a usarlo para el bien general.

SI TU COLOR DE EXPRESIÓN PERSONAL ES:

ROJO
En su forma más pura, es el poder que nos hace sobrevivir a las grandes dificultades. Aprende a reconocer y amar esta tremenda fuerza y aprovecharla para conseguir todo lo mejor en esta vida.
Combinaciones compatibles
amor—lima, naranja, verde
negocios—lima, naranja, oro

NARANJA
Tu vida se ve constreñida por aquellos que dependen de tí. Reconoce la libertad que necesitamos todos para crecer, y aprende a liberarte de los sentimientos que impiden tu desarrollo espiritual.
Combinaciones compatibles
amor—lima, naranja, azul
negocios—lima, naranja, oro

AMARILLO
Tu amor y compasión inspira a los demás a seguir tus pasos. Esto conlleva una pesada carga, así que cuida de no intentar transformar tus éxitos espirituales en ganancias financieras. La desilusión deja profundas cicatrices en el alma.
Combinaciones compatibles
amor—lima, naranja, violeta
negocios—lima, oro, violeta

VERDE
Te preocupas profundamente por las necesidades de los demás. Tu amor lo abarca todo, incluyendo los animales y el mundo natural. Con tus cualidades compasivas, harías un excelente sanador.
Combinaciones compatibles
amor—lima, naranja, rojo
negocios—lima, oro, rojo

AZUL
Confías en un plan divino, creyendo que todo acabará saliendo bien. Esto resulta tanto de tu fé espiritual como de tu firme realismo.
Combinaciones compatibles
amor—lima, naranja, oro
negocios—azul, naranja, oro

ÍNDIGO
Todos sentimos profundos sentimientos y compasión, a pesar de la dificultad de nuestras vidas. Aplica este conocimiento a tu propia vida y te sorprenderá lo mucho que puedes mejorar las vidas de otros.
Combinaciones compatibles
amor—lima, naranja, oro
negocios—verde, rojo, oro

VIOLETA
Definitivamente, las estrictas reglas y obligaciones de la religión ortodoxa no son para ti. Hay otros caminos y medios de explorar tu espiritualidad.
Combinaciones compatibles
amor—lima, naranja, oro
negocios—lima, naranja, oro

MAGENTA
Eres cálido y generoso. Tienes gran fe en las capacidades de los demás y se las realzas dándoles confianza y ánimo para mejorar en sus vidas.
Combinaciones compatibles
amor—lima, naranja, verde
negocios—lima, oro, verde

ORO
Tienes mucho coraje y determinación interna. Los demás son atraidos por tu compasión y les resulta difícil escapar de las redes de tu amor.
Combinaciones compatibles
amor—lima, naranja, índigo
negocios—lima, oro, índigo

TUS TRES COLORES ESENCIALES

106

Eres luminoso

Color zodiacal AZUL
Color de destino ORO

Como el sol, generas sentimientos de calidez a todo aquel con quien entras en contacto. Puedes vivir en las peores y en las mejores condiciones porque te has elevado por encima de tus necesidades y deseos básicos y primitivos. Hay quien quizás proyectará sentimientos negativos hacia ti, pero al no darte cuenta, no tendrán ningún efecto.

SI TU COLOR DE EXPRESIÓN PERSONAL ES:

ROJO
El refrán que reza "La belleza está en quien contempla", podría aplicarse a ti. Ves la belleza en todo, aún en las condiciones más miserables y perturbadoras.
Combinaciones compatibles
amor—naranja, índigo, verde
negocios—magenta, índigo, verde

NARANJA
Animas a los demás con tu imperturbable buen humor. Reconoces la chispa del fuego divino en todas las almas, y animas a la gente a crecer y hallar la felicidad en sus vidas.
Combinaciones compatibles
amor—naranja, índigo, azul
negocios—naranja, naranja, índigo

AMARILLO
Iluminas las existencias de los demás expandiendo con el humor y la felicidad la belleza de la vida.
Combinaciones compatibles
amor—naranja, índigo, violeta
negocios—naranja, índigo, oro

VERDE
Nada puede ser más hermoso que el mundo natural. Recuerda esto: en un día lluvioso siempre hay posibilidad que salga el arco iris, y en un día nublado, un arrebol de plata.
Combinaciones compatibles
amor—naranja, índigo, rojo
negocios—naranja, índigo, rojo

AZUL
No hay límite a tu paciencia, y permaneces en carrera mucho después de que otros hayan abandonado. Sólo te falta un poco de confianza. Aprende a plantarte firme y a hablar por ti un poco más.
Combinaciones compatibles
amor—naranja, índigo, naranja
negocios—naranja, índigo, oro

ÍNDIGO
Con el índigo, complementario del oro llevas una vida feliz y contenta. Has encontrado la paz en ti y no estás perturbado por las fealdades de los demás ya que eres uno con el mundo tal y como es.
Combinaciones compatibles
amor—naranja, índigo, oro
negocios—naranja, azul, amarillo

VIOLETA
Eres aparentemente tranquilo, pero puedes ser cortante y áspero cuando la situación lo requiere. Esto no es malo si impide a los demás aprovecharse de tu legendaria compasión.
Combinaciones compatibles
amor—naranja, índigo, amarillo
negocios—naranja, índigo, oro

MAGENTA
Eres encantador y carismático, y por eso puedes hacer que la gente haga casi todo por ti. No dejes que esto se te suba a la cabeza.
Combinaciones compatibles
amor—lima, naranja, índigo
negocios—lima, naranja, oro

ORO
Los cataclismos de tu vida te han enseñado que el fracaso no es más que el éxito puesto del revés. Esto te hace muy fuerte y sabio, aunque de vez en cuando necesitas dejarlo estar y hacerte el tonto para variar.
Combinaciones compatibles
amor—naranja, índigo, índigo
negocios—naranja, índigo, oro

EL COLOR AZUL

El color índigo

El índigo resulta de mezclar el azul y el violeta, así que los atributos de estos colores deben considerarse. Es un azul muy profundo, a menudo llamado azul de medianoche. Es el color del conocimiento puro, esotérico y exotérico, y aporta sensación de dignidad y poder si se viste. Se relaciona con el nivel del subconsciente y nuestro poder para intuir cosas de las que no tenemos pruebas fehacientes. También es el color del misterio y la magia.

Su color complementario es el oro (ver p. 48), así que si hay demasiado índigo, con su cortejo de introversiones, quizás debemos considerar poner más oro en nuestras vidas. En las siguientes páginas encontraremos un pronóstico personalizado de cada combinación cromática tripartita con el índigo como color zodiacal.

Salud física

El índigo influye a los ojos, orejas y senos. También se usa contra la jaqueca, tirones musculares, tensión en los hombros, dolor de anginas, e inflamaciones en el intestino delgado y las articulaciones. Tiene el poder de controlar el dolor pero se ha de usar con cautela porque el dolor indica a menudo causas más profundas. Su chakra dominante es el de la ceja. Su glándula asociada es la pituitaria junto a todo el sistema endocrino. El índigo no debería ser usado para tratar a nadie que tenga una depresión o con baja presión arterial, obsesiones mentales o paranoia.

Salud emocional

Este color influencia el estado mental. Un buen equilibrio de índigo genera sentimientos de confianza en uno mismo, seguridad, paz y autoestima. Pone nuestros cuerpos bajo nuestro control y también pone en situación de expandir el conocimiento. Si es excesivo, las cualidades negativas del orgullo, manipulación, dogmatismo, y egoísmo emergerán. Un déficit de energía índigo puede hacer que nos volvamos demasiado sensibles a los sentimientos ajenos por miedo al éxito, e indisciplinados. Podrían retirarse a su propio mundo fantasioso e imaginativo.

Salud espiritual

El chakra de la ceja es un poderoso centro de energía espiritual que está en mitad de la frente, sobre las mismas cejas. Esotéricamente, corresponde al poder espiritual y el conocimiento y, como tal, puede abrir la mente a un antiguo saber arcano. Esto puede salir a la superficie en sueños o meditaciones, o cuando la persona está en profunda reflexión. El índigo proporciona poderes intuitivos rayanos en lo telepático y lo profético. Un buen equilibrio de índigo en la carta nos hará no temer la muerte al transformar los temores emocionales mediante la autoconciencia espiritual.

Relaciones

ÍNDIGO CON ROJO Ésta puede ser una relación muy satisfactoria. Inspirarás a tu pareja en su búsqueda de la verdad.

ÍNDIGO CON ESCARLATA Debes trabajar duro para hacer que la relación funcione ya que tu sosegado y estudioso natural puede chocar con las demandas físicas de tu pareja.

ÍNDIGO CON NARANJA Esta relación puede ir bastante bien porque ambos gozáis de creatividad y espontaneidad.

ÍNDIGO CON ORO Disfrutarás de una fuerte y mutua complicidad ya que tu pareja animará por instinto tu natural espiritual y artístico.

ÍNDIGO CON AMARILLO Tu falta de interés en el éxito material puede resultar muy frustrante para tu pareja.

ÍNDIGO CON LIMA Ésta será una relación muy exitosa. Tu pareja estimulará y dará libertad a tus amplias y variadas necesidades espirituales.

ÍNDIGO CON VERDE Esta relación funcionará bien porque tu pareja te dará la seguridad y estabilidad para que expandas tu conocimiento espiritual.

ÍNDIGO CON TURQUESA Tu pareja abrirá tu mente a realidades que están más allá del presente momento, expandiendo aún más tu conciencia espiritual.

ÍNDIGO CON AZUL Esta pareja puede funcionar muy bien aunque podrías encontrar a tu pareja demasiado tranquila para tu espiritualidad elevada.

ÍNDIGO CON ÍNDIGO Ésta es una relación de un poder potencial sorprendente, y ambos necesitaréis aseguraros de que lo usáis sabia y constructivamente.

ÍNDIGO CON VIOLETA Si lo que quieres es impulso espiritual, esta pareja funcionará y sus energías serán tremendas en verdad.

ÍNDIGO CON MAGENTA El amor profundo y la compasión de tu pareja serán un gran confort para ti en todo lo que hagas.

Infundes respeto

Color zodiacal ÍNDIGO
Color de destino ROJO

Ésta es una intensa combinación de colores. Con tu color zodiacal en índigo, has sido dotado con agudos poderes de intuición. Índigo y rojo forman púrpura, intensi-ficando las cualidades de mando y dignidad manifiestas ya en tu vida con el índigo como indicador externo de tu ser más interno. También tienes un poderoso vínculo con el pasado y el saber arcano.

SI TU COLOR DE EXPRESIÓN PERSONAL ES:

ROJO
Hay un poder mental y físico tremendo en esta combinación cromática. Aunque eres un líder natural, los demás pueden pensar que eres dogmático y manipulador. Pon algo de verde en tu vida para equilibrar energías.
Combinaciones compatibles
amor—oro, verde, verde
negocios—oro, verde, oro

NARANJA
A menudo te divides entre el deseo de viajar y socializar y un ansia igualmente fuerte de asentarte en la respetabilidad académica. Intenta encontrar un feliz equilibrio entre ambas cosas.
Combinaciones compatibles
amor—oro, verde, azul
negocios—oro, verde, azul

AMARILLO
Los aspectos físicos, mentales e intelectuales de tu naturaleza trabajan juntos. Mientras tu saber se expande, eres capaz de afrontar y superar tus temores internos sobre la vida y la muerte.
Combinaciones compatibles
amor—oro, verde, violeta
negocios—oro, verde, violeta

VERDE
Tu color de expresión personal en verde realza las cualidades de poder y mando que ya son patentes en tu esquema. Tu enorme empatía haría de ti un sanador o consejero perfecto.
Combinaciones compatibles
amor—oro, verde, rojo
negocios—oro, verde, oro

AZUL
Aunque sosegado e introvertido, tienes una comprensión instintiva de lo que mueve a la gente y los demás se alegran a menudo de tu aguda y humorosa participación en sus vidas y en el mundo.
Combinaciones compatibles
amor—oro, verde, naranja
negocios—oro, verde, oro

ÍNDIGO
A causa de tu habilidad única para cortar de raíz un problema o crisis, a veces apareces frío y sin sentimientos. Sin embargo, con tu color zodiacal en rojo sabes que no hay nada más lejos de la realidad.
Combinaciones compatibles
amor—oro, verde, oro
negocios—oro, verde, oro

VIOLETA
Esta combinación intensifica la tendencia a la introspección profunda que ya se manifiesta en tu vida. Con el color de destino en rojo, también crees que todo es posible y esto te ayudará a hallar las respuestas que buscas.
Combinaciones compatibles
amor—oro, verde, amarillo
negocios—oro, verde, oro

MAGENTA
Estás alcanzando tu meta espiritual de transformar tus deseos físicos en la cualidad del alma del amor incondicional. Esto no significa controlar tus emociones suprimiéndolas de cualquier forma.
Combinaciones compatibles
amor—lima, oro, verde
negocios—lima, oro, verde

ORO
Un combinado fantástico. Tu intuición te da el poder de acceder a estados internos de conciencia con que los demás sólo empiezan a soñar.
Combinaciones compatibles
amor—oro, verde, Índigo
negocios—oro, verde, oro

EL COLOR ÍNDIGO

Color zodiacal ÍNDIGO
Color de destino NARANJA

Adquieres conocimiento

Con el naranja como color de destino, te mueve un deseo irreprimible de explorar y comprender el mundo que te rodea. Buscas respuestas sólo a las más grandes y fundamentales preguntas acerca del sentido de la vida, y te desagradan las minucias del día a día. El tiempo que se utiliza en preocupaciones acerca del futuro es tiempo perdido por lo que te concierne.

SI TU COLOR DE EXPRESIÓN PERSONAL ES:

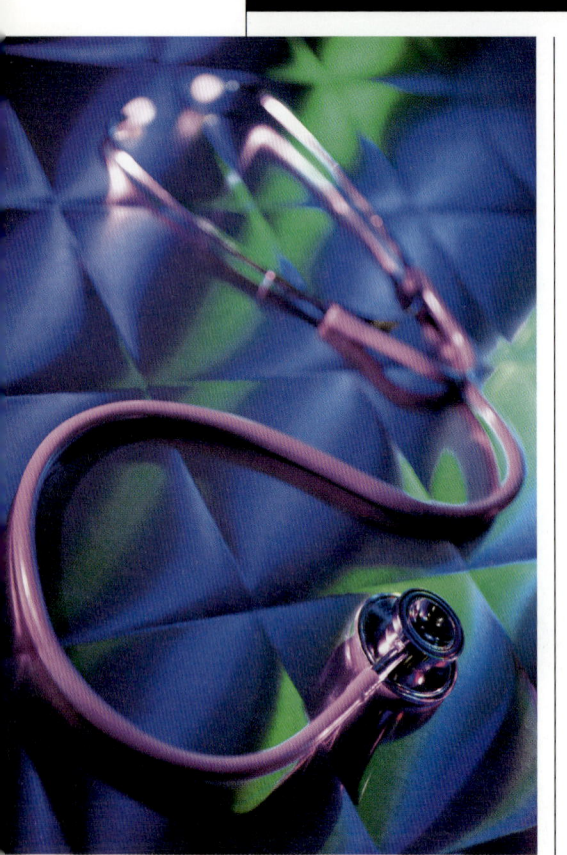

NARANJA
Te deleitas en explorar mundos desconocidos y misterios arcanos. Ningún tiempo es demasiado vasto o complicado para tu mente analítica e inspirada creatividad.
Combinaciones compatibles
amor—oro, azul, azul
negocios—oro, azul, oro

AMARILLO
Eres naturalmente impaciente en medios inelásticos y rígidos. Has viajado con tu mente por vastos espacios. Ahora es el momento de unir realidad y teoría.
Combinaciones compatibles
amor—oro, azul, violeta
negocios—oro, azul, oro

VERDE
Tu color de expresión personal tiene una influencia potencialmente restrictiva en los audaces vuelos de tu intelecto. Esto no es malo, pero necesitas vigilar que tus facultades físicas y mentales no se estanquen en exceso.
Combinaciones compatibles
amor—oro, azul, rojo
negocios—oro, azul, oro

AZUL
Con tu profunda intuición sobre la gente y tus maneras sosegadas y dulces, trabajarías bien en la enseñanza o enfermería.
Combinaciones compatibles
amor—oro, azul, naranja
negocios—oro, azul, oro

ÍNDIGO
Tienes tantísimo saber a tu disposición que eres como una enciclopedia andante. Si te las arreglas para liberarte de tus inhibiciones y desarrollas habilidades de presentación, sería fantástico.
Combinaciones compatibles
amor—oro, azul, oro
negocios—oro, azul, oro

ROJO
A los demás les encanta tu compañía por tu natural alegre y confiado. Sin embargo, a veces necesitas encontrar tiempo para recargarte las baterías y lograr algún equilibrio espiritual.
Combinaciones compatibles
amor—turquesa, oro, azul
negocios—turquesa, oro, verde

VIOLETA
Te asusta el desarrollo de tu naturaleza espiritual debido a experiencias religiosas pasadas. Aprende a liberarte de miedos irracionales y a explorar diferentes caminos espirituales con un buen maestro espiritual.
Combinaciones compatibles
amor—oro, azul, oro
negocios—oro, azul, oro

MAGENTA
Es muy noble que trabajes en tus metas espirituales. Esto te mantiene muy ocupado, dejándote muy poco tiempo para todo lo demás. Necesitas cambiar esto, o tus relaciones se resentirán.
Combinaciones compatibles
amor—lima, oro, azul
negocios—lima, oro, azul

ORO
Tienes una mentalidad muy abierta y continuamente expandes tus experiencias para enriquecer tu autoconciencia espiritual. No dejes que una cosa tan seria te impida expresar tu sentido del humor.
Combinaciones compatibles
amor—oro, azul, Índigo
negocios—oro, azul, Índigo

110

Tienes una mente expansiva

Eres muy versátil y eres capaz de arreglártelas en diversos estilos de vida con gran facilidad y elegancia. El amarillo en tu color zodiacal te da la alegría mental y emocional para hacer cualquier cosa que desees, y te encanta volar a abordar nuevos proyectos e ideas. Aun así, tienes dificultad a la hora de concentrar tu mente en un proyecto concreto y necesitas encontrar la forma de traer algo de rutina a tu vida.

Color zodiacal ÍNDIGO
Color de destino AMARILLO

SI TU COLOR DE EXPRESIÓN PERSONAL ES:

ROJO
Poca gente puede hacer comentarios ingeniosos o resaltar un defecto como tú. A veces resultas un poco rudo, y quizás necesitas aprender un poco del poder de la diplomacia.
Combinaciones compatibles
amor—oro, violeta, verde
negocios—oro, violeta, verde

NARANJA
Eres una compañía divertida y excitante, expandiendo alegría donde vas. Tu interés en el subconsciente y los profundos misterios de la vida resulta incentivado por tu imaginación creativa.
Combinaciones compatibles
amor—oro, violeta, azul
negocios—oro, violeta, azul

AMARILLO
Crees firmemente que estás totalmente al mando de tus emociones. Si quieres que los demás se abran a ti, debes aprender a resguardarte menos.
Combinaciones compatibles
amor—oro, violeta, violeta
negocios—oro, violeta, oro

VERDE
Ésta es una combinación que puede resultar sofocante. Demasiado control y rutina en tu vida puede llevar al estancamiento. Pon un poco de rojo en tu vida para liberar algunas energías latentes.
Combinaciones compatibles
amor—oro, violeta, rojo
negocios—oro, violeta, rojo

AZUL
Eres una persona cálida y cariñosa. Tu búsqueda de conocimiento ha sido reforzada mediante tus propias experiencias emocionales. Ahora empiezas a conocer quién eres de verdad.
Combinaciones compatibles
amor—oro, violeta, naranja
negocios—oro, violeta, naranja

ÍNDIGO
Eres casi demasiado bueno para ser cierto. Sensible y leal, te comprometes con la causa de la verdad y la belleza y destacas siempre que se requiere tus cualidades cariñosas.
Combinaciones compatibles
amor—oro, violeta, oro
negocios—oro, violeta, oro

VIOLETA
Eres abierto de mente y te interesan mucho los temas espirituales. Puedes ser, con todo, perturbado por dudas sobre ti mismo, y quizás requieras algo de azul para darte serenidad y paz mental.
Combinaciones compatibles
amor—oro, violeta, amarillo
negocios—oro, violeta, amarillo

MAGENTA
Crees en el poder de los ángeles para hacer realidad los sueños. Las ideas que parecen ajenas a los demás te resultan de fácil acceso. Sólo necesitas encontrar tu misión en la vida y realizarla.
Combinaciones compatibles
amor—lima, oro, violeta
negocios—lima, oro, oro

ORO
Tu profundo conocimiento te da más comprensión del sentido de tu vida. Habiendo superado tus temores internos, controlas ahora todos los aspectos de tu vida.
Combinaciones compatibles
amor—oro, violeta, Índigo
negocios—oro, violeta, oro

Color zodiacal ÍNDIGO
Color de destino VERDE

Tus horizontes se expanden

La luz que hay en tu alma o color zodiacal te anima a trasponer las fronteras de tu subconsciente y a intentar nuevas ideas y experiencias. Tu color de destino en verde puede actuar como controlador de ese carácter rampante y desinhibido, aunque también te da la intuición y la serenidad para ver las motivaciones ajenas más profundas.

SI TU COLOR DE EXPRESIÓN PERSONAL ES:

ROJO
Una combinación de colores intensa. Luchas para reconciliar tu elevada naturaleza espiritual con tu necesidad instintiva de seguridad física y material. Pon algo de oro y verde en tu vida para mantener en armonía mente, cuerpo y espíritu.
Combinaciones compatibles
amor—oro, rojo, verde
negocios—rojo, rojo, verde

NARANJA
Tu amable y generosa naturaleza te atrae a los demás cuando necesitan apoyo. Usa tus poderes de pensamiento lateral para enseñarles cómo acceder a sus propias reservas de fuerza espiritual.
Combinaciones compatibles
amor—oro, rojo, azul
negocios—oro, rojo, oro

AMARILLO
Eres de una pieza, física y espiritualmente, y has alcanzado un nivel de madurez emocional que puede hacer de ti un guía ideal y un maestro para los demás.
Combinaciones compatibles
amor—oro, rojo, violeta
negocios—oro, rojo, oro

VERDE
Estás en frecuente peligro de caer en la rutina y necesitas introducir la desinhibición del rojo en tu vida para impedir que esto pueda suceder a menudo.
Combinaciones compatibles
amor—oro, rojo, rojo
negocios—oro, rojo, oro

AZUL
Eres un comunicador natural. Tu destacable intuición del corazón humano y tus gentiles y calmas maneras hacen que siempre estás en condiciones de decir lo adecuado en el momento preciso.
Combinaciones compatibles
amor—oro, rojo, naranja
negocios—oro, rojo, naranja

ÍNDIGO
A pesar de tu poderoso subconsciente, también eres altamente metódico, incluso hasta llegar a la obsesión. Necesitas aflojar las riendas a veces o podrías hallarte bastante aislado.

Combinaciones compatibles
amor—oro, rojo, oro
negocios—naranja, rojo, oro

VIOLETA
Tienes un gran respeto por la ley y el orden, pero a veces te sientes constreñido por creencias tradicionales y necesitas hallar maneras de liberarte de rígidos patrones del pensamiento.
amor—oro, rojo, amarillo
negocios—oro, rojo, oro

MAGENTA
Eres perceptivo y adaptable, y teniendo el magenta como color de expresión personal, estás en la muy envidiable posición de ser capaz de dar fuerza y vida a tus sueños e ideas.
Combinaciones compatibles
amor—lima, oro, rojo
negocios—lima, oro, rojo

ORO
Estás siendo guiado en tus esfuerzos por enseñar a los demás tradiciones y verdades espirituales ya olvidadas. Úsalos sabiamente por el bien general, y no de unos pocos.
Combinaciones compatibles
amor—oro, rojo, Índigo
negocios—oro, rojo, oro

TUS TRES COLORES ESENCIALES

Tienes un gran sentido de la responsabilidad

El deber, la disciplina y el servicio son muy importantes para ti, y a menudo esperas recibir la misma seriedad de propósito a cambio. Esto te puede decepcionar si los demás demuestran no seguir tus elevados patrones de comportamiento. También puede generar malos sentimientos si se pretende servirse de ello para controlar todo.

Color zodiacal ÍNDIGO
Color de destino AZUL

SI TU COLOR DE EXPRESIÓN PERSONAL ES:

ROJO
Respondes rápido a las situaciones de emergencia por tu sentido de la responsabilidad. Aprende a decir no sin tus sentimientos de culpa.
Combinaciones compatibles
amor—oro, naranja, verde
negocios—oro, naranja, oro

NARANJA
Eres sensato pero también sensual. El hecho de que tengas un fuerte sentido del deber no implica que tengas que hacer de felpudo. Necesitas buscar nuevas maneras de vencer tus restricciones.
Combinaciones compatibles
amor—oro, naranja, azul
negocios—oro, naranja, azul

AMARILLO
Tu inclinación hacia el autocontrol vive en constante tensión con tu generosidad e intelecto expansivo. Si no encuentras la manera de reconciliar estas cualidades, podrías acabar con algún tipo de agotamiento nervioso.
Combinaciones compatibles
amor—oro, naranja, violeta
negocios—oro, naranja, violeta

VERDE
Sirves a los demás por amor y no por creerlo tu deber. Esto genera un estilo de vida más feliz para todo el que te rodea y mantiene a la vez tu independencia.
Combinaciones compatibles
amor—oro, naranja, rojo
negocios—oro, naranja, oro

AZUL
Eliges servir a los demás y no es simplemente por creerlo tu deber, sino por tu compasión instintiva y tu amor por los demás. Esto hace que tu vida sea más disfrutable para ti de lo que sería al contrario. Aun así, aún tienes que encontrar tiempo para tus propósitos creativos y artísticos.
Combinaciones compatibles
amor—oro, oro, naranja
negocios—rojo, oro, verde

ÍNDIGO
Te encantan los planes exóticos y sueñas en secreto escapar a una isla desierta, aunque tu sentido del deber a los demás te encadena a la rutina. Pon algo de naranja en tu vida que despierte al aventurero que hay en ti.
Combinaciones compatibles
amor—oro, naranja, oro
negocios—oro, naranja, oro

VIOLETA
Una abrumadora necesidad de controlar sofoca tus posibilidades de una mayor conciencia espiritual. Si tienes un deber, es amarte incondicionalmente.
Combinaciones compatibles
amor—oro, naranja, amarillo
negocios—oro, naranja, oro

MAGENTA
Con el magenta indicándote el camino de tu potencial presente y futuro, se te da la oportunidad de demostrar a todos cuán emprendedor eres en vez de apartarte de las mejores recompensas de la vida por amor al deber.
Combinaciones compatibles
amor—lima, oro, naranja
negocios—lima, oro, oro

ORO
Eres un iluminado y atractivo maestro espiritual. Tu combinación única de sentimiento y sensatez hace de ti un valioso e indispensable amigo, además de compañero.
Combinaciones compatibles
amor—oro, naranja, Índigo,
negocios—oro, naranja, oro

EL COLOR ÍNDIGO

Color zodiacal ÍNDIGO
Color de destino ÍNDIGO

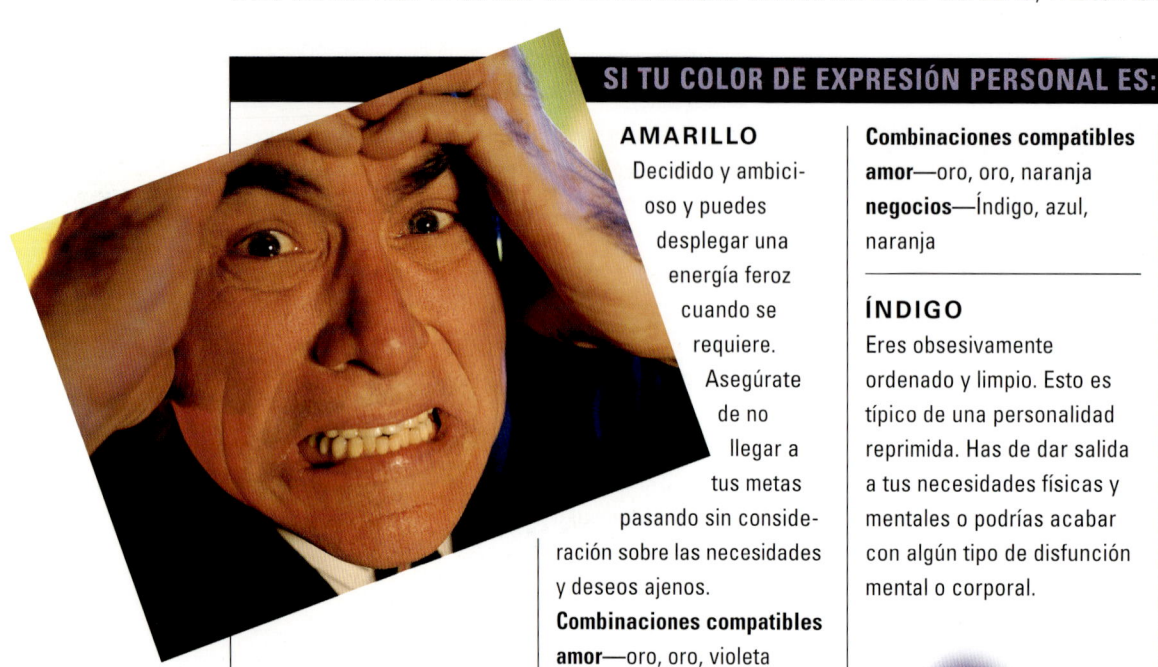

Te tomas la vida muy en serio

No hay suficiente alegría y risa en tu vida porque eres demasiado serio. No es que esto sea una cosa negativa ya que eres extremadamente justo en todo lo que haces, y a menudo te portas con una nobleza y magnanimidad que ensombrece a otros personajes más llamativos. Te atraen de forma natural temas como el derecho, matemáticas o filosofía.

SI TU COLOR DE EXPRESIÓN PERSONAL ES:

AMARILLO
Decidido y ambicioso y puedes desplegar una energía feroz cuando se requiere. Asegúrate de no llegar a tus metas pasando sin consideración sobre las necesidades y deseos ajenos.
Combinaciones compatibles
amor—oro, oro, violeta
negocios—oro, oro, violeta

ROJO
Te gusta pensar que puedes abordar con racionalidad todas las decisiones que tomas, y por ello te sorprenden con frecuencia las muchas veces que recurres a tu destacable intuición.
Combinaciones compatibles
amor—oro, oro, verde
negocios—oro, oro, verde

NARANJA
Bajo tu exterior calmo e intelectual hay una criatura sensual que se muere por salir. Si no sales y disfrutas de la vida, podrías sufrir severos desequilibrios tanto de tu cuerpo como del alma.
Combinaciones compatibles
amor—oro, amarillo, azul
negocios—oro, oro, violeta

VERDE
La seriedad de tu mente te lleva a menudo a preguntarte cuestiones sobre ecología y hábitat naturales. Podrías hacer mucho para instruir a los demás y aumentar su conciencia del mundo natural y su lugar en él.
Combinaciones compatibles
amor—oro, amarillo, rojo
negocios—oro, naranja, rojo

AZUL
Tu mente está tan totalmente absorbida en otras cosas que eres como el proverbial sabio distraído. Se te olvida todo o todos los que no tengan nada que ver con tus intereses. Esto podría hacerte ignorar las necesidades ajenas.
Combinaciones compatibles
amor—oro, oro, naranja
negocios—Índigo, azul, naranja

ÍNDIGO
Eres obsesivamente ordenado y limpio. Esto es típico de una personalidad reprimida. Has de dar salida a tus necesidades físicas y mentales o podrías acabar con algún tipo de disfunción mental o corporal.
Combinaciones compatibles
amor—oro, verde, naranja
negocios—oro, verde, naranja

VIOLETA
Tus habilidades físicas están altamente desarrolladas, pero a expensas de las físicas. Usa el oro y el amarillo para equilibrar y dar optimismo a tu vida.
Combinaciones compatibles
amor—oro, oro, amarillo
negocios—rojo, azul, amarillo

MAGENTA
Por el amor a ti mismo aprendes a afrontar y vencer tus temores internos. Hace falta coraje y no implica debilidad. Hacerlo simplemente te hará más fuerte.
Combinaciones compatibles
amor—lima, oro, oro
negocios—lima, oro, oro

ORO
Detrás de tu exterior austero hay un corazón amable y cariñoso, pero necesitas liberarte de tu temor a ser herido y a dejar a la gente verte desde esa perspectiva, o podrías acabar bastante solitario.
Combinaciones compatibles
amor—oro, oro, Índigo
negocios—oro, oro, Índigo

TUS TRES COLORES ESENCIALES

114

Eres un investigador

La luz muestra, por naturaleza, cosas que preferiríamos ocultas. Con tus fuertes poderes de intuición y aún más fuertes instintos espirituales, has nacido para comprender profundos misterios. Vives la mayor parte de tu vida en tu mente, a menudo mirando a tu imaginación cuando las crudas realidades del mundo en que vivimos se revelan demasiado para ti.

Color zodiacal ÍNDIGO
Color de destino VIOLETA

SI TU COLOR DE EXPRESIÓN PERSONAL ES:

ROJO
Te fascina el intercambio entre la medicina ortodoxa y los remedios naturales y alternativos. tu mente inquisidora y tu naturaleza espiritual te proveerán de todas las respuestas que necesitas.
Combinaciones compatibles
amor—oro, amarillo, verde
negocios—oro, amarillo, verde

NARANJA
Eres propenso a actitudes lúgubres y raptos ocasionales de duda, pero no cuesta mucho animarte, y sabes que tu maravilloso sentido del humor es tu más poderosa defensa contra los desórdenes emocionales.
Combinaciones compatibles
amor—oro, amarillo, azul
negocios—oro, oro, azul

AMARILLO
Eres como un soplo de aire fresco y primaveral, trayendo alegría y felicidad a todos los que tienes alrededor. También eres ferozmente protector de aquellos a los que consideras tus amigos
Combinaciones compatibles
amor—oro, amarillo, oro
negocios—oro, amarillo, oro

VERDE
Eres idealista y a menudo te sientes decepcionado cuando el mundo no se corresponde con los grandes planes que tienes en mente. Pon algo de oro y rojo en tu vida que te dé el optimismo necesario para equilibrarte.
Combinaciones compatibles
amor—oro, amarillo, verde
negocios—rojo, amarillo, oro

AZUL
Nada te hace más feliz que hacer a alguien feliz, por lo que serías un excelente cuidador. Asegúrate de que te dejas tiempo para cuidarte o bien podrías acabar cansado y exhausto.
Combinaciones compatibles
amor—oro, amarillo, amarillo
negocios—naranja, rojo, azul

ÍNDIGO
Si decidieras meterte en el campo de la medicina, ya sea ortodoxa o alternativa, tus habilidades de investigador y poderes de intuición te serán muy útiles.
Combinaciones compatibles
amor—oro, amarillo, amarillo
negocios—oro, amarillo, oro

VIOLETA
Tu insistencia en encontrar una razón científica en cada problema, pequeño o grande, te puede hacer muy infeliz. Esto se ve palmariamente cuando de pronto te enfrentas a una crisis profunda o trauma personal.
Combinaciones compatibles
amor—oro, amarillo, amarillo
negocios—oro, amarillo, oro

MAGENTA
Amas y eres amado por los demás, y todo lo que haces es un reflejo de la conexión que sientes con las criaturas y maravillas del universo.
Combinaciones compatibles
amor—lima, oro, magenta
negocios—lima, rojo, amarillo

ORO
A veces quedas muy impactado por las muestras ajenas de crueldad, pero has sido dotado con el poder del pensamiento positivo porque justo cuando parece que estás al borde del abismo, siempre te las arreglas para volver al juego.
Combinaciones compatibles
amor—naranja, amarillo, Índigo
negocios—naranja, oro, Índigo

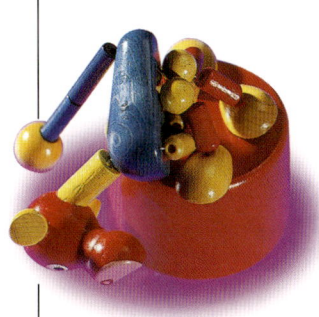

EL COLOR ÍNDIGO

Color zodiacal ÍNDIGO
Color de destino MAGENTA

Eres desinteresado

Eres como un mártir en tu devoción al bienestar general de los demás, pero como los antiguos santos, eres un tanto radical, buscando revolucionar las mentalidades en todo momento y ponerte enfrente de creencias que has desarrollado durante el curso de toda la vida. Con el magenta, símbolo de la energía espiritual más elevada, tus experiencias harán tu alma más rica.

SI TU COLOR DE EXPRESIÓN PERSONAL ES:

ROJO
Tus deseos físicos entran en conflicto con el amor incondicional. Si has estado alguna vez enamorado, entenderás lo que esto implica.
Combinaciones compatibles
amor—lima, oro, verde
negocios—lima, oro, oro

NARANJA
Los valores que te fueron impuestos están siendo lentamente superados. Las emociones nocivas de baja autoestima son reemplazadas con sentimientos de confianza y una fe creciente en tus propias habilidades.
Combinaciones compatibles
amor—lima, oro, azul
negocios—lima, oro, oro

AMARILLO
Tienes una disposición feliz y sonriente. Ésta es al menos la impresión que das a los demás. Solamente tú sabes si eso representa de verdad tu interior.
Combinaciones compatibles
amor—lima, oro, violeta
negocios—lima, oro, violeta

VERDE
Como tus creencias infantiles en los reyes magos o el ratoncito Pérez, los valores que has tenido siempre podrían no tener ya la validez necesaria. Debes tomar una perspectiva más fresca sobre tus creencias, prescindir de las que ya no tengan mucho significado, y sustituirlas con las que te sean más relevantes.
Combinaciones compatibles
amor—lima, oro, rojo
negocios—lima, oro, rojo

AZUL
Está muy bien que tengas un natural tan cariñoso y salgas de lo tuyo para ayudar. ¿Se puede aplicar esto a todos o sólo a quien cumple ciertos criterios? El amor incondicional implica amar sin excepciones.
Combinaciones compatibles
amor—lima, oro, naranja
negocios—lima, oro, naranja

ÍNDIGO
A veces te sientes en baja forma sin muchas razones. Es natural y no es nada. Si no pasara, encuentra qué está generando esas emociones y supéralas con el poder del amor.
Combinaciones compatibles
amor—lima, oro, oro
negocios—lima, naranja, oro

VIOLETA
Tus necesidades y deseos personales son continuamente sacrificados por los demás. Por ello, te sientes rechazado y no merecedor del amor. Haz por superarlos y reconocer que eres una única, bellísima persona.
Combinaciones compatibles
amor—lima, oro, amarillo
negocios—lima, oro, amarillo

MAGENTA
Has tenido lo tuyo de relaciones en tu vida, pero aún estás buscando tu media manzana. Quizás si dejaras de buscar la perfección, esa persona especial podría surgir de pronto.
Combinaciones compatibles
amor—amarillo, verde, oro
negocios—amarillo, verde, oro

ORO
Con amable sabiduría transmutas tus necesidades físicas y deseos en sentimientos de amor, compasión, paz y tranquilidad.
Combinaciones compatibles
amor—lima, oro, Índigo
negocios—lima, oro, violeta

Estás excepcionalmente dotado

Trabajando por tu mayor meta espiritual de dejar al margen tu necesidad de éxito material, te centras en compartir tu sabiduría, y en transmutar tus deseos físicos en sentimientos de amor para el mayor bienestar. Es una meta increíble, que requiere coraje y fuerza de voluntad, pero el oro como color de destino te garantiza lograr el triunfo.

Color zodiacal **ÍNDIGO**
Color de destino **ORO**

SI TU COLOR DE EXPRESIÓN PERSONAL ES:

ROJO
Como todo el mundo, tienes necesidades físicas y deseos que han de cumplirse si has de vivir una vida feliz, saludable y plena. Aprende a vencer los sentimientos de culpa que conciernen a tu cuerpo, y a disfrutar tu vida sexual.
Combinaciones compatibles 
amor—oro, Índigo, verde
negocios—oro, Índigo, verde

NARANJA
Estás excepcionalmente dotado. Todo el mundo quiere aconsejarse en ti, y no sólo se benefician de tus conocimientos de los hechos, sino también de tu inconmovible fe en la bondad del espíritu humano.
Combinaciones compatibles
amor—oro, Índigo, azul
negocios—oro, Índigo, oro

AMARILLO
Todo lo que haces resulta un éxito, pero esto puede suscitar la envidia. Por dentro, sabes que el éxito verdadero que buscas es la satisfacción de tu ansia por una conciencia espiritual completa.
Combinaciones compatibles
amor—oro, Índigo, violeta
negocios—oro, Índigo, violeta

VERDE
Se te está restringiendo que sigas los dictados del corazón. Nada sucede sin una razón o propósito, así que aprende a aceptar este estado de cosas y en su momento todo se sabrá.
Combinaciones compatibles
amor—oro, Índigo, rojo
negocios—oro, Índigo, oro

AZUL
Te pones muy impaciente cuando las cosas no van exactamente como tú habías planeado. No te frustras tanto si aprendes a confiar en los misterios de la creación y en que lo que buscas será revelado en el momento justo.
Combinaciones compatibles
amor—oro, Índigo, naranja
negocios—oro, Índigo, oro

ÍNDIGO
Raramente escondes tus verdaderas intenciones y usas generosamente tu saber y talento en beneficio de todos. Abriendo tu mente a diversas formas de ver el mundo, estarás en condiciones de saber aún más.
Combinaciones compatibles
amor—oro, Índigo, amarillo
negocios—oro, Índigo, rojo

VIOLETA
Éste es un poderoso color, lo que intensifica la manera en que puedes controlar situaciones dignamente. Al arreglar tus problemas de inseguridad emocional, los transformas en emociones de paz y amor.
Combinaciones compatibles
amor—oro, Índigo, amarillo
negocios—oro, Índigo, oro

MAGENTA
Tu profundo amor y compasión se expresan en tu vida de devoción desinteresada a las necesidades espirituales ajenas.
Combinaciones compatibles
amor—lima, oro, Índigo
negocios—lima, oro, Índigo

ORO
Eres un líder nato. No teniendo necesidad de triunfalismos externos, compartes tu saber generosamente con los demás, sin pensar en recompensas de ningún tipo.
Combinaciones compatibles
amor—oro, Índigo, Índigo
negocios—oro, Índigo, oro

EL COLOR ÍNDIGO

El color violeta

El violeta es un color poderoso, resultado de mezclar rojo y azul, así que todos estos colores deben considerarse en el esquema. Induce a la relajación profunda, haciéndonos sentir poderosos y dignos. Incluso más que el índigo, referido al conocimiento y la imaginación, es el color de la espiritualidad y nos ayuda a percibir la unidad mística del universo. Un buen equilibrio de violeta en el esquema hace que sintamos que tenemos el control, y confiere unas sosegadas dignidad y determinación.

El complementario del violeta es el amarillo (p. 58), así que si ves que tu carta tiene demasiada relajación violeta, quizás sería interesante considerar introducir más amarillo en tu vida. En las siguientes páginas, encontrarás un pronóstico personalizado de cada combinación cromática triple con el violeta como color zodiacal.

Salud física

El violeta influye en el sistema nervioso, el cerebro, y cualquier área de la cabeza. Ya se han tratado con éxito la amnesia, problemas dermatológicos generales, desórdenes mentales e infecciones. Tiene el poder de controlar el dolor, pero requiere ser usado con precaución, porque el dolor puede indicar una causa más profunda. Lleva al chakra de la corona, llamado *sahasrara*, en sánscrito *multiplicado por 1.000*, y es conocido como el loto de 1.000 pétalos. La glándula asociada al chakra de la corona es la pineal. Ésta regula los ritmos del cuerpo y la salud emocional. Su función está relacionada con la enfer-medad conocida como Desorden Afectivo Estacional (DAE).

Salud emocional

El violeta influye en el sistema nervioso, las emociones, y el estado mental. Sus poderes sedantes relajan el sistema nervioso y es un buen remedio antiestresante. La suavidad curativa del violeta es efectiva ante un shock o trauma emocional repentino, y lo es aún más cuando se administra en la forma de un cristal o de una esencia de amatista. Alguien con una influencia violeta bien equilibrada en su carta de colores se sentirá bajo control y poderosa. Pero si el violeta está excesivamente presente, cualidades negativas como la irritabilidad, impaciencia y arrogancia, emergen. Una disminución de violeta puede reducir la autoestima, pensamiento negativo y apatía.

Salud espiritual

El chakra corona es un muy poderoso centro de energía, localizado en la parte superior de la cabeza. Esotéricamente se relaciona con la fe, el sentido espiritual, y la búsqueda de sentido personal. Un buen equilibrio de violeta nos hace plenamente conscientes de nuestra esencia divina y de la conexión con su fuente. Dema-siado poco o mucho en una carta desequilibra el chakra corona, dejando a la persona totalmente desconectada de su fuente espiritual. La meta espiritual de la persona violeta debería ser conectar y reconocer la esencia divina en los demás y ayudarlos a hacerse plenamente conscientes de la centralidad de sus almas.

Relaciones

VIOLETA CON ROJO Ésta es una relación muy intensa y habrá que trabajar duro para no dejarse abrumar por el cónyuge.

VIOLETA CON ESCARLATA Funcionará si las poderosas energías sexuales de tu pareja están bajo control.

VIOLETA CON NARANJA Esta relación irá bien. Tu pareja te mantendrá los pies en el suelo y acabará con tus temores imaginarios.

VIOLETA CON ORO Ambos tenéis firmes fuerzas espirituales y conectáis muy bien juntos.

VIOLETA CON AMARILLO Os complementareis mutuamente en todo lo que hagáis y vuestra vida será muy exitosa.

VIOLETA CON LIMA Tu pareja limpiará tu mente de cualquier influencia negativa, manteniéndote en el buen camino y equilibrando y armonizando tu vida.

VIOLETA CON VERDE Tendréis que trabajar duro en esta relación porque tu dificultad para centrarte podría irritar a tu pareja.

VIOLETA CON TURQUESA Mientras no dejes que las habilidades psíquicas de tu pareja interfieran, todo irá perfectamente.

VIOLETA CON AZUL Si perseguís llevar una existencia pacífica y relajada, ésta será una armoniosa relación.

VIOLETA CON ÍNDIGO Para que esta pareja funcione, tendréis que aceptar las creencias del otro.

VIOLETA CON VIOLETA Siempre estaréis en la misma onda y sabréis qué es lo que piensa cada uno. Esto es positivo, pero también negativo.

VIOLETA CON MAGENTA Ésta es una relación potencialmente excelente, ya que tu pareja ayudará a que tus sueños se cumplan.

Tienes intensidad interior

Color zodiacal **VIOLETA**
Color de destino **ROJO**

La combinación de estos dos colores crea el púrpura, lo que indica que buscas respuestas al sentido de la vida y la existencia de tu alma. Con el rojo como color de destino, la supervivencia y tu seguridad física y emocional también figuran como asuntos que te importan. Esta conciencia de tu mortalidad no hace más que incrementar tu ansia de autoconciencia espiritual.

SI TU COLOR DE EXPRESIÓN PERSONAL ES:

ROJO
Con esta cantidad de rojo combinado con violeta, tus energías masculinas están desequilibradas, creando problemas sexuales. Desecha los sentimientos negativos asociados.
Combinaciones compatibles
amor—amarillo, verde, verde
negocios—oro, verde, verde

NARANJA
Tu creatividad se expresa mediante el chakra de la garganta, asociado con la comunicación y la autoexpresión, en la forma de hermosas obras de arte y música.
Combinaciones compatibles
amor—amarillo, verde, azul
negocios—oro, verde, azul

AMARILLO
Estás tan ocupado con lograr el éxito en la vida que tienes poco tiempo para sentarte y examinar hacia dónde vas y por qué razón haces lo que haces al fin y al cabo.
Combinaciones compatibles
amor—amarillo, verde, violeta
negocios—oro, verde, violeta

VERDE
Desesperadamente intentas hallar el sentido de la vida y lo buscas en lo natural. Si aceptas que la esencia divina está en ti y a tu alrededor, estarás aún más cerca de la respuesta.
Combinaciones compatibles
amor—amarillo, verde, rojo
negocios—oro, verde, rojo

AZUL
Tus amables acciones y cualidades cariñosas te conectan con tu esencia divina y la conciencia de tu alma. Sabes de qué va la vida y ayudas a otros a vencer sus temores emocionales.
Combinaciones compatibles
amor—amarillo verde, naranja
negocios—oro, verde, naranja

ÍNDIGO
Te aproximas al sentido de la vida mediante las teorías de la reencarnación y de las vidas pasadas. Esto te mostrará la prueba para y en contra de tales cosas. Solamente el saber empírico te dará la verdad auténtica.
Combinaciones compatibles
amor—amarillo, verde, oro
negocios—amarillo, verde, naranja

VIOLETA
Te sientes totalmente aislado e incapaz de hallar la fuente de tu existencia. Incluso con una vida de reclusión religiosa no lograrías necesariamente las respuestas que necesitas. Centrarte menos en ti y más en los demás y quizás lo consigas.
Combinaciones compatibles
amor—amarillo, verde, amarillo
negocios—amarillo, verde, oro

MAGENTA
Hay una intensa ansia dentro de ti por creer en la existencia del alma. Todos tus actos amables están levantando gradualmente los velos de la duda y el miedo para que contactes con tu ser.
Combinaciones compatibles
amor—amarillo, verde, verde
negocios—amarillo, verde, oro

ORO
Tienes gran fe y crees firmemente en la existencia de tu alma, y estás totalmente al mando de todo aspecto de tu vida.
Combinaciones compatibles
amor—amarillo, verde, Índigo
negocios—oro, verde, verde

EL COLOR VIOLETA

Color zodiacal **VIOLETA**
Color de destino **NARANJA**

Eres artístico

Tus facultades espirituales e intuitivas están altamente desarrolladas y buscas sin cesar la comprensión del sentido de la vida y de tu papel en el gran teatro del universo. Con el naranja como color de destino, eres también maravillosamente hilarante y creativo, con ojos incansables para lo bello. Tu naturaleza espiritual alimanta tus incuestionables talentos artísticos.

SI TU COLOR DE EXPRESIÓN PERSONAL ES:

ROJO
Al hacerte gradualmente cada vez más consciente de tu espiritualidad, tus deseos sexuales decrecen y pasan a ser expresión artística y creativa.
Combinaciones compatibles
amor—amarillo, azul, verde
negocios—oro, azul, verde

NARANJA
Tienes gran expresión artística. Tus creaciones están en onda con los tiempos que vives porque no son de este mundo. Sin perder este maravilloso talento, intenta tener un poco los pies en el suelo. Sé realista.
Combinaciones compatibles
amor—amarillo, azul, azul
negocios—oro, azul, azul

AMARILLO
YEres muy rimbombante, y puedes ser impetuoso e irreflexivo a veces. Tu natural amable y cariñoso vence las emociones negativas que puedan surgir.
Combinaciones compatibles
amor—amarillo, azul, violeta
negocios—oro, azul, violeta

VERDE
Comprendes lo positivo y negativo que tus acciones pueden traer a otros. Usa esta conciencia para controlarlas y te sorprenderán los resultados que se pueden llegar a conseguir.
Combinaciones compatibles
amor—amarillo, azul, rojo
negocios—oro, azul, rojo

AZUL
Eres una persona muy amable y cariñosa, a veces para tu desgracia. Pero todas estas cualidades te están acercando a la fuente divina, y alimentan el sustento de tu alma.
Combinaciones compatibles
amor—amarillo, azul, naranja
negocios—oro, azul, naranja

ÍNDIGO
Te fascina la filosofía, no en el sentido árido y abstracto, sino porque te puede enseñar a vivir. Así, saca tu sabiduría de la experiencia directa al igual que la que contienen los libros. Halla maneras de expresarlo mediante tus aún vírgenes dones creativos.
Combinaciones compatibles
amor—amarillo, azul, oro
negocios—oro, azul, oro

VIOLETA
Otros acuden a ti por causa de tus dones espirituales. Aprende a usarlos sabia y compasivamente, guiando a los demás por sus facultades espirituales antes que por las físicas.
Combinaciones compatibles
amor—amarillo, azul, amarillo
negocios—oro, azul, amarillo

MAGENTA
Perdonas fácilmente y comprendes bien a los demás. Esto transforma tus experiencias traumáticas en cualidades del alma como el amor incondicional.
Combinaciones compatibles
amor—amarillo, verde, azul
negocios—amarillo, verde, azul

ORO
Sabes cuándo salir y divertirte y cuándo retirarte a tu santuario interior de paz y de quietud. Mientras exista ese equilibrio entre ambas cosas, jamás tendrás nada que temer.
Combinaciones compatibles
amor—amarillo, azul, Índigo
negocios—oro, azul, Índigo

Tienes una mente lógica

Color zodiacal VIOLETA
Color de destino AMARILLO

Muy adentro, tienes un ansia fuerte de una vida espiritual rica, pero a veces encuentras difícil reconciliar esto con tu agudeza mental lógica y racional. Tus formas de pensar te compelen a revisar continuamente tus creencias espirituales y a explorar muchas fes y tradiciones espirituales diferentes. Puedes vivir con tus dudas, y éstas estimulan más que entorpecen tu maduración espiritual.

SI TU COLOR DE EXPRESIÓN PERSONAL ES:

ROJO
Eres muy práctico y agudo para las finanzas. Esto te ha proporcionado muchos éxitos. No dejes que éstos denieguen la existencia de la divina esencia que guía tu vida y genera estos logros.
Combinaciones compatibles
amor—amarillo, violeta, verde
negocios—oro, violeta, verde

NARANJA
Eres un alma bella. Eres cariñoso, compasivo y generoso. También eres muy sabio y los demás te buscan como guía espiritual.
Combinaciones compatibles
amor—amarillo, violeta, azul
negocios—oro, violeta, azul

AMARILLO
Triunfas en cualquier cosa que abordas. Estás en sintonía perfecta con la esencia divina que te guía en la vida. Otros desean sabotear tu éxito porque te envidian, pero eres lo suficientemente sabio para pasar por encima de esto.
Combinaciones compatibles
amor—amarillo, violeta, violeta
negocios—oro, violeta, violeta

VERDE
Tu gusto por la organización aborrece la confusión, pero también estás muy abierto a nuevas ideas y experiencias. Así alimentas tus recursos y facilitas tu adaptación al cambio.
Combinaciones compatibles
amor—amarillo, violeta, rojo
negocios—oro, violeta, rojo

AZUL
Ha habido grandes cambios en tu vida. Esto te ha dejado sintiéndote desarraigado e inseguro acerca de tus raíces. No importa dónde estén, porque tú puedes conectar con tu alma donde quiera que estés.
Combinaciones compatibles
amor—amarillo, violeta, naranja
negocios—oro, violeta, naranja

ÍNDIGO
Todo el conocimiento del mundo no sirve sin la sabiduría para interpretarlo. Tienes la experiencia vital y cualidades personales para desarrollar ese saber y usarlo.
Combinaciones compatibles
amor—amarillo, violeta, oro
negocios—oro, violeta, oro

VIOLETA
Tienes mucho talento para extraer un concepto clave de una masa de aparente confusión. Esto se debe en parte a tu mente lógica, pero no debes subestimar el papel principal que juega tu intuición aquí.
Combinaciones compatibles
amor—amarillo, violeta, amarillo
negocios—oro, violeta, amarillo

MAGENTA
Sientes una íntima conexión con el mundo natural, y no hay nada que quieras más que escaparte a las espesuras, lejos de las preocupaciones del mundo material.
Combinaciones compatibles
amor—amarillo, verde, violeta
negocios—amarillo, verde, violeta

ORO
Debes acabar con tus emociones negativas. Hacerlo, no obstante, quizás te cueste examinar las causas psicológicas que tiene. En lugar de dar todo tu amor y compasión a los demás, déjate algo para ti.
Combinaciones compatibles
amor—amarillo, violeta, Índigo
negocios—oro, rojo, Índigo

Color zodiacal **VIOLETA**
Color de destino **VERDE**

Necesitas un poco de variedad

Muchos ven la fe espiritual como el fin del camino cuando en realidad es de hecho el inicio de un arduo viaje. Para que tu alma se desarrolle, debe pasar muchas pruebas de resistencia, pero el verde como color de destino determina que prefieras por instinto una vida tranquila a una variada. Por tanto, necesitas aceptar el cambio por las muchas oportunidades que puede reportarte.

SI TU COLOR DE EXPRESIÓN PERSONAL ES:

ROJO
Una intensa combinación, buscas terriblemente el sentido de la vida. Esto te hace plantearte cuestiones de supervivencia, generando grandes cambios emocionales y temores internos que intentas vencer.
Combinaciones compatibles
amor—amarillo, rojo, verde
negocios—oro, rojo, verde

NARANJA
Te encanta viajar y mucha gente viene y va en tu vida. Este estilo de vida te dificulta las cosas a la hora de lograr relaciones perdurables. Cuando alguien nuevo llegue a tu vida, intenta aprender de él. Todas las experiencias son válidas.
Combinaciones compatibles
amor—amarillo, rojo, azul
negocios—oro, rojo, azul

AMARILLO
Eres muy sensible y te entristece que otros acaben las relaciones amorosas. Recurre a tu coraje interno para superar el trauma emocional que restringe tu desarrollo personal.
Combinaciones compatibles
amor—amarillo, rojo, naranja
negocios—oro, rojo, naranja

VERDE
Algunos crean los cambios para arreglar las cosas y mejorar situaciones particulares. No eres uno de ellos, y de producirse más cambios en tu vida, podrían generar mala salud o desequilibrio emocional.
Combinaciones compatibles
amor—amarillo, rojo, rojo
negocios—oro, rojo, rojo

AZUL
Tus creencias cambiantes crean inestabilidad espiritual y mucha confusión. No niegues la existencia de la conciencia psíquica porque conociéndola puedes protegerte contra influencias negativas.
Combinaciones compatibles
amor—amarillo, rojo, oro
negocios—oro, rojo, oro

ÍNDIGO
Estás irritado contra tus cambios vitales, y te resistes. Necesitas aprender a sumergirte en lo desconocido de vez en cuando si estás decidido a disfrutar de las excitantes oportunidades que la vida puede ofrecer.
Combinaciones compatibles
amor—amarillo, rojo, oro
negocios—naranja, rojo, oro

VIOLETA
Has de vencer tu miedo a los cambios y dar la bienvenida a la oportunidad que te da para desarrollar tu alma.
Combinaciones compatibles
amor—amarillo, rojo, amarillo
negocios—oro, rojo, amarillo

MAGENTA
Tu vida está enfocada en desarrollar las cualidades que requiere tu alma para su continuada existencia y viaje a las regiones más elevadas de la conciencia.
Combinaciones compatibles
amor—amarillo, verde, rojo
negocios—amarillo, azul, rojo

ORO
Creas oportunidades para que tu alma se desarrolle. Esto eleva tu conciencia a niveles más elevados de inspiración divina.
Combinaciones compatibles
amor—amarillo, rojo, Índigo
negocios—amarillo, naranja, Índigo

TUS TRES COLORES ESENCIALES

Estás inspirado

Con el azul como color de destino, tienes la voluntad y el poder de comunicación para llevar tus fuerzas espirituales a nuevas inspiraciones. Eres incansable en mente y alma, y te beneficiarías de la meditación y la relajación profunda si has de encontrar formas de nutrir tus necesidades espirituales y creativas al máximo.

Color zodiacal **VIOLETA**
Color de destino **AZUL**

SI TU COLOR DE EXPRESIÓN PERSONAL ES:

ROJO
Buscas desesperadamente la existencia del alma. Las tentaciones del mundo material lo hacen difícil. Gradualmente, transformas tus deseos físicos en cualidades de amor incondicional, lo que te acabará acercando a tu meta.
Combinaciones compatibles
amor—amarillo, naranja, verde
negocios—oro, naranja, verde

NARANJA
Eres un místico puesto al día. Vives simplemente y, transformando tus habilidades físicas, canalizas perfectamente la sabiduría divina.
Combinaciones compatibles
amor—amarillo, naranja, azul
negocios—oro, naranja, azul

AMARILLO
Ya sea en el trabajo o en casa, adonde vayas, generas luz divina y amor desde tu corazón. Tus fuerzas provienen de tus profundas creencias en un plan divino que obra para el bien de la humanidad.
Combinaciones compatibles
amor—amarillo, naranja, violeta
negocios—oro, naranja, violeta

VERDE
Amas la naturaleza y vives una vida simple. Crees firmemente en que un cuerpo sano implica una mente sana y vives según esto, evitando todo aquello que pueda dañarte.
Combinaciones compatibles
amor—amarillo, naranja, rojo
negocios—oro, naranja, oro

AZUL
Eres un comunicador fantástico, y aunque amable y compasivo, eres también duro y resistente. Tu principal destreza es la comunicación del alma.
Combinaciones compatibles
amor—amarillo, naranja, naranja
negocios—oro, naranja, naranja

ÍNDIGO
Los demás se sorprenden por tu instinto nato para actuar en el momento justo. Esto no sólo viene del conocimiento que has adquirido: también viene de tu conexión espiritual con la fuente divina.
Combinaciones compatibles
amor—amarillo, naranja, oro
negocios—oro, naranja, oro

VIOLETA
Todas tus necesidades físicas y emocionales están siendo controladas. Si han sido transformadas para alimentar tu alma, maravilloso. Si estás suprimiéndolas, más vale que las dejes estar, o tu salud se resentirá.
Combinaciones compatibles
amor—amarillo, naranja, amarillo
negocios—amarillo, naranja, oro

MAGENTA
Se te está concienciando de diversas dimensiones existenciales. Te están llegando en visiones, meditando y mediante percepciones sensoriales. Aunque el realista que eres lo vea difícil, los cambios en tu vida son innegables.
Combinaciones compatibles
amor—amarillo, verde, naranja
negocios—amarillo, verde, oro

ORO
Eres un verdadero maestro y líder espiritual, viviendo y funcionando tanto en el mundo espiritual y físico, y siendo realista acerca de ambos.
Combinaciones compatibles
amor—amarillo, naranja, Índigo,
negocios—oro, naranja, amarillo

EL COLOR VIOLETA

Color zodiacal VIOLETA
Color de destino ÍNDIGO

Tienes la cabeza en las nubes

Eres un soñador y vives la mayor parte de tu vida en tu cabeza. Eso es probablemente un mecanismo de defensa, ya que necesitas un propósito y no puedes concebir un universo sin sentido. Tu alma ansía ser liberada pero tú reculas presa del miedo. Has de aprender a contactar con tu divina esencia y tu vida podrá tomar nuevos caminos y significados.

SI TU COLOR DE EXPRESIÓN PERSONAL ES:

ROJO
Necesitas desesperadamente conocer el sentido de la vida, qué haces aquí y dónde vas. Al hacerse la búsqueda más intensa, podrían surgir sentimientos de desesperación. La única manera de tratar con esto es reconocer la existencia de tu propia alma.
Combinaciones compatibles
amor—amarillo, verde, verde
negocios—amarillo, oro, verde

NARANJA
Usas tu creatividad para poner en juego las partes de ti de las que eras menos consciente. Esto te da una perspectiva interna sobre tu sentido vital, lo que te hace menos ansioso.
Combinaciones compatibles
amor—amarillo, oro, azul
negocios—naranja, oro, azul

AMARILLO
Estás lleno de alegría y amor para socializar. Vencer tus temores emocionales te ha hecho consciente de su efecto negativo sobre tu vida y desarrollo personal.
Combinaciones compatibles
amor—amarillo, oro, violeta
negocios—amarillo, amarillo, violeta

VERDE
Has de luchar para que tus nuevas ideas se acepten, pero una vez que te decides, persistes hasta salirte con la tuya. Deberías aceptar que el compromiso es posible, y eso a menudo beneficia a todos.
Combinaciones compatibles
amor—amarillo, oro, rojo
negocios—naranja, oro, rojo

AZUL
Siempre intentas hacer lo correcto pero no tienes mucho éxito. Si prestaras más atención a tu intuición, adelantarías mucho más, y además te ahorrarías muchísimo dolor de corazón.
Combinaciones compatibles
amor—amarillo, oro, naranja
negocios—amarillo, oro, rojo

ÍNDIGO
Eres amable y cariñoso, pero hay demasiado azul en esta combinación y si no cambias lo que estás haciendo, podría muy bien darte una profunda depresión.
Combinaciones compatibles
amor—amarillo, oro, oro
negocios—amarillo, oro, oro

VIOLETA
Lo haces todo en sintonía con tus creencias espirituales. Debes acometer el equilibrio de todas las energías en tu vida, en lugar de permitir que una domine a las demás.
Combinaciones compatibles
amor—amarillo, oro, amarillo
negocios—amarillo, oro, naranja

MAGENTA
Para tu progreso espiritual, necesitas afrontar las crudas realidades de la vida con la cabeza alta, y vencerlas. Con un amor puro e incondicional, lo podrás todo.
Combinaciones compatibles
amor—amarillo, verde, oro
negocios—amarillo, violeta, verde

ORO
Crees firmemente en el poder de la mente para vencer obstáculos y para cambiar las condiciones. Puedes usar este poder e ideal para ayudar a los demás a curarse.
Combinaciones compatibles
amor—amarillo, oro, Índigo
negocios—amarillo, verde, amarillo

No tienes descanso

Con esta doble dosis de violeta en tu carta, eres consciente de la fragilidad temporal de todas las cosas y sabes que no tendrás descanso hasta que halles la paz en otra realidad, más allá de tiempo y cambios. Dependiendo de las cosas que sucedan en tu vida, estarás o abierto a nuevas ideas o cerrado y bastante descreído.

Color zodiacal VIOLETA
Color de destino VIOLETA

SI TU COLOR DE EXPRESIÓN PERSONAL ES:

ROJO
Tienes muy poco tiempo para pensar en tus necesidades espirituales, y al hacerlo, suprimes tales pensamientos. Tu alma lucha por ser reconocida. No permitas que esto continúe porque al ver que de verdad necesitas ayuda espiritual, no podrás llegar a ella.
Combinaciones compatibles
amor—amarillo, amarillo, verde
negocios—oro, amarillo, verde

NARANJA
Eres muy bueno visualizando ideas y tus creaciones vienen de las imágenes que recibes meditando. Todo esto te hace creer firmemente en el mundo espiritual y en la esencia de tu alma.
Combinaciones compatibles
amor—amarillo, amarillo, azul
negocios—amarillo, amarillo, azul

AMARILLO
Tienes creencias espirituales muy profundas pero eso no te impide ser una persona alegre y excitante para los demás. Tus propias necesidades son olvidadas en tu deseo por servir a los demás.
Combinaciones compatibles
amor—amarillo, amarillo, violeta
negocios—oro, amarillo, violeta

VERDE
Es maravilloso que seas tan apasionado en tus creencias. Aun así, no todo el mundo comparte el mismo entusiasmo y estás en peligro de intentar remover emociones ajenas no deseadas.
Combinaciones compatibles
amor—amarillo, amarillo, rojo
negocios—oro, amarillo, rojo

AZUL
Toda tu vida está dedicada al servicio de la humanidad. Con este servicio puedes desarrollar la luz divina en tu corazón, lo que crece más fuerte cada vez que ayudas a alguien o irradias emociones positivas de amor.
Combinaciones compatibles
amor—amarillo, amarillo, naranja
negocios—oro, amarillo, naranja

ÍNDIGO
Tu profunda curiosidad te ha llevado a explorar las cosas que están más allá de la mentalidad científica. Esto te ha acercado a comprenderte como ser espiritual.
Combinaciones compatibles
amor—amarillo, amarillo, oro
negocios—oro, amarillo, oro

VIOLETA
Hay demasiado violeta en esta combinación y estás en peligro de volverte insoportable, irritable e impaciente. Si puedes vencer esta actitud, serás una inspiración para todo el mundo.
Combinaciones compatibles
amor—amarillo, verde, rojo
negocios—amarillo, verde, escarlata

MAGENTA
Mediante el amor incondicional, la luz de tu alma crece fuerte e irradia a través de tus pensamientos y acciones a todos los necesitados. Eres capaz de recurrir a esta luz en grandes necesidades y sabes que siempre será una guía para ti.
Combinaciones compatibles
amor—amarillo, verde, oro
negocios—amarillo, verde, rojo

ORO
Tu luz interna es tan fuerte que te da la fuerza y coraje necesarios para vencer casi todas las dificultades. Aprende a proyectar esta fuerza a los demás.
Combinaciones compatibles
amor—amarillo, amarillo, Índigo
negocios—oro, amarillo, violeta

EL COLOR VIOLETA

Color zodiacal **VIOLETA**
Color de destino **MAGENTA**

Puedes conseguirlo todo

Aunque en apariencia sosegado e indeciso, enfrentas bien los desafíos, y tienes una gran fuerza interna y autoestima. Con el violeta como color zodiacal y el magenta como color de destino, tienes la libertad de esperanzar e inspirar en todos tus ideales, y de explorar nuevas posibilidades, dejando aparte patrones y maneras de pensar previos.

SI TU COLOR DE EXPRESIÓN PERSONAL ES:

ROJO
El amor ostenta un tremendo poder en tu corazón, amor que si controlas puede cambiar el mundo. Aprendes a transformar el poder de tus deseos primitivos en cualidades del alma, en amor puro e incondicional.
Combinaciones compatibles
amor—amarillo, verde, verde
negocios—amarillo, verde, azul

NARANJA
Tienes una vida muy feliz para disfrutar. Crees firmemente en la existencia de tu alma y creas las condiciones necesarias para su desarrollo.
Combinaciones compatibles
amor—amarillo, verde, azul
negocios—naranja, verde, azul

AMARILLO
Una vez hayas aprendido que la prosperidad real no se basa necesariamente en lo material, lograrás una amplia comprensión acerca de cómo generar más prosperidad en la vida.
Combinaciones compatibles
amor—verde, amarillo, violeta
negocios—verde, amarillo, azul

VERDE
El equilibrio y la armonía son claves para ti. Como en todo, demasiada espiritualidad no es buena para tu bienestar general. Mantenlo en proporción con el resto de tu vida.

Combinaciones compatibles
amor—amarillo, verde, rojo
negocios—lima, oro, rojo

AZUL
La verdad y la justicia universal son todas las cualidades a que apelas para nutrir tu alma. Esto incluye ser fiel a ti mismo al examinar continuamente tus propios valores y creencias.
Combinaciones compatibles
amor—amarillo, verde, naranja
negocios—lima, oro, naranja

ÍNDIGO
Todos tus sentidos sirven para contactar con la fuente divina. Desarrollas esto mediante la meditación y reflexión profundas. Ahora eres tan consciente de tus mundos interiores que ya son parte de tu vida.

Combinaciones compatibles
amor—amarillo, verde, oro
negocios—naranja, verde, oro

VIOLETA
Tus vínculos con mundos superiores de conciencia sustentan tus fuerzas internas y creencia en ti. Otros podrían verlo difícil, así que sé discreto y cuida en quién confías.
Combinaciones compatibles
amor—amarillo, verde, amarillo
negocios—amarillo, verde, oro

MAGENTA
El mayor regalo que se puede hacer es el del amor incondicional. Sólo aceptando todos los aspectos de tu naturaleza, buenos y malos, podrás conseguir un autoconocimiento pleno, y llenar de amor las vidas de los demás.
Combinaciones compatibles
amor—amarillo, verde, oro
negocios—amarillo, verde, rojo

ORO
Sabes que la esencia divina es tu guía. Esta fe se expresa en tu deseo por ayudar a los demás como puedas. No hay límites para esto dado que utilizas tu fuerza interna, esa que hasta el momento, nunca ha fallado.
Combinaciones compatibles
amor—amarillo, verde, Índigo
negocios—amarillo, azul, violeta

TUS TRES COLORES ESENCIALES

126

Te fijas metas importantes

Obtienes tu conocimiento del saber de las edades y de tu propia experiencia directa. Irradias amor y calidez, compartiendo tu sabiduría con los demás. Tu propósito esencial es el bienestar de la humanidad. Te pones metas muy altas y a los demás también, y necesitas vencer sentimientos negativos cuando fracasas.

Color zodiacal **VIOLETA**
Color de destino **ORO**

SI TU COLOR DE EXPRESIÓN PERSONAL ES:

ROJO
Hay intensidad en esta combinación que demanda perfección en todo lo que haces. Esto te crea dificultades a la hora de buscar una pareja o un amante. Después de todo, somos humanos.
Combinaciones compatibles
amor—amarillo, Índigo, verde
negocios—oro, Índigo, verde

NARANJA
Estás inspirado. Desinteresadamente, preparas el terreno en el que los demás pueden vivir y medrar. No buscas recompensas, sólo el deseo de dar alegría y felicidad a los demás.
Combinaciones compatibles
amor—amarillo, Índigo, azul
negocios—oro, Índigo, oro

AMARILLO
El amor y la luz de tu corazón no están ocultos. Brillan para todos a través de los signos de amabilidad y afecto que posées.
Combinaciones compatibles
amor—amarillo, Índigo, violeta
negocios—oro, Índigo, violeta

VERDE
Eres maduro y seguro de ti. Con sabiduría y comprensión, ayudas y animas a los demás a encontrar su propia luz interior, y les enseñas a usarla para curar sus propias mentes y cuerpos.
Combinaciones compatibles
amor—amarillo, Índigo, rojo
negocios—oro, azul, rojo

AZUL
Eres un maestro espiritual compasivo. Mediante el amor incondicional, has transformado tus instintos y deseos en una pura vía para la energía curativa que transfieres a los demás.

Combinaciones compatibles
amor—amarillo, Índigo, naranja
negocios—oro, Índigo, naranja

ÍNDIGO
Tu imaginación no tiene límites y la usas para llegar a estados alterados de la conciencia. Ello te ayuda a conectar con tu alma, a través de la cual recibes ayuda y guía que das a otros.
Combinaciones compatibles
amor—amarillo, Índigo, oro
negocios—amarillo, Índigo, naranja

VIOLETA
Eres como los rayos del sol. Mediante tu ejemplo de amor incondicional, extiendes la verdad espiritual y el conocimiento a los demás.
Combinaciones compatibles
amor—amarillo, Índigo, amarillo
negocios—amarillo, Índigo, oro

MAGENTA
Una hermosa combinación. No hay separación entre tu personalidad externa y tu alma interna, y vives tu vida como si ambas cosas fueran una. Con un gran amor tomas los sueños y visiones de los demás y los conviertes en realidad.
Combinaciones compatibles
amor—amarillo, verde, Índigo
negocios—amarillo, azul, Índigo

ORO
A menudo eres el soporte oculto del trono. Ambicionas el dominio de muchas habilidades y formas de ser, pero sin herir o dominar a nadie.
Combinaciones compatibles
amor—amarillo, Índigo, Índigo
negocios—amarillo, Índigo, magenta

EL COLOR VIOLETA

El color magenta

Magenta es la combinación del rojo y el violeta en la rueda cromática, y el violeta combina rojo y azul, así que todos estos colores deberían ser considerados en el pronóstico. Magenta es el color del pragmatismo y la iniciativa. Como el rojo, puede saturar, pero representa el poder calmado por la razón y la calma. Un buen equilibrio de magenta nos hace cooperativos y apreciados. Demasiado y nos volvemos exigentes e insoportables. Demasiado poco y olvidamos las necesidades espirituales.

El complementario del magenta es el lima (p. 68), así que si en tu esquema hallas demasiada saturación magenta, quizás te convendría poner más lima. En las páginas siguientes hay un pronóstico personalizado para cada combinación tripartita con el magenta de color zodiacal.

Salud física

El magenta vitaliza la adrenalina, la actividad coronaria y el sistema reproductor. Se usa para tratar el cáncer de mama, la trombosis, el bazo, el linfoma, y como diurético. Influencia las glándulas carótidas, cuya función es mantener un adecuado suministro de oxígeno al cuerpo. Como el magenta contiene rayos ultravioleta, también puede ser efectivo para tratar infecciones aerobias, y está siendo estudiado de momento para su uso en sistemas hospitalarios de ventilación.

Salud emocional

Psicológicamente, el magenta ayuda a la superación individual de patrones emocionales que impiden el desarrollo personal y espiritual. Un buen balance de magenta en nuestro esquema nos da autocontrol, permite que nos respetemos nosotros y a los demás, y que seamos autosuficientes, tolerantes y amables. Si el magenta es excesivo, el individuo se sentirá abrumado, impaciente e intolerante. Un déficit de energía magenta puede hacer que se pierda interés por el entorno y generar sentimientos de depresión y aislamiento.

Salud espiritual

El magenta influye totalmente en el desarrollo personal y la conciencia espiritual. En su lado pálido que es el rosa, el magenta es conocido como color del amor incondicional. La meta espiritual de la persona magenta debe ser la integración completa de todas las facetas de la personalidad en su alma, para realmente ser uno consigo mismo.

Relaciones

MAGENTA CON ROJO Hay un gran poder en esta relación y los deseos físicos de tu pareja deberán ser controlados si esto ha de funcionar.

MAGENTA CON ESCARLATA Para que esto funcione, las poderosas energías sexuales de tu pareja tendrán que transformarse en expresión creativa.

MAGENTA CON NARANJA Prefieres las discusiones serias a socializar, así que la relación podría no funcionar.

MAGENTA CON ORO Esta pareja funcionará. Ambos tenéis un montón de amor y compasión que dar al otro.

MAGENTA CON AMARILLO Con tu habilidad para dar salida a las ideas de tu compañero, la cosa irá bien.

MAGENTA CON LIMA Tu pareja acabará con tu embrollo vital y llegarás a nuevas dimensiones de conciencia.

MAGENTA CON VERDE La influencia estabilizadora de tu pareja te calmará cada vez que las cosas no salgan como planeas.

MAGENTA CON TURQUESA Funcionáis bien juntos. Ambos sois de mentalidad abierta y veis suficientemente claro para atisbar posibles alternativas.

MAGENTA CON AZUL Todo irá bien. Tu gran fuerza abruma, pero tu pareja te dará paz y tranquilidad.

MAGENTA CON ÍNDIGO Una buena combinación, ambos sois serios y concienzudos.

MAGENTA CON VIOLETA Ambos os preocupáis por las mismas cosas y tenéis las mismas metas.

MAGENTA CON MAGENTA Esta asociación es celestial. Os daréis mutuamente espléndidas ocasiones para crecer.

Eres muy fuerte

La predominancia del rojo en esta combinación cromática te pone a merced de tus necesidades y deseos físicos. Aun así, canalizas tu vigor hacia nuevos proyectos y ayudar a los demás. Juzgas bien el carácter y resultas un buen árbitro en situaciones difíciles. Todas estas cualidades te hacen fuerte y autosuficiente.

Color zodiacal MAGENTA
Color de destino ROJO

SI TU COLOR DE EXPRESIÓN PERSONAL ES:

ROJO
Con tanto rojo en tu esquema, tus cualidades negativas de intolerancia y gusto por maltraer emergen, y necesitan ser transformadas en afirmación, tolerancia y paciencia.
Combinaciones compatibles
amor—lima, verde, verde
negocios—amarillo, verde, oro

NARANJA
Eres amable y gustas de ayudar, aunque a veces seas insoportable. No te desanimes: todos somos así de vez en cuando, aunque no todo el mundo está dispuesto a confesarlo.
Combinaciones compatibles
amor—lima, verde, azul
negocios—rojo, verde, azul

AMARILLO
Eres listo y rápido, pero no puedes concentrarte mucho en las cosas. Esto te deja abierto a descargas de nerviosismo, y quizás necesites traer un poco de verde para calmar tu vida.
Combinaciones compatibles
amor—lima, verde, violeta
negocios—rojo, azul, violeta

VERDE
Tus antenas sensibles te hacen un excelente arbitrador en especial porque eres más capaz que los demás de ver en perspectiva amplia.
Combinaciones compatibles
amor—lima, verde, rojo
negocios—lima, oro, rojo

AZUL
Eres un romántico y un idealista, pero también tienes el sentido común y amplitud de miras que hace falta para hacer realidad las ideas.
Combinaciones compatibles
amor—lima, verde, naranja
negocios—lima, oro, naranja

ÍNDIGO
Los demás te ven gentil y delicado, pero no es más que una pantalla de humo que esconde deseos y ambiciones insaciables. Contando con seguridad emocional y material resultas un gran líder e iniciador.
Combinaciones compatibles
amor—lima, verde, oro
negocios—lima, verde, naranja

VIOLETA
Eres muy capaz y autosuficiente, pero esto puede hacerte aparecer altivo. Si no bajas la guardia, podrías sufrir sentimientos de soledad.
Combinaciones compatibles
amor—lima, verde, amarillo
negocios—lima, verde, oro

MAGENTA
Te satisface mucho ayudar a los demás. También demandas trabajo duro y perfección como pago a tus esfuerzos. Necesitas relajarte a veces y dejar que la gente cometa algún error que otro.
Combinaciones compatibles
amor—lima, amarillo, verde
negocios—lima, amarillo, rojo

ORO
Eres firme, leal y fiel. Tu dedicación a cosas que te rodean te lleva a conseguir lo imposible, pero has de ser más realista acerca de aquello que se puede esperar de los demás.
Combinaciones compatibles
amor—lima, verde, índigo
negocios—lima, verde, violeta

EL COLOR MAGENTA

Color zodiacal MAGENTA
Color de destino NARANJA

Juegas en equipo

Ésta es una poderosa combinación. Sabes de la importancia de cuidar tus necesidades emocionales y espirituales. Puede haber traumas emocionales no resueltos en tu pasado, y mediante el amor propio incondicional los has transformado en la cualidad de perdonar, siendo capaz de ayudar a los demás con sus emociones negativas. Tienes el coraje y la determinación de tener éxito en todo lo que haces.

SI TU COLOR DE EXPRESIÓN PERSONAL ES:F

ROJO
Tus talentos creativos no culminan de la forma que deberían porque estás demasiado ocupado para hallar tiempo para ti. Aprende a frenar un poco y a transmutar tu creatividad al chakra de la garganta, donde será expresada en muchas maneras diferentes.
Combinaciones compatibles
amor—lima, azul, verde
negocios—turquesa, amarillo, verde

NARANJA
Estás lleno de alegría y vitalidad, y tienes mucho amor que dar. Te encanta salir y conocer gente, y eres un excelente organizador de eventos sociales. Encuentra tiempo para recuperar energías.
Combinaciones compatibles
amor—lima, azul, azul
negocios—lima, violeta, azul

AMARILLO
Das la impresión de que controlas, pero eso esconde torbellinos en tu interior, probablemente relacionados con la infancia. Necesitas superar tus temores y dejar que los demás vean la maravilla de persona que eres.
Combinaciones compatibles
amor—lima, azul, violeta
negocios—rojo, verde, violeta

VERDE
Te desvives por ayudar a los demás y eres un modelo de cooperación en tu trabajo. También puedes ser bastante solitario si quieres, y los demás pueden tomar esto por altivez.
Combinaciones compatibles
amor—lima, azul, rojo
negocios—naranja, azul, rojo

AZUL
A todos nos gusta sentirnos necesitados y queridos, pero a veces excedes tus cuidados. Examina tus motivos para hacerlo, y si esto repercute negativa o positivamente en tu desarrollo personal y espiritual.
Combinaciones compatibles
amor—lima, azul, naranja
negocios—rojo, azul, violeta

ÍNDIGO
Aprecias el poder del pensamiento positivo, pero te es difícil pasar de la idea a la acción. Confía en el principio de que no existe el fracaso, solo repercusiones, y tu vida saldrá adelante.
Combinaciones compatibles
amor—lima, azul, oro
negocios—lima, azul, rojo

VIOLETA
El cambio nos da oportunidad de analizar nuestras vidas con una nueva luz. Aprende a dar la bienvenida al cambio y a disfrutar las emociones que conlleva.
Combinaciones compatibles
amor—lima, azul, amarillo
negocios—lima, azul, amarillo

MAGENTA
Una buena combinación. Eres talentoso a la hora de seleccionar personal y luego motivarlo para que trabajen bien juntos, produciendo resultados espléndidos.
Combinaciones compatibles
amor—lima, verde, azul
negocios—rojo, verde, verde

ORO
Tu instintiva compasión te compele a hablar por los demás y a mejorar las condiciones que te rodean. Tus vigores ilimitados te hacen aplicar tus energías a la participación política activa si es necesario.
Combinaciones compatibles
amor—lima, azul, índigo
negocios—lima, azul, violeta

Eres tu propio jefe

Con esta combinación cromática, eres entusiasta hasta el colmo, pero aborreces la idea de que alguien te diga lo que has de hacer. Con el amarillo de color de destino, se te da un amplio margen para explorar tus iniciativas prácticas y espiritualidad interna. Tienes habilidad para fijarte límites y para impedir que tus energías se descontrolen. Con autocontrol adecuado, puedes llegar a vivir como un rajá.

Color zodiacal MAGENTA
Color de destino AMARILLO

SI TU COLOR DE EXPRESIÓN PERSONAL ES:

ROJO
Tienes energía y estás lleno de vitalidad. Intenta canalizar esta energía hacia otros propósitos tales como el deporte o andar, para deshacerte de la energía sobrante.
ombinaciones compatibles
amor—verde, violeta, verde
negocios—lima, violeta, verde

NARANJA
Tienes una vida creativa muy exitosa. Estás haciendo demasiadas cosas diferentes y eso te deja muy poco tiempo para ti. Aprende a ser menos activo y a relajarte más. En esos momentos puedes intentar acceder a realidades más allá de los sentidos físicos.
Combinaciones compatibles
amor—lima, violeta, azul
negocios—rojo, violeta, azul

AMARILLO
Disfrutas de la vida de todas las maneras posibles. Tu fuerza y coraje para examinar tus valores y creencias te ha hecho superar miedos emocionales y los ha transformado en cualidades necesitadas para la riqueza de tu alma.

Combinaciones compatibles
amor—lima, violeta, violeta
negocios—lima, rojo, violeta

VERDE
Una combinación soberbia. Todos los colores son compatibles y te dan todas las cualidades que necesitas para tu desarrollo personal. Eres capaz de acceder a dimensiones que creías imposible alcanzar.
Combinaciones compatibles
amor—lima, violeta, rojo
negocios—verde, violeta, rojo

AZUL
Una vez tienes las ideas claras, nadie es capaz de hacerte cambiar de idea. La tenacidad y todo eso está muy bien, pero no es bueno tener una actitud tan rígida ya que siempre se puede aprender de los demás. También, esto se puede aplicar mucho a tu propio mundo espiritual.
Combinaciones compatibles
amor—lima, violeta, naranja
negocios—lima, violeta, oro

ÍNDIGO
Eres muy eficiente y tus poderes de organización son una fuente de maravilla para todos. Sin embargo, vives negando tu lado espiritual. Intenta preguntarte qué pasa con este aspecto de tu ser que tanto te perturba.
Combinaciones compatibles
amor—lima, magenta, oro
negocios—magenta, amarillo, índigo

VIOLETA
Eres uno de esos grandes supervivientes de la vida. Experiencias pasadas han puesto a prueba tus creencias espirituales y te han permitido transformar tu baja autoestima y miedo en amor propio y confianza.
Combinaciones compatibles
amor—lima, violeta, amarillo
negocios—rojo, violeta, naranja

MAGENTA
Con todo ese magenta en tu esquema, te arriesgas a ser un tanto dominante y altivo. Intenta mantener dentro tus energías y transmutarlas en poderes de conciencia espiritual más elevados.
Combinaciones compatibles
amor—lima, verde, violeta
negocios—amarillo, verde, violeta

ORO
Aprende a controlar y superar todas tus emociones negativas. Eso no es fácil pero tienes todo el coraje y la determinación necesarios para lograrlo.
Combinaciones compatibles
amor—lima, violeta, índigo
negocios—verde, violeta, índigo

Color zodiacal MAGENTA
Color de destino VERDE

Te encanta la aventura

El magenta como color zodiacal te permite hacer las correcciones mentales necesarias para cambiar tu forma de pensar y actuar. Tu mayor miedo —la pérdida personal— se transforma, permitiéndote reaccionar contra tu ansiedad e intentar distintas maneras de ser. Con el verde como color de destino, tienes los pies en la realidad.

SI TU COLOR DE EXPRESIÓN PERSONAL ES:

ROJO
Con los vínculos del magenta con tu alma, tienes una amplia visión espiritual. Los miedos emocionales a no sobrevivir ya no te afectan y puedes ayudar a los demás a vencer esa irracionalidad.
Combinaciones compatibles
amor—lima, rojo, verde
negocios—lima, rojo, azul

NARANJA
Has vencido el complejo de dependencia mutua que te mantenía atado a los demás en el pasado. Esto te ha dado mucha más libertad para hacer lo que quieres sin tener que sentirte mal.
Combinaciones compatibles
amor—lima, oro, rojo
negocios—lima, rojo, azul

AMARILLO
Tu coraje interno ha superado el trauma emocional que estaba restringiendo el desarrollo de tu alma. Sigues optimista incluso cuando las cosas se ponen mal.
Combinaciones compatibles
amor—lima, rojo, violeta
negocios—lima, rojo, oro

VERDE
Hay mucha estabilidad y rutina en tu vida y necesitas hacer algo acerca de este tema. Sólo porque tienes fuertes creencias espirituales, esto no debería impedirte disfrutar de ti mismo.
Combinaciones compatibles
amor—lima, rojo, rojo
negocios—lima, rojo, naranja

AZUL
Eres consciente de todos los niveles de existencia espiritual, y estás tomando precauciones para impedir influencias negativas. Pon un poco de naranja en tu vida para disfrutar más.
Combinaciones compatibles
amor—lima, rojo, naranja
negocios—lima, rojo, amarillo

ÍNDIGO
Has reconocido las maravillosas oportunidades que los cambios en tu vida han proporcionado. Tu conocimiento se expande a resultas y en general estás más satisfecho y feliz.
Combinaciones compatibles
amor—lima, rojo, amarillo
negocios—lima, rojo, naranja

VIOLETA
Muchos cambios están teniendo lugar en todos los niveles de tu cuerpo, mente y alma. Confías mucho en el poder divino, en que todo tiene un sentido y opera para el desarrollo de tu alma.
Combinaciones compatibles
amor—lima, rojo, amarillo
negocios—lima, rojo, naranja

MAGENTA
Tus oportunidades y experiencias han puesto a prueba tus creencias y te han enseñado a apreciar las maravillas del mundo. Todo esto ha desarrollado las cualidades que tu vida espiritual necesita como sustento constante.
Combinaciones compatibles
amor—lima, verde, rojo
negocios—azul, verde, rojo

ORO
Eres un maravilloso profesor espiritual. Siempre estás ahí para animar y ayudar a otros, sin criticar nunca o desautorizar, y les ofreces a todos todo el conocimiento que necesitan para su desarrollo.
Combinaciones compatibles
amor—lima, rojo, índigo
negocios—lima, rojo, oro

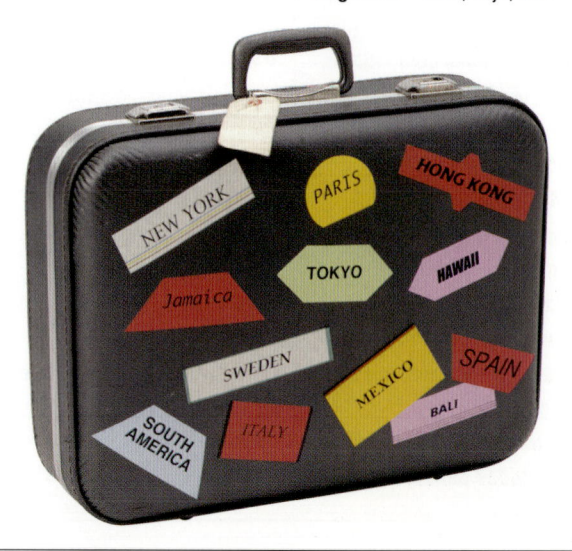

TUS TRES COLORES ESENCIALES

132

Estás en contacto con tu alma

Sabes que no puedes encontrar tu camino por el paisaje de la vida armado sólo con facultades racionales. Necesitado de un sistema de creencias para sostenerte en malos momentos, te atraen oportunidades para explorar tu alma y darte la serenidad que necesitas. El azul como color de destino debe permitirte lograr una conciencia plena.

Color zodiacal MAGENTA
Color de destino AZUL

SI TU COLOR DE EXPRESIÓN PERSONAL ES:

ROJO
Has transformado todos tus deseos e instintos en las elevadas cualidades del amor incondicional. En lugar de luchar por las necesidades de los demás agresivamente, has aprendido el poder de la diplomacia, que consigue aún más cosas.
Combinaciones compatibles
amor—lima, naranja, verde
negocios—lima, naranja, índigo

NARANJA
Aprendiendo a perdonarte a ti y a los demás, te has sentido menos aislado que en el pasado. Tienes lo mejor de ambos mundos, porque disfrutas de las actividades sociales y también reconoces los beneficios de la paz y el sosiego.
Combinaciones compatibles
amor—lima, naranja, azul
negocios—lima, rojo, azul

AMARILLO
Aprendes los valores del respeto y la confianza en los demás y has vencido tu necesidad de comprar la amistad y el éxito. Esto te hace temer menos el rechazo y estar más abierto a nuevas experiencias.
Combinaciones compatibles
amor—lima, naranja, índigo
negocios—lima, naranja, violeta

VERDE
Tienes una visión clara y puedes ver ambos lados de una discusión. Eres muy justo y te esfuerzas por lograr el equilibrio y la armonía en situaciones subversivas.
Combinaciones compatibles
amor—lima, naranja, rojo
negocios—lima, naranja, oro

AZUL
Está estrechamente conectado con tu alma. Esto te da elasticidad interior y paz mental. Aun así, quizás necesites poner un poco más de naranja en tu vida para que te dé más entusiasmo y energía.
Combinaciones compatibles
amor—lima, naranja, naranja
negocios—lima, naranja, amarillo

ÍNDIGO
Buscas nuevas formas de abrir tu mente a otros mundos y a tu conciencia más elevada. Conoces la importancia de hacerlo lentamente y con cuidado para evitar influencias negativas.
Combinaciones compatibles
amor—lima, naranja, oro
negocios—lima, naranja, amarillo

VIOLETA
Ésta es una combinación maravillosa. Te relacionas con la fuente creativa divina a través del amor incondicional, que alimenta y nutre tu alma.
Combinaciones compatibles
amor—lima, naranja, amarillo
negocios—lima, naranja, oro

MAGENTA
Habiendo aprendido a quererte, no exiges nada a los demás. En vez de ello, enseñas, guías y animas a los demás a través de tu ejemplo y el amor profundo de tu corazón.
Combinaciones compatibles
amor—lima, verde, naranja
negocios—lima, verde, oro

ORO
Has vencido todos tus temores emocionales, e incluso los pensamientos negativos ajenos no pueden dañarte. En beneficio de los demás, abordas situaciones horrendas con un casi inconsciente olvido de tu bienestar.
Combinaciones compatibles
amor—lima, naranja, índigo
negocios—verde, naranja, índigo

Color zodiacal MAGENTA
Color de destino ÍNDIGO

Tienes una fuerza tranquila

El contacto con tu alma te conciencia de otros posibles estados de experiencia y grados de realidad. No obstante, eres pragmático y enérgico, y fascinado por muchísimas cosas, particularmente las ciencias metafísicas. Tienes una tranquila dignidad y poder, cosa de la que los demás son conscientes y respetan profundamente.

SI TU COLOR DE EXPRESIÓN PERSONAL ES:

ROJO
Eres inteligente, ingenioso, y fuerte, pero tomas tus decisiones lenta y cuidadosamente. Necesitas significados en tu vida y a través de tus continuas experiencias, te aproximarás a todas las respuestas que buscas.
Combinaciones compatibles
amor—lima, oro, verde
negocios—escarlata, oro, verde

NARANJA
Eres muy ágil mentalmente, y sabes cómo transmitir tu conocimiento a gente de una amplia mezcla de entornos. Eres respetado por la forma meticulosa en que buscas pruebas, y esto te confiere la credibilidad que deseas.
Combinaciones compatibles
amor—verde, oro, azul
negocios—lima, oro, azul

AMARILLO
Has aprendido a controlar tu impetuosa naturaleza. Tienes una mente expansiva, lo que te da la libertad para ampliar tus horizontes y desafiar la manera en que percibes el mundo.
Combinaciones compatibles
amor—lima, oro, violeta
negocios—lima, magenta, violeta

VERDE
Has aprendido a dejar estar los rígidos pensamientos e ideas que previamente habían restringido el sustento de tu alma. Esta liberación ha expandido tus horizontes y ha hecho tu vida mucho más interesante.
Combinaciones compatibles
amor—lima, oro, naranja
negocios—lima, oro, rojo

BLUE
Los principios de la responsabilidad y el respeto, tuyos desde la infancia, están siendo desafiados sin parar. Eres consciente de cómo esto puede ser usado para controlar a otros, y en consonancia cambias tus valores.
Combinaciones compatibles
amor—lima, oro, naranja
negocios—lima, amarillo, naranja

ÍNDIGO
Eres un alma adorable, pero quizás demasiado serio sobre la vida en general. Aprende a relajarte y soltar un poco las riendas. La risa y el humor pueden hacerte muy fuerte.

Combinaciones compatibles
amor—lima, oro, oro,
negocios—lima, oro, verde

VIOLETA
Casi estás obsesivo en tu deseo de descubrir inconsistencias y errores lógicos. Quizás necesitas poner algo de amarillo y oro en tu vida para ayudarte en la relajación y el esparcimiento.

Combinaciones compatibles
amor—lima, oro, amarillo
negocios—verde, oro, rojo

MAGENTA
Tu vida no ha sido fácil. Ha habido demasiados desafíos en tu vida hasta hoy, y esto te ha hecho adaptarte, y a veces derrocar tus valores y creencias, y liberar sentimientos que estaban restringiendo tu desarrollo emocional.
Combinaciones compatibles
amor—lima, verde, oro
negocios—lima, verde, rojo

ORO
Puedes ser un poco demasiado independiente, pero eso no es malo. Estás aprendiendo a ser menos impaciente con los defectos ajenos y a enseñarles formas de ser independientes ellos mismos.
Combinaciones compatibles
amor—amarillo, oro, violeta
negocios—amarillo, oro, índigo

TUS TRES COLORES ESENCIALES

Eres un pionero

Tienes una tranquila dignidad y determinación, y completas cualquier tarea que convienes hacer. Te preocupan las necesidades ajenas y si es necesario te sacrificas, pero no estás interesado en especular sobre motivaciones internas. Siempre eres el primero para iniciar y promover ideas; para todo eres un innovador.

Color zodiacal MAGENTA
Color de destino VIOLETA

SI TU COLOR DE EXPRESIÓN PERSONAL ES:

ROJO
Te acercas al significado de la vida y tu papel en ella. Todos tus miedos ante la supervivencia a tu mortalidad están vencidos porque has admitido la existencia de tu alma.
Combinaciones compatibles
amor—lima, amarillo, verde
negocios—magenta, amarillo, verde

NARANJA
Con los pies en el suelo y acceso a tu alma, tienes lo mejor de ambos mundos. Reconoces el valor de diferentes experiencias y estás abierto a la gente de distintas procedencias.
Combinaciones compatibles
amor—lima, amarillo, azul
negocios—verde, amarillo, rojo

AMARILLO
Has explorado muchos conceptos espirituales distintos y, tomando lo mejor de cada uno, has aprendido a desarrollar tu propio sistema de creencias. Al desarrollarte, es inevitable que ese sistema cambie también.
Combinaciones compatibles
amor—lima, amarillo, violeta
negocios—verde, amarillo, violeta

VERDE
Aprende a ser más diplomático cuando compartes tus creencias. Haciéndolo, les permites tener la opción de crear sus propias creencias y valores.
Combinaciones compatibles
amor—lima, amarillo, rojo
negocios—lima, naranja, rojo

AZUL
Como un puro canal de luz, comunicas con tu alma a través de tu esencia divina. Has vencido tus instintos y deseos, y los has transformado en cualidades de amor incondicional.
Combinaciones compatibles
amor—lima, amarillo, naranja
negocios—gverde, amarillo, naranja

ÍNDIGO
De tus sueños, has aprendido cómo llegar a niveles alterados de la conciencia y a la esencia de tu alma. Esto abre tu mente a dimensiones y posibilidades más allá de la presente realidad.
Combinaciones compatibles
amor—lima, amarillo, oro
negocios—verde, rojo, oro

VIOLETA
Aprende a transformar tus emociones de irritabilidad e impaciencia en altas cualidades de tolerancia, paciencia y paz. Esto te hará menos exigente y más comprensivo con las necesidades ajenas.
Combinaciones compatibles
amor—lima, verde, magenta
negocios—escarlata, verde, magenta

MAGENTA
Todas tus experiencias han probado tu deseo de contactar con la existencia de tu alma. Mediante el amor incondicional, has pasado la prueba y tu vida se guía por esta esencia divina.
Combinaciones compatibles
amor—lima, verde, oro
negocios—azul, verde, oro

ORO
Has vencido tu necesidad de perfección y sabes ya tus limitaciones. Ahora debes ponerte metas realistas y corrientes.
Combinaciones compatibles
amor—lima, amarillo, índigo
negocios—llima, naranja, índigo

EL COLOR MAGENTA

Color zodiacal MAGENTA
Color de destino MAGENTA

Eres incontrolable

Todas las cualidades del magenta se intensifican aquí. Tienes un tremendo poder para vencer las influencias negativas en tu vida y para vencer obstáculos. Dominas a los demás con tu poder de razonamiento, pero al tiempo eres altamente creativo. Esto te hace imparable ante los desafíos de la vida.

SI TU COLOR DE EXPRESIÓN PERSONAL ES:

ROJO
Eres apasionado y leal, pero a veces tomas decisiones sin pensarlo un momento y luego no dejas de sufrir las consecuencias. Usa tu poder de discernimiento y aprende a mirar antes de saltar.
Combinaciones compatibles
amor—lima, amarillo, verde,
negocios—lima, amarillo, azul

AMARILLO
Eres ambicioso y resuelto, pero tu amor al dinero y al éxito material es templado por tu fuerte necesidad del enriquecimiento espiritual.
Combinaciones compatibles
amor—lima, verde, amarillo
negocios—lima, azul, amarillo

AZUL
Tienes una comprensión fantástica de la psicología humana y debido a ello puedes ayudar y animar a los demás a resolver sus temas emocionales.
Combinaciones compatibles
amor—lima, amarillo, verde
negocios—lima, oro, naranja

ÍNDIGO
Tu inusual sexto sentido actúa como ayuda a tu natural poder y pragmatismo. A menudo, pareces saber qué va a pasar antes de que suceda, pero todo esto lo asumes como un hecho de la vida más que como un misterio inexplicable.
Combinaciones compatibles
amor—lima, amarillo, verde,
negocios—lima, amarillo, azul

NARANJA
Tienes una gran expresión artística y, con tu entusiasmo sin límites, eres capaz de lograr cosas increíbles e innovadoras.
Combinaciones compatibles
amor—lima, naranja, verde
negocios—lima, amarillo, azul

VERDE
Tu vida podría fácilmente salirse de rumbo si el elemento restrictivo del verde de tu esquema no estuviera. Aprende a aceptar la juiciosa voz de tu alma; ella sabe qué es lo mejor para ti.
Combinaciones compatibles
amor—lima, amarillo, verde,
negocios—lima, oro, rojo

VIOLETA
Eres muy enérgico, pero al tiempo deseas el silencio, la serenidad y la paz que te permitan explorar al máximo tu lado espiritual.
Combinaciones compatibles
amor—lima, amarillo, verde
negocios—lima, amarillo, verde

MAGENTA
Ya no tienes ningún deseo de tipo físico. Eres como un santo que ha renunciado a todo por sus creencias espirituales. Esto no resulta realista de cara a los fines del mundo material, y quizás debas cambiar tu estilo de vida.
Combinaciones compatibles
amor—lima, amarillo, verde,
negocios—verde, naranja, lima

ORO
Con una guía divina como ésta tendrás mucho éxito, y no habrá límites para lo que puedas conseguir.
Combinaciones compatibles
amor—lima, amarillo, azul
negocios—magenta, amarillo, verde

Eres una ley en tí mismo

El viejo concepto de volver el vulgar metal en oro, expuesto por los alquimistas, se aplica muy bien a la manera en que vives. Irradias amor y calidez a los demás y compartes tu sabiduría con ellos para ayudar al desarrollo de sus almas. Te desagrada ser encorsetado por reglas y rutinas, y sólo respondes a tus propios valores.

Color zodiacal MAGENTA
Color de destino ORO

SI TU COLOR DE EXPRESIÓN PERSONAL ES:

ROJO
Todos tus deseos físicos han sido vencidos y transformados en altas cualidades de amor incondicional. Como San Cristóbal llevando su carga, tu vida está dedicada ahora a servir al prójimo.
Combinaciones compatibles
amor—lima, índigo, verde
negocios—magenta, índigo, verde

NARANJA
Con el oro, vibración más elevada del naranja, todas tus habilidades creativas se usan para llegar a la fuente divina. Estás fascinado por las obras de la naturaleza, y por la relación de la humanidad con el cosmos.
Combinaciones compatibles
amor—lima, índigo, azul
negocios—lima, índigo, oro

AMARILLO
A pesar de tu escepticismo instintivo, aceptas que no todo puede ser probado de forma científica. No dudas ya de la existencia de tu alma y de otras dimensiones más allá de las del espacio y el tiempo.
Combinaciones compatibles
amor—lima, índigo, violeta
negocios—lima, índigo, violeta

VERDE
Con gran amor y sabiduría, enseñas a niños y jóvenes a apreciar que hay algunas cosas que no se pueden explicar lógicamente.
Combinaciones compatibles
amor—lima, violeta, rojo
negocios—llima, azul, rojo

AZUL
Escondes tus pensamientos bajo un millón de máscaras. Los demás saben que pueden mirarte en momentos duros, pero aún les es difícil saber exactamente qué es lo que estás pensando.
Combinaciones compatibles
amor—lima, índigo, naranja
negocios—lima, índigo, amarillo

ÍNDIGO
El conocimiento no sirve de nada sin sabiduría y amor, cualidades que tienes en abundancia. Supones un maravilloso ejemplo para los demás y aramente decepcionas.
Combinaciones compatibles
amor—lima, índigo, oro
negocios—lima, azul, oro

VIOLETA
Eres un consejero espiritual y un guía. Recibes tu sabiduría desde la fuente más profunda de tu alma.
Combinaciones compatibles
amor—lima, índigo, amarillo
negocios—lima, índigo, oro

MAGENTA
Eres un alma sabia que ha vivido ya varias reencarnaciones y ya ha tenido diversas experiencias para lograr la merecida paz mental.
Combinaciones compatibles
amor—lima, verde, índigo
negocios—lima, verde, azul

ORO
Eres propiamente un maestro espiritual en contacto con la verdad divina y la sabiduría.
Combinaciones compatibles
amor—lima, índigo, índigo
negocios—lima, índigo, oro

Introducir
COLOR EN TU VIDA

Ahora que ya has sido aproximado a los colores que operan en tu vida y tienes mayor comprensión de sus significados, puedes usar ese conocimiento para mejorar tu vida y la de los demás. Aunque se debe aclarar que las aplicaciones de color, ya sean en el cuerpo o en los ojos, deben ser administradas sólo por un experto cualificado en luz y color, hay otras maneras mediante las que puedes introducir color tú mismo, y la siguiente guía te enseña cómo.

MEDITACIÓN
Para mejorar el resultado, graba esto primero en cinta y luego póntelo de nuevo

Primero, reencuéntrate con el sistema chakra (páginas 10-11). Asegúrate de que no serás molestado al menos en 30 minutos y ponte cómodo, ya sea sentado o acostado. Concéntrate en tu respiración y permite que entre y salga, al igual que la marea sube y baja. Fíjate que al igual que la marea tiene sus ritmos, tú también tienes un ritmo único, que te conecta al universal de la vida. Cuando tu respiración se enlentezca, imagina que hay una bola de luz sobre tu cabeza y que contiene todos los colores del arco iris.

CONTEMPLACIÓN CHAKRA
Esto empieza a entrar a tu chakra corona. Al hacerlo, cambia a violeta y llena el chakra de ese color, dándote inspiración divina. Entonces fluye afuera al resto de tu cuerpo físico, llenado cada una de tus células de violeta.

Gradualmente, fluye abajo y se convierte en el índigo del chakra de la frente, dándote conocimiento divino y comprensión. Llena el chakra y sale al resto del cuerpo físico, llenándote todo de índigo. Al llevar tu conciencia al chakra de la garganta, el color se vuelve azul, el de la paz divina. Llena este chakra y se va a tu cuerpo. Luego va al chakra del corazón, donde se convierte en el gentil y sanador verde de la naturaleza. Llevando tu conciencia al plexo solar, el color se vuelve amarillo, color del coraje divino. Otra vez llena este chakra y fluye al resto de tu cuerpo y células. Fluyendo hacia el plexo solar, encuentra al naranja del chakra sacro, dándote inspiración divina tras llenarlo. Luego se expande al total de tu ser, llenado cada célula de maravilloso naranja. Finalmente, llega al chakra base, donde cambia al poderoso rojo y se expande por tu cuerpo y lo llena de energías. De ahí pasa a las plantas de tus pies y de ellas a la tierra.

SELLANDO LA MEDITACIÓN

Para acabar la meditación, imagina una espiral de pura luz blanca que sube a través de todos los chakras hasta la corona como un chorro de energía que cae de cada lado de tu cuerpo a la tierra y se une debajo de ti, formando un aura de luz y poder que te protege. Apercíbete de cada sensación que percibas al centrarte en cada chakra y en los colores que predominan. Agradece a la fuente divina de la creación por todo lo que has recibido y sella cada chakra imaginando una cruz de luz rodeada de la luz de cada chakra, o viendo cada chakra como una flor que cierra sus pétalos al fijarte en ella.

RESPIRACIÓN CROMÁTICA Y AFIRMACIONES

Mientras respiras, imagínate que estás respirando un color en tu cuerpo y al hacerlo, afirma algo. Hazlo seis veces y puedes preparar una afirmación apropiada para hacer lo que decimos. Aquí siguen algunas sugerencias para tu uso.

El rayo rojo me llena de energía y poder.
Tengo toda la fuerza que necesito

El rayo escarlata trae amor y alegría a mi vida.
Estoy lleno de creatividad

El rayo naranja me llena de alegría.
Me remonto como un pájaro

El rayo dorado me da sabiduría y conocimiento.
Lo uso en beneficio de todos

El rayo amarillo me libera de todo temor.
Soy un espíritu libre

El rayo lima limpia todo mi ser.
Disfruto de nuevas experiencias

El rayo verde devuelve orden a mi vida.
Doy la bienvenida a los cambios

El rayo turquesa clarifica mis pensamientos.
Veo con claridad el camino que debo seguir

El rayo azul expresa mi comprensión.
Estoy en calma y en paz con el mundo

El rayo índigo potencia mi conciencia
Tengo gran conciencia y conocimiento

El rayo violeta me inspira.
Mi mente se abre a todas las posibilidades

El rayo magenta me llena de amor divino.
Puedo curarme yo y a los demás

SOLARIZACIÓN

Podemos introducir colores específicos en nuestra vida a través de la ingesta o uso de agua, placebos y aceites previamente solarizados usando la luz solar y filtros de color. Con el agua, la solarización puede llevarse a cabo llenando de agua pura un recipiente de cristal de colores que tenga un filtro del mismo color en la parte de arriba. Alternativamente, un vaso ordinario puede llenarse con agua pura con un paño coloreado envolviéndolo, y el vaso cubierto con el mismo filtro de color o cristal. El recipiente debe colocarse en un alféizar soleado durante una hora. Entonces, el agua debe ser lentamente sorbida. Los placebos y aceites son solarizados en un pequeño recipiente de cristal. El recipiente se coloca en una caja para esconder los rayos de sol de todo excepto del borde del recipiente, y una pieza de cristal coloreado se coloca encima. Entonces el recipiente se coloca al sol y se repite la operación.

COMIDAS, CRISTALES ACEITES Y ESENCIAS

Tomamos luz blanca y energía cósmica a través del chakra corona y se expande por los conductos energéticos de los otros chakras. El color de cada alimento vegetal se refiere a su color externo y se vincula con el chakra dominante de ese mismo color. Al respecto de esos colores de la rueda de los pigmentos que no se relacionan con los siete chakras principales, de todas formas se vinculan como sigue: el escarlata con el rojo, el oro al naranja y al violeta, el lima al verde, el turquesa al azul, y el magenta al violeta.
Las comidas de distintos colores deberían comerse en los momentos adecuados.
Aunque la curación por cristales debe ser llevada a cabo por un experto, tener cristales cerca puede aliviar el dolor, aumentar energías vibracionales, promover la claridad, y liberar los bloqueos emocionales. Los aceites pueden ser administrados por un aromaterapeuta o añadidos al baño. Las esencias florales pueden adquirirse, y generalmente traen instrucciones precisas. Los colores y sus correspondencias con los chakras, comidas, cristales, aceites y ciertos remedios florales también se muestran aquí.

SEDAS Y PAÑOS NATURALES

Al usar paños para recibir colores, siempre es mejor usar fibras naturales como la seda, el algodón, o la pura lana. Un individuo puede entonces llevar ropas o usar decoración interna con sus colores relevantes. Tanto las flores naturales como la seda nos proporcionan su energía cromática y cambiarán rápidamente las vibraciones en un ambiente. La regla general con todos los colores es que se estimulan energías usando los colores rojo, naranja, y amarillo, y se las ralentiza con los más relajantes azules y violetas.

CHAKRAS Y COLORES	COMIDAS	CRISTALES	ACEITES	ESENCIAS DE FLORES
Corona - Violeta	Berenjenas y frutas de corteza dorada y vegetales como los mangos o la calabaza. Comer por la tarde.	Amatista Fluorita	Sándalo Incienso Jazmín Lavanda	Cedro, Camomila, Jazmín, Nomeolvides, Siempreviva, Pomelo, Muérdago, Pimpinela, Brodiaea, Loto (todo lo del cuerpo)
Frente - Índigo	Frutas y vegetales púrpuras y de piel azul oscura. Tomar al anochecer.	Sodalita Lapislázuli	Romero Tomillo	Amaranta, Zarzamora Lúpulo (sistema endocrino), Caléndula francesa, Tulipán arbustos aromáticos
Garganta - azul	Ciruelas azules, Vaccinio, Arándano, Uva cabernet. Al anochecer.	Turquesa Aguamarina Ágata azulada	Camomila azul (alemana azul oscuro) Camomila inglesa	Almendra, Celidonia, Margarita, Trébol de cuatro hojas Autoadministración
Corazón - verde	Ensaladas verdes, todas las frutas y verduras verdes. Comer a mediodía.	Aventurina Cuarzo rosa y Turmalina	Rosa Inula Pimienta negra	Pia, Corazón Sangrante, Cosmos, Borraja, Manzanita, Picea
Plexo Solar — Amarillo	Plátano, cereales nueces y semillas. Comer por la mañana.	Citrina Calcita amarilla	Enebro Vetiver	Avocado, Limón Saguaro, Plátano Ranúnculo, Girasol
Sacro - naranja	Naranjas. Por la mañana.	Citrina Jaspe rojo Carnelina	Sándalo Rosa Jazmín	Zumo, Albaricoque, Banana, Madia Chaparral, Broza Ginseng, Lirio azul
Base - Rojo	Manzanas rojas Comer por la mañana	Hematita Granate Ojo de tigre	Pachúli Mirra Palo de Rosa	Raíces de sangre, Trébol rojo Alcanfor Diente de León Cedro, Sequoya

Índice

A

aceites 140, 141
Acuario 14
afirmaciones 139
alimentos 140, 141
amarillo 58-67
complementario, color
  (violeta) 58
salud 58
expresión personal,
  colores de 59-67
relaciones 58
Aries 15
aura 10
ayurvédicos, sanadores 6
azul 98-107
complementario, color
  (naranja) 98
salud 98
expresión personal,
  colores 99-107
relaciones 98

C

Cáncer 15
Capricornio 14
chakras 6, 7, 10, 11, 18,
  138-141
Color personal, carta de 15
color, psicología del 12-13
color, respirar el 139
color, rueda del 7, 9, 14, 17
color, significado del 12-13
colorología 7, 14-15
colorológica, tabla 15
complementarios, colores
  9
cristal, curación por el 140
critales 140, 141
cromática, energía 10-11
cromáticas, longitudes de
  onda 8

D

destino, color de 14, 15, 17

E

egipcios, antiguos 6
Einstein, Albert 8

electromagnético,
  espectro (EEM) 8
escarlata 28-37
complementario, color
  (turquesa) 28
salud 28
expresión personal,
  colores de 29-37
relaciones 28
Escorpio 14
expresión personal, color
  de 14, 15, 17

F

florales, esencias 140, 141
fotones 8
Freud, Sigmund 7

G

Géminis 15

H

Huygens, Christiaan 8

I

índigo 108-117
complementario, color
  (oro) 108
salud 108
expresión personal,
  colores de 109-117
relaciones 108

J

Jung, Carl 7

L

lección vital, color de 14, 15
lenguaje 12
Leo 15
Libra 14
libre, asociación 7
lima 68-77
complementario, color
  (magenta) 68
salud 68
expresión personal, color
  de 69-77
relaciones 68

luces, rueda de las 9
lumínicas, ondas 8-9

M

magenta 128-137
complementario, color
  (lima) 128
salud 128
expresión personal, color
  de 129-137
relaciones 128
Maxwell, James 8
meditación 138-139

N

naranja 38-47
complementario, color
  (azul) 38
salud 38
expresión personal,
  colores de 39-47
relaciones 38
naturaleza 12
Newton, Sir Isaac 8, 9

O

oro 48-57
complementario, color
  (índigo) 48
salud 48
expresión personal,
  colores de 49-57
relaciones 48

P

pantónico, sistema de
  color 9
pigmentos 9
pigmentos, rueda de los 9,
  140
Piscis 14
placebos 140
prana 10
primarios, colores 9
prismas 8, 9

R

religiosas, tradiciones 6
rojo 18-27

complementario, color
  (verde) 18
salud 18
expresión personal, color
  de 19-27
relaciones 18

S

Sagitario 14
secundarios, colores 9
sedas 141
solarización 140
Steiner, Rudolf 7

T

Tauro 15
tejidos 141
tejidos naturales 141
terciarios, colores 9
turquesa 88-97
complementario, color
  (escarlata) 88
salud 88
expresión personal,
  colores de 89-97
relaciones 88

V

varillas y conos 9
verde 78-87
complementario, color
  (rojo) 78
salud 78
expresión personal,
  colores de 79-87
relaciones 78
vibratoria, medicina 10
violeta 118-127
complementario, color
  (amarillo) 118
salud 118
expresión personal,
  colores de 119-127
relaciones 118
Virgen María 6, 7
Virgo 15

Z

zodiacal, color 14, 17

Créditos

La Editorial desea reconocer y agradecer a las siguientes personas las imágenes reproducidas en el libro.

(Clave: l izquierda, r derecha, c centro, t arriba, b abajo)

p8t Ann Ronan Picture Library
p29t Digital Vision
p32l Digital Vision
p40 Digital Vision
p50 Digital Vision
p54r Digital Vision
p84 Pictor
p104l Digital Vision
p105b Digital Vision
p110t Ann Ronan Picture Library
p113l Digital Vision
p120b Digital Vision
p124 Digital Vision

Las demás fotografías e ilustraciones son copyright de Quarto. Se ha intentado no olvidar ningún agradecimiento. La Editorial se disculpa por adelantado si hay algún error u omisión.

Para una interpretación intuitiva y más plena de vuestra carta de colores, contactad con Dorothye Parker en www.colour-resonance.com

Bibliografía

Todos los editores son de EE UU a menos que se especifique.

Dr. Ursula Anderson, *Immunología del alma: Paradigma para el futuro*, InSync Communication LLC, 2001

Dr. Richard Gerber, *Medicina vibracional para el siglo XXI*, Eagle Brook, 2000

Pauline Wills, *Manual para curar con color*, Piatkus, RU, 2000

Roger Coghill, *Las energías curadoras de la luz*, Charles E Tuttle Co, 2000

Primrose Cooper, *El poder curador de la luz*, Samuel Weiser, 2001

Dr. Brian Weiss, *Mensaje de los maestros: Utilizando el poder del amor*, Warner Books, 2000

Brian Breiling, *Los años luz venideros: Guía ilustrada del espectro completo y la luz coloreada en la curación de cuerpo y espíritu*, Celestial Arts, 1996

C. G. Harvey and A. Cochrane, *Enciclopedia de remedios florales: el poder curador de las esencias florales de todo el mundo*, Thorsons, RU, 1995, impreso por HarperCollins Publishers USA

C.W. Leadbeater, *Antiguos ritos místicos*, Theosophical Publishing House, 1995

Naomi Ozaniec, *Elementos de los Chakras*, Element Books Ltd, RU, 1990

Marie Louise Lacy, *Conócete mediante el color*, Acquarian Press, RU, 1989

Dr. Gabriel Cousens, *Nutrición espiritual y dieta del arco iris*, Cassandra Press, RU, 1986

Edwin D. Babbitt, Editadoy anotado por Faber Birren, *Principios de la luz y el color*, Citadel Press, RU, 1967

Roland Hunt, *Las siete claves para curar con el color*, C.W. Daniel, RU, 1958

Faber Birren, *Psicología y terapia del color*, Citadel Press, RU, 1950

Carl G. Jung, *El hombre moderno en busca de un alma*, Harvest Books, 1995